한 걸음 더 들어간 한국사

한층 깊은 시각으로 들여다본 우리의 역사

이 책은 2019년에 출간한 『B급 한국사 · 지식의 빈틈을 메워주는 역사 잡학 사전』을 새롭게 꾸며서 펴낸 것임을 밝힙니다.

한 걸음
더 들어간

김상훈 지음

한 층 깊은 시각으로 들여다본 우리의 역사

한국사

행복한작업실

역사 공부는 끝이 없는 것 같습니다. 역사를 조금 알 것 같다 싶으면 새로운 내용이 튀어나옵니다. 그러면 다시 그 내용을 공부합니다. 이렇게 하다 보면 어느새 '역사 박사'가 됩니다. 물론 여기에 이르기까지는 상당한 시간과 정성이 필요하겠지요.

주변을 돌아보면 역사, 그중에서도 한국사에 박식한 분들을 꽤 만나게 됩니다. 역사적 사건과, 그 사건이 일어난 배경, 관련 인물, 정치적 파장, 심지어 발생 연도까지 막힘없이 말합니다. 그런 분들의 이야기를 듣다 보면 시간 가는 줄 모릅니다. 역사는 말하는 사람도, 듣는 사람도 모두 푹 빠지게 되는 마력이 있으니까요.

하지만 '한국사 박사'가 그리 많지는 않습니다. 삼국 시대 다음에 고려가 있었고, 그다음 조선이 있었다는 사실쯤이야 상식 중의 상식이니 모르는 분이 없을 것입니다. 그러나 조금만 세부적으로 들어가면 "아, 역사 머리 아파. 그만!"이라며 포기하는 분도 많습니다. 조금만 더 끈기를 갖고 공부를 이어갔으면 될 텐데, 그게 쉽지 않습니다.

바로 이런 점이 역사 공부의 단점이기도 합니다. 내용이 방대하고, 깊이를 알 수 없으니 지레 겁을 먹게 되는 거죠. 한 단계만 더 넘으면 '한국사 박사'까지는 아니더라도 '한국사 석사'나 '한국사 학사' 정도는 될 텐데, 안타까운 일입니다. 다른 분야도 마찬가지겠지만 역사는 흥미를 잃으면 더 쳐다보기도 싫은 분야입니다. 이미 말한 대로 내용이 너무 방대하고, 그 깊이를 알 수 없으니까요.

바로 그런 점을 감안해 이 책을 만들었습니다. 책 한 권에 풍속과 인물, 정치와 사상 등 한국사의 여러 분야를 압축적으로 담되, '석사' 수준의 깊이까지 들어가려 했습니다. 독자의 흥미를 북돋우기 위해 각각의 역사적 사건과 오늘날 우리 삶과의 연결고리를 찾을 수 있도록 의미를 부여했습니다. 또한 역사는 고리타분한 학문이 아니라는 점을 독자 여러분이 스스로 이해할 수 있도록 최대한 쉬운 용어로 풀어내려 했습니다.

여러분이 아는 지식에서 딱 한 걸음만 더 들어가기를 바랍니다. 그경우 역사를 바라보는 식견도 넓어질 것이고 인문학적 소양도 지금보다 훨씬 풍부해질 것이라 장담합니다. 이 책의 제목을 '한 걸음 더 들어간 한국사'라고 정한 이유입니다.

끝으로 이 책은 2019년에 출간한 『B급 한국사·지식의 빈틈을 메워주는 역사 잡학 사전』을 새롭게 펴냈음을 밝힙니다. 자료 사진을 보다 충실히 채우고 더욱 읽기 쉽게 편집과 디자인을 손보았습니다.

김상훈

차 례

제2장 과거의 모든 일은 오늘을 만든 퍼즐 조각이다 | 096
별의별 것들의 유래

우리 조상들은 어떻게 살았을까?

제 1 장

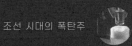
풍습과 전통

 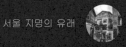

고려와 조선의 과거 제도

공무원 채용 시험은 과거 시험에서 유래했다

☯ 관리 채용 시험인 과거는 어떻게 시작되었는가?
☯ 고려와 조선의 과거 시험은 어떻게 달랐을까?
☯ 조선 시대 과거 응시자의 삶은 어떠했는가?

요즘 들어 인기가 약간 시들해지긴 했지만, 공무원은 우리나라 젊은 이들이 매우 선호하는 직업 가운데 하나다. 국가 기관과 공공 기관은 한때 '신의 직장'이라 불리기도 했다. 웬만해서는 정년이 보장되기 때문에 '철밥통'이라는 이름으로도 불린다. 2022년 1월 한국경영자총협회(경총)의 조사에서도 이 점이 그대로 드러난다. 20~34세의 남녀는 가장 선호하는 직장으로 공무원과 공공 기관을 꼽았다(36.8%). 공무원 채용 시험을 치를 때면 수십만 명이 몰린다.

서양 국가들은 대체로 공무원 채용 방식이 우리와 많이 다르다. 미국을 예로 들면, 우선 특정 날짜를 정해 일제히 공무원 채용 시험을 치르지 않는다. 서류 심사, 필기시험, 면접시험의 절차를 거친다. 면접

시험 비중이 상당히 높다.

우리는 어떨까? 예전에는 5급 공무원 선발 시험을 따로 행정 고시라 불렀다. 지금은 5급 공개경쟁 채용 시험이라 부른다. 5급 시험에 통과하면 사무관이 된다. 요즘도 고위 공무원들은 동료와 선후배를 평가할 때 '행시' 몇 기인지를 묻고는 한다. 행정 고시라는 명칭이 주는 파괴력이 강하다. 그런데 우리의 공무원 채용 시험은 언제부터 시작되었을까?

고려의 과거 제도

굳이 따지자면 고려 시대에 시작된 과거 제도가 오늘날 공무원 채용 시험의 기원이다. 옛날이나 지금이나 이런 시험에 통과하면 가문의 영광으로 여긴다. 요즘도 시골에 가면 '○○○의 5급 행정 고시 합격을 축하합니다!'라고 적힌 현수막을 종종 목격한다. 과거 시험에 급제하면 떠들썩하게 동네잔치를 벌였으니 정말 흡사한 광경 아닌가.

또 하나 비슷한 점. 우리가 말하는 과거 시험은 보통 대과라 부르는 문과를 뜻한다. 기술직을 뽑는 잡과 시험도 있었지만 중인이 주로 응시한 터라 급제한다 한들 고위직에 오를 수는 없었다. 오늘날의 7급과 9급 공무원도 고위직으로 승진하기가 쉽지 않다. 군대 하사관 후보생과 장교 후보생이 다르고, 일반 순경과 경찰대학 졸업생의 계급이 다른 것과 같은 이치다. 애초에 출발점이 다르다.

현대까지 명맥이 이어지고 있으니 과거 시험에 대해 조금 더 알아보자. 이미 말한 대로 고려 때 시작되었다. 4대 광종 통치기에 중국에서 수입했는데, 당시 중국 후주 출신인 쌍기가 귀화해 이 제도를 정착시켰다. 글을 짓는 제술, 유교 경전의 내용을 묻는 명경, 잡과 등으로 과목이 나뉘었다. 고려 때 무과 시험은 없었다.

고려 전기에는 과거 시험을 치르는 것보다 더 쉽게 관직을 얻을 수 있는 방법이 있었다. 음서라는 제도였다. 정5품 이상 관료의 아들은 부모 잘 만난 덕분에 벼슬을 거저 얻었다. 떵떵거리는 문벌 귀족 가문에 태어나기만 하면? 고위직은 따놓은 당상이었다.

조선의 과거 제도

조선 시대에는 좀 달랐다. 음서와 비슷한 문음이란 제도가 있기는 했다. 하지만 명분을 생명처럼 소중하게 여기는 사대부들이 아닌가. 부모 덕분에 공짜 벼슬을 얻는 게 자존심이 상했을 터. 게다가 문음으로는 말단 벼슬밖에 얻지 못했다. 종9품에서 시작해 한 단계 올라가는 데 1~2년이 걸렸다. 정2품이나 정1품은 언감생심 꿈도 꾸지 못했다.

과거 시험에 급제하면 보통 종6품 벼슬에 임명되었다. 문음에 비하면 공직 생활을 시작하는 출발선이 다른 셈이다. 고위직 관료가 될 자격은 과거 시험에 급제한 인물에게만 주어졌다. 이러니 과거 시험에

1664년 함경도 길주에서 실시한 문과와 무과 시험 장면을 묘사한 그림이다.

급제하지 못하면 가문도 일으키지 못했다.

조선 시대의 과거 시험 경쟁률은 오늘날의 공무원 채용 시험보다 더 높았다. 한 번에 수십 명만 뽑았기 때문이다. 조선 전기에는 경쟁률이 10 대 1에서 많게는 20 대 1 정도였다. 하지만 조선 후기로 가면서 경쟁률은 1,000 대 1을 훌쩍 넘어섰다. 양반이 기하급수적으로 늘어났기 때문이다.

낙타가 바늘구멍 통과하기보다 어렵다는 말은 이럴 때 쓰는 게 아닐까? 과거 시험을 매년 치르기라도 했다면 그나마 선발 인원이 좀 많아졌을 것이다. 하지만 그렇지도 않았다. 과거 시험은 3년마다 정기적으로 치러졌다. 이를 식년시라 했다. 이와 별도로 증광시, 알성시 등 비정기적으로 치러지는 과거 시험도 있었다. 이 모든 걸 감안해서 평균을 내보면 얼추 1년 3개월~1년 6개월마다 과거 시험이 치러졌다.

조선 시대의 과거 시험장 풍경

수험생의 하루는 책 읽기로 시작해서 책 읽기로 끝났다. 외워야 할 한자가 40만 자를 넘었다. 문장을 통째로 암기하는 것은 당연한 일. 그러니 작은 대나무에 글을 적어놓고, 휴대하고 다니며 외웠다. 이를 죽첨이라 했다. 면학 분위기가 잡히지 않으면 산 깊숙한 곳에 숨어 있는 절간에 들어가 공부했다. 과거 시험에 임박해서는 기출 문제집을 구입해서 풀었다. 어쩌면 예나 지금이나 공부하는 풍경이 이토록 똑같을까.

과거 시험을 치르는 일에도 부익부 빈익빈이 그대로 반영되었다. 지방에서 한양까지 가려면 막대한 여비가 필요했다. 돈이 없으면 이불이며, 솥이며, 쌀이며, 반찬이며 모두 직접 싸 가지고 가야 한다. 부자라면 이 모든 걸 주막에서 호화판으로 해결했다. 주막이 발전하기 전에는 하인들이 모든 수발을 들었다. 양반님은 그저 이동이 힘들 뿐.

돈이 좋긴 하다. 부자들은 시험장에도 하인을 보내 좋은 자리를 맡아놓았다. 하인은 날이 따가우면 차양과 양산을 드리웠다. 주인님의 기운이 빠질까 봐 시험을 치르는 내내 옆에 앉아 백숙을 고았다. 나들이인지, 엄격한 고시장인지 애매모호해진다.

과거 시험장에서는 부정행위가 적잖았다. 손에 작은 쪽지를 감추는 것은 애교에 속했다. 책을 무더기로 가져와서 일일이 찾아보는 사람이

문경새재 과거길에 남아 있는 돌벽. '과거길'은 조선 시대 유생들이 과거를 치르기 위해 걸었던 길이다.

있는가 하면 옆 사람과 의논하며 문제를 풀기도 했다. 특히 조선 후기에 부정행위가 심했다. 그때는 아예 대리로 시험을 치르는 경우도 많았다. 혹은 옆자리에 앉아서 답을 일러주는 사람도 있었다. 망조도 이런 망조가 없다. 사실 조선 후기에는 벼슬을 사고파는 일이 너무도 흔했으니까, 그런 상황에서 과거 시험이란 게 큰 의미가 있겠는가. 실제로 더러운 꼴을 보다 못한 나머지 과거 시험장에서 붓을 집어 던지고 나오는 이들이 적지 않았다.

온 가족이 시험 뒷바라지를 하는 모습은 그때나 지금이나 똑같다. 자식의 입신양명과 성공을 위해, 혹은 가문의 부흥을 위해 반드시 통과해야 할 시험이니까 모든 정성을 쏟는다. 요즘 젊은 세대에 비하면 과거 시험 준비생은 비교적 여유만만이었다. 그들은 직업을 구할 필요

풍습과 전통

가 없었다. 양반이니까! 7~8세부터 과거 시험을 준비했다. 로또만 터지면 입신양명의 대박이 실현되는데 나이가 무슨 상관이랴. 50대, 60대 응시생도 적지 않았다. 조선 시대의 과거 시험 최고령 합격자는 85세다.

요즘 공무원 채용 시험을 준비 중인 사람들을 공시생이라 한다. 공(公)을 공(恐)으로 바꾸면 시험을 두려워하는 사람이란 뜻이 된다. 질 좋은 청년 일자리가 지금보다 더 늘어난다면 두려움에 떨면서 시험을 치르는 일이 줄어들까? 결국은 일자리 문제다.

사설 입시 학원의 역사

고려 시대에 입시 학원 광풍이 불다

💿 구재학당을 세운 최충은 누구인가?
💿 구재학당을 비롯한 사설 교육 기관의 역할은 무엇인가?

서울 강남구 대치동에 가면 입이 쩍 벌어진다. 이면 도로는 물론 골목에까지 학원들이 자리 잡고 있다. 가방을 멘 아이들이 그 학원들을 뻔질나게 드나든다. 전국의 수험생이 이곳에 다 모인 게 아닌가 하는 착각이 들 정도다. 입시 교육의 1번지라는 말을 실감한다.

스타 강사들이 포진해 있는 학원에 들어가려면 예약은 필수다. 때로는 대기해야 한다. 돈 있다고 들어갈 수 있는 것도 아니다. 레벨 테스트를 거친 후에야 학원에 들어갈 수 있다. 자주 지각하거나 성적이 떨어지면 쫓겨나기도 한다. 대학 입시만 어려운 게 아니라 학원 입시도 어렵다.

어쩌다 이 나라의 교육이 이렇게 되었느냐며 한탄하는 독자도 있을 것 같다. 그런데 그 사실을 아는가? 교육에 관해서라면 우리 민족은 예전부터 늘 열성적이었다. 스타 강사? 명문 입시 학원? 오래전, 그러니까 1,000여 년 전인 고려 시대부터 존재했다!

우리 역사 최초의 입시 학원, 구재학당

최충은 고려 전기에 이름을 떨친 관료이자 유학자다. 또한 우리 역사상 최초로 입시 사설 학원을 운영한 교육자였다. 최충이 만든 구재학당은 평범한 사설 학원이 아니었다. 과거 시험 합격자를 가장 많이 배출한 학원이었다. 족집게 과외에 합숙 훈련까지 했다. 그랬다. 구재학당은 명문 입시 학원의 원조다.

최충은 1005년(목종 8년) 20세의 나이로 과거 시험에 장원 급제했다. 관직 생활은 순탄했다. 두루 벼슬을 거친 끝에 최고 지위인 문하시중까지 올랐다. 문하시중은 조선 시대의 정승, 오늘날의 국무총리에 해당한다. 50여 년 동안 관직 생활을 하면서 왕만 5명이나 모셨다. 그리고 1053년(문종 7년)에 은퇴했다. 그동안 쌓은 업적이 적지 않았다. 이를

고려 전기의 문신 최충. 그는 관직에서 은퇴한 뒤 사교육의 효시가 된 구재학당을 열어 후학을 양성했다.

테면 법전을 정비했고 실록을 편찬했다. 하지만 오늘날에는 이런 업적 때문에 최충을 기억하는 이는 많지 않다. 70세가 되어 은퇴한 후의 삶에 더 주목한다. 그는 새로운 일에 도전했다. 최초의 사설 학원을 설립했다. 전문 교육자가 된 것이다.

물론 국자감이라는 국립 대학이 있었다. 국자감에서는 유학을 가르쳤지만 교육 과정과 내용이 부실했다. 귀족과 고위 관료의 자제만 입학할 수 있었다. 지방에는 국립 교육 기관도 없었다. 그러니 가난하거나 지방에 살면 모든 게 그림의 떡일 뿐이었다.

과거 시험은 그 당시에 가장 확실한 성공의 열쇠였다. 귀족 가문이 아니더라도 과거 시험에 장원 급제만 하면 인생 역전이 가능했다. 하지만 상상해보라. 국립 학교에 입학할 자격은 안 되고 지방엔 학교도 없다. 바로 그때 존경받는 유학자가 학원이란 것을 만들었다. 당연히 그곳으로 미래 인재들이 몰리지 않겠는가.

구재학당의 스파르타 입시 교육

최충이 설립한 구재학당은 9개의 반으로 구성된 학당이란 뜻이다. 전국에서 워낙 많은 학생이 몰려와 9개의 학급이 필요했다. 9개 반은 실력의 차이를 의미하기도 했다. 초급반에서 공부를 마치면 중급반으로, 그다음에는 상급반으로 승급하는 식이었다. 요즘으로 치면 특목고나 자사고, 사설 입시 학원과 상당히 비슷하다.

구재학당의 교과 과정은 상당히 빡빡했다. 학생들이 기진맥진할 정도로 공부를 시켰다. 특히 하과(夏課)가 유명했다. 하과는 여름에 50일 동안 절에서 합숙하면서 과거 시험을 준비하는 교과 과정이다. 요샛

말로 몰입 교육이다. 구재학당 출신으로 과거 시험에 급제한 동문 선배들이 강사로 나서 유교 경전과 역사서를 가르쳤다. 선배는 친절하게도 후배들에게 좋은 성적을 거둘 수 있는 비법도 전수했다.

실제 시험처럼 모의고사도 치렀다. 초에 눈금을 긋고는 심지에 불을 붙였다. 심지가 그 눈금까지 타 들어가기 전까지 시를 짓는 이것을 각촉부시(刻燭賦詩)라 했다. 제한 시간이 끝나면 성적을 매겨 발표했다. 그다음엔 술잔을 돌리며 뒤풀이를 벌였다.

최충의 구재학당에 대한 소문이 개경을 넘어 전국으로 퍼져 나갔다. 과거 시험에 급제하려면 구재학당부터 들어가야 한다는 이야기까지 나왔다. 다른 유학자들도 최충을 따라 잇달아 사설 학당을 세우면서 고려 전역에 사설 학원 열풍이 불었다. 이렇게 해서 세워진 12개의 사학을 12공도라 했다. 12공도의 으뜸은 단연 문헌공도였다. 문헌공도는 최충 사후에 구재학당을 부르던 이름이다. 문헌은 최충의 시호다.

문헌공도 출신의 많은 인재들이 관직에 나갔다. 제자들은 스승을 기리며 해동공자라 불렀다. 중국에서 공자가 인재를 양성했다면 고려에서는 최충이 그 역할을 했다는 뜻이다. 그러나 조선 전기의 성리학자들은 최충이 과거 시험 급제만을 노린 가짜 학자라며 푸대접했다. 16세기 중반, 성리학자 주세붕이 서원을 세우며 최충을 기리는 예우를 갖추고 난 후에야 명예 회복을 할 수 있었다.

사설 학당이 지방 교육을 담당하다

고려 말에는 스타 강사도 있었다. 스타 강사의 이야기는 『조선왕조실록』에 기록되어 있다. 1436년(세종 18년) 10월 8일자에 성균관의 최고

주세붕이 세운 우리나라 최초의 서원으로, 원래 이름은 백운동 서원이었으나 명종으로부터 편액을 받으면서 소수 서원으로 이름을 바꾸었다.

지위인 정2품 지성균관사 허조가 세종에게 보고를 하는 대목이 나온다. 내용을 요약하면 이렇다.

"고려 충렬왕 때에 강경룡이란 사람은 집에서 제자들을 가르쳤습니다. 제자 10명이 대과에 합격하는 성과를 냈습니다. 이웃에 살던 왕족이 이 사실을 왕에게 보고했습니다. 왕은 강경룡의 공을 치하하며 상을 내렸습니다. 지금 유생 2명이 강경룡처럼 자신의 집에서 학생을 가르치고 있다 합니다. 상을 내리소서."

강경룡의 기록이 별로 없어 그에 대해 자세히 알 수는 없다. 짐작컨대 고려 시대에 불어 닥친 사학 열풍의 영향을 받아 개인 과외에 나선 유학자였을 것 같다.

사실 사설 학당이 입시 교육만 한 것은 아니었다. 인격 수양도 강조했다. 게다가 이런 풍습이 조선 시대에는 서원과 서당으로 발전했다. 그러니 지방 교육 시스템이 부족했던 당시에 사설 학당의 역할이 상당히 컸음도 인정해야 한다.

중국 설화 한 대목. 과거 시험에 매번 낙방만 하다 결국엔 패가망신한 선비가 옥황상제에게 항의했다. 옥황상제는 정의의 신과 운명의 신에게 술을 주고 누가 마시는지 지켜본 후에 판결을 내리겠다고 했다. 운명의 신이 일곱 잔, 정의의 신이 석 잔을 마셨다. 옥황상제는 이렇게 결론을 내렸다. "봐라. 운이 먼저다. 재주가 뛰어나다고 해도 운이 따라주지 않으면 이룰 수 없는 법이다." 운칠기삼(運七技三)의 유래다.

문헌공도 출신의 최고 학자를 꼽으라면 단연 이규보다. 고려 후기에 『동명왕편』과 『동국이상국집』을 쓴 인물이다. 그는 문헌공도에서 수석을 놓치지 않았던 수재였다. 그러니 단박에 과거 시험에 급제할 것이라 여겨졌다. 하지만 그는 4수 끝에 간신히 과거 시험에 급제했다. 어쩌면 그도 운칠기삼의 이치를 넘어서지 못했던 게 아닐까.

어찌 운에 우리 인생을 걸겠는가. 중요한 것은 실력이리라. 하지만 때로는 한 템포 쉬었다 가자. 명문대 진학도 좋지만 삶의 만족과 행복감이 더 중요하지 않겠는가.

우리 민족의 결혼 풍습 변천사

여인은 왜 새벽에 서낭당 주변을 서성였을까?

◈ 우리 민족 고대와 중세 국가의 결혼 제도는 어떠했을까?
◈ 조선 시대에 이르러 왜 여성의 인권이 낮아졌는가?
◈ 조선 시대 평민의 결혼 풍습은 어떠했는가?

따사로운 햇살이 비치는 5월, 딱 결혼하기 좋은 달이다. 5월의 신부라는 말이 그냥 생겨났겠는가. 이런 말까지 있는 걸 보면 5월에 결혼을 가장 많이 하는가 보다. 하지만 실제로는 그렇지 않다. 결혼 정보 회사의 15년 치 데이터를 조사해보니 10월이 으뜸이었다. 그다음은 11월. 5월은 세 번째다. 날이 더우면 하객들도 덜 온다. 그러니 여름은 피한다. 결혼식을 가장 적게 올린 달이 8월과 7월이다.

미국에서는 신랑과 신부 들러리를 여러 명 세운다. 들러리들은 식을 치르기 며칠 전부터 파티를 벌인다. 그러다 들러리들끼리 눈이 맞기도 한다. 스웨덴에서는 결혼식 당일 신랑이 바짝 긴장해야 한다. 잠시 자리를 비운 사이에 누군가 신부의 입술을 훔칠 수도 있다. 이 또한 스웨덴의 전통 가운데 하나다. 나라마다 결혼 풍습이 다양하다. 우리는 어땠을까?

옥저와 고구려, 고려의 결혼 제도

예로부터 우리는 혼인할 때 '장가간다'거나 '시집간다'고 표현했다. 남자는 여자에게, 여자는 남자에게 의탁한다는 뜻이 담겨 있다. 우리 민족의 결혼 풍습 변천사를 이보다 압축적으로 묘사한 표현은 없을 것이다.

옥저(오늘날의 함경도 지역에 존재했던 고대 국가)에서는 여자가 10세 정도에 시댁에 들어가 살았다. 성인이 된 뒤에는 일단 친정으로 복귀했다. 시댁은 며느리를 데려오려면 지참금을 내야 했다. 지참금은 노동력을 취하는 대가였다. 사실상 노동력의 거래가 결혼이었다. 여자는 시집을 갔다.

고구려는 정반대로 남자가 장가를 갔다. 남자는 처갓집에 서옥이란 공간을 만들고, 그곳에서 살았다. 남자는 1~3년 뒤 자신의 집으로 돌아갔지만 아내는 남았다. 아내는 아이를 다 키운 뒤 아이들과 함께 시댁으로 갔다. 부부의 연을 맺고도 뒤늦게 시집으로 간 셈이다.

고려 시대에는 어땠을까? 남자는 20세, 여자는 18세 전후에 혼례를 올렸다. 남자가 장가를 갔다. 처가에 살면서 장인, 장모를 모시는 경우가 많았다. 이러니 아내의 지위가 남편과 대등했다. 아내도 호주가 될 수 있었고, 남자 형제와 동등하게 재산을 상속받았다. 물론 제사도 남자 형제와 번갈아가면서 지냈다.

당당하면 꿀릴 게 없다. 고려 시대의 아내는 남편의 부정을 응징했다. 남편도 아내와 헤어지자고 말할 수 있었다. 정당한 사유만 있으면 이혼이 허용되었다. 재혼하는 사람도 많았다. 그 대신 일단 결혼하면 철저한 일부일처제였다. 남자가 첩을 두는 것은 관습적으로도 허용되지 않았다. 한번은 박유라는 재상이 관직의 등급에 따라 첩을 둘 수 있게 하자고 제안한 적이 있다. 박유의 의도는 첩을 늘려 인구를 늘리자는 것이었다. 하지만 그는 미처 아내들의 민심을 읽지 못했다. 박유에 대한 비판이 폭주했다. 머쓱해진 박유는 제안을 슬쩍 철회했다.

조선의 결혼 풍습 변천 과정

조선 시대에는 아들, 그중에서도 장남을 중심으로 한 중국식 종법 (제사 계승과 종족 결합 등의 친족 제도의 기본이 되는 법) 제도가 정착되었다. 조선의 성리학자들은 남자가 장가를 가는 풍습이 못마땅했다. 여자가 시집을 가야지, 왜 남자가 장가를 가느냐는 것이다. 사대부들은 강제로라도 여자가 시집을 가는 전통을 만들려고 했다. 하지만 삶의 방식을 하루아침에 바꿀 수는 없다. 여전히 남자들이 장가를 갔다. 처가살이 전통은 조선 중기에 이를 때까지 사라지지 않았다.

신사임당의 삶에서 본보기를 찾을 수 있다. 강릉 오죽헌은 신사임당의 친정이다. 신사임당은 결혼한 뒤에도 친정에서 살았다. 신사임당은 무려 20년이 지난 후에야 시댁에 들어갔다. 당연히 신사임당의 아들 이이도 어렸을 때는 외갓집에서 살았다. 외할머니로부터 서울에 있는 집도 상속받았다. 그 대신 외할머니 제사를 지냈다. 내로라하는 사대부 집안이 이랬다. 전통을 바꾸기란 이처럼 쉽지 않다.

종법 제도가 정착되기를 바라는 왕과 사대부들은 화가 났다. 장가

신사임당의 친정인 오죽헌. 조선 시대의 대표적인 학자이자 정치가인 율곡 이이가 어린 시절을 보낸 외갓집이다.

를 가는 전통을 강제로라도 없애기로 했다. 남자가 여자를 데리고 본가에 가서 혼례를 올리는 법을 만들었다. 강제적인 법이 현실에 정착하기까지는 오랜 시간이 걸린다.

'해묵이'라는 과도기적 풍습이 새로 생겨났다. 처가에서 혼례를 치르고, 일정 기간이 지난 후에 본가로 오는 방식이었다. 신부는 친정에서 짧게는 1년, 길게는 3~4년을 살다가 식을 치르고 시댁으로 갔다. 고구려의 서옥제와 비슷한 모양새가 되었다.

조선 중기 이후 『주자가례』가 전국에 보급되면서 사회가 보수적으로 변했다. 혼례를 올리기 전부터 여성은 푸대접을 받았다. 족보에는 남동생이 이름을 올린 뒤에야 올릴 수 있었다. 여성은 재산을 상속받을 수도, 제사를 지낼 수도 없었다. 외출도 자유롭지 못했다. 점차 시집을 가는 것이 일반화되었고, 아내는 삼종지도(三從之道, 어려서는 아버지를, 결혼해서는 남편을, 남편이 죽고 난 뒤에는 아들을 따라야 한다는 관념)를 따라야 했다.

결혼 생활은 모순덩어리가 되었다. 일부일처제를 유지하면서도 첩을 둘 수 있도록 했다. 사대부 가문 출신 여성의 재혼은 금지되었다. 『경국대전』에 이 규정을 명시해놓기까지 했다. 만약 재혼하면 그 여성의 아들은 벼슬길에 오르지 못하게 했다. 홀로된 여인에게는 정절을 강요했다. 효부 열녀의 허상이 아내의 으뜸 가치로 여겨졌다.

조선 평민 사회의 혼인 풍습

그나마 다행이라고 해야 할까. 밑바닥의 평민들에게는 이런 성리학적 질서가 깊숙이까지 침투하지 못했다. 평민들은 자유로웠다. 결혼과 이혼, 모두가 까다롭지 않았다. 재혼? 물론 가능했다. 방식도 다양했다.

남편을 잃고 생계가 막막한 여인은 새벽에 서낭당 주변을 서성였다. 이를 눈여겨보던 남자가 데려다 첩으로 삼았다. 사극에서는 사악한 양반이 야밤에 아녀자를 훔쳐간다. 이를 보쌈이라 하지만 실제 보쌈은 이런 것이 아니었다. 대체로 양쪽의 합의하에 야반도주하는 형식을 취했다. 재혼을 민망한 일로 여겼기에 쇼를 한 것뿐이다. 동네 사람들은 보쌈을 한 이를 쫓는 시늉을 하다가 곧 잘살라며 손을 흔들어 주었다.

21세기의 대한민국, 지금의 상황은 어떨까? 가부장제의 흔적이 남아 있는 지역에서는 시집을 가는 경향이 여전히 강하다. 하지만 전국적으로 보면 대체로는 남녀가 서로에게 시집을 가고, 장가를 가는 것 같다.

1970년대까지만 해도 매년 25만 쌍 이상의 남녀가 결혼식을 올렸다. 경기가 좋으면 결혼하는 커플도 늘어난다. 통계가 이 사실을 입증한다. 대한민국의 경기가 호황이던 때는 매년 결혼식 건수가 증가했다. 경기가 최고점을 치던 1996년, 결혼 건수도 최고점에 도달했다. 이 해에만 43만 쌍 이상이 결혼식을 치렀다.

통계청에 따르면 2021년 결혼식을 치른 커플은 19만 3천 쌍으로, 1970년 통계 작성을 시작한 후 최악의 수치로 떨어졌다. 인구 감소가 원인일 수도 있다. 하지만 그보다는 청년 실업과 전세금 부담이 더 큰 원인이리라. 그래서 결혼을 사랑으로 하라 그러는 것일까? 팍팍한 세상, 사랑으로 버티라고 말이다.

혼수와 예단의 근원

허례허식을 전통이라 해서야 쓰나?

 중국 역사서에 나타난 삼국 시대의 혼수 규모를 알아보자.
 지배층의 과시욕과 조선 시대 유교가 혼수와 예단에 미친 영향은 무엇인가?

신랑은 집을 장만하고 신부는 살림을 마련한다. 언젠가부터 우리 사회에 뿌리내린 결혼 풍습이다. 덕분에 부모의 등허리가 펴질 날이 없다. 생각해보라. 수억 원, 많게는 10억 원이 넘는 집을 20~30대 신랑이 어찌 장만할 수 있겠는가. 전세금이라도 모아놓았으면 그나마 다행이다. 요즘은 그마저도 어려워 부모에게 손을 벌린다. 신부도 수심이 깊어진다. 시댁 식구들의 눈치를 안 볼 수 없다. 예단 비용도 만만찮고, 살림 규모도 가늠이 안 된다. 신부의 부모는 또 무슨 죄람.

젊은 사람들은 이런 방식의 결혼 전통이 탐탁지 않다. 2010년 이후 시행된 조사를 보니 미혼 남녀의 70~80% 이상이 이런 방식의 결혼에 찬성하지 않았다. 전통이라 여겨지던 것에 대한 도전이다. 청년들

조선의 혼례 장면을 담은 김홍도의 작품 〈신행(新行)〉이다.

의 의식 변화가 바람직해 보인다. 하지만 양가의 부모를 설득하는 게 쉽지 않다. 악습을 끊기 힘든 이유다.

이 대목에서 궁금해진다. 이런 결혼 행태가 정말 우리의 고유한 풍속일까? 만약 그렇다면 언제부터 시작되었을까? 우리 조상들은 왜 이처럼 불합리한 풍속을 만들어서 후손들을 힘들게 하는 것일까? 혼수와 예단의 근원을 따져보자.

고구려와 신라의 결혼 풍속

중국 역사서 『수서』 「동이열전」에 고구려의 결혼 풍속에 관한 장면이 나온다.

남녀가 서로 좋아하면 그로써 혼인이 성사된다. 신랑의 집에서 돼지고기와 술을 보낼 뿐 다른 재물을 보내진 않는다. 신부의 집은 재물을 받는 것을 딸을 파는 행위라며 수치스럽게 여긴다.

깔끔하다. 고구려에서는 신랑 신부가 지참해야 할 예단이나 혼수가 없다. 혼인 잔치에 쓸 음식과 술이면 충분하다. 같은 책에 기록된 신

라의 결혼 풍속도 비슷했다. '음주와 식사로써 혼인의 의식을 치렀다. 잔치 규모는 빈부 수준에 맞춘다.'

백제의 혼수 문화에 대해서는 남아 있는 자료가 별로 없어 당시 상황을 온전히 추측할 수 없다. 다만 세 나라가 비슷한 시기에 존재했고 사는 방식도 크게 다르지 않았기에 백제 또한 검소했을 것으로 학자들은 추정한다.

사는 게 좀 여유가 생겼다 싶으면 이것저것 해보고 싶은 게 사람의 마음이다. 노동 생산성이 높아지고 경제 상황도 좋아지니 결혼 풍속도 조금씩 달라졌다. 소박한 마음은 작아지고 사치를 부리고 싶은 마음이 커졌다. 결혼 풍속이 화려해졌다.

『삼국사기』에는 신라의 초호화 결혼식에 대한 기록이 남아 있다. 7세기 후반, 신라 31대 신문왕이 혼인식을 올렸다. 신문왕은 신부 집에 폐백 15수레, 양념과 반찬 135수레, 곡식 150수레를 보냈다. 신부 들러리로 귀족 부인 30명도 보냈다.

왕의 결혼이니 호화로울 수 있다. 문제는, 이런 호화 결혼식을 접한 왕족과 귀족들의 반응이다. '나도 저런 호사를 누려봤으면…….' 이렇게 해서 호화 결혼식과 호화 혼수가 자연스럽게 지배층의 문화가 되어버렸다. 그들은 경쟁하듯 결혼식과 혼수의 규모를 키웠다.

고려 시대 관료가 자식의 혼례를 치르려면 으레 혼수 품목으로 중국산 고급 비단 정도는 준비해야 했다. 혼인 잔치는 아주 성대하게 치렀다. 예식과 혼수에 거품이 끼기 시작했다. 왕실과 조정이 말렸지만 듣지 않았다. 결국 왕실과 조정이 '혼수품으로 비단 대신 무명을 쓰고, 잔치 때도 음식 수를 제한하라.'는 명까지 내릴 정도가 되었다.

명분을 중시하는 유교 질서가 허례허식을 부추기다

조선은 성리학적 유교 질서가 지배하던 사회였다. 조정은 유교 예법 지침서인 『주자가례』를 전국에 보급했다. 격식과 명분이 중요해졌다. 그러니 혼수, 예단 같은 물품이 결혼의 가장 중요한 요소가 되었다. 혼수나 예단, 어느 것 하나라도 소홀하면 결혼은 무효가 될 수도 있었다. 넉넉하게 갖추어야 예의에 어긋나지 않는다고 여겼다. 그러니 가난한 집은 설령 양반이라 해도 딸을 시집보내기가 어려워졌다. 보다 못한 정부가 가난한 양반집 딸의 혼수 비용을 지원하는 제도까지 생겨났다.

신랑 측도 힘들기는 마찬가지였다. 신부 집에 보내는 함 안에 꼭 비단을 넣어야 했다. 무명천은 홀대받았다. 값비싼 물건들도 함에 넣었다. 오는 정이 있으면 가는 정도 있어야 하는 법. 덩달아 신부 측이 준비해야 할 혼수와 예단도 고가품으로 바뀌었다. 이렇게 하는 것이 법도에 맞다 여겼다.

왕족과 귀족이 신분을 과시하기 위해 돈을 펑펑 썼던 것이 혼수와 예단의 출발점이었다. 그랬던 풍속이 어느덧 사대부를 거쳐 평민 계층에까지 스며들었다. 이런 과정을 거치면서 혼수와 예단이 미풍양속으로 둔갑했다. 당연히 부작용이 많았을 터. 실록에도 이와 관련된 기록이 꽤 남아 있다.

1445년(세종 27년) 한 사내가 아내가 혼수를 적게 마련했다고 구박하다 내쫓았다. 사내는 혼수가 문제가 아니라 아내의 행실이 좋지 않고, 작고 뚱뚱해서 내쫓았다 했다. 자신은 술에 취해 그런 사실도 모른 채 결혼했다며 무효를 주장했다. 세종은 어이가 없었다. 정신 번쩍

서양에서도 결혼 혼수는 큰 부담이 되었다. 결혼하는 스위스 여성의 결혼 지참금을 묘사한 1800년대의 그림이다.

들라고 곤장 60대와 징역 1년형을 내렸다.

이처럼 조선 시대에는 혼수가 심각한 사회 문제로 떠올랐다. 조정은 과잉 혼수를 억제하기 위해 규정을 만들고 단속도 했다. 하지만 명분과 다른 사람의 시선이 더 두려웠다. 혼주는 관리에게 뇌물을 주고 무마했다. 정부가 비위 공무원은 변방으로 보내겠다고 엄포를 놓았지만 백약이 무효였다. 양반의 혼례 비용이 중인 집값의 10배가 된다는 보고서까지 조정에 올라왔다.

전남의 한 종가가 1920년대 결혼 비용을 기록한 문서를 공개한 적이 있다. 이 문서에 따르면 집값을 제외하고 아들의 혼례에 들어간 돈이 309원이었다. 요즘 돈으로 환산하면 대략 3,000만 원에 이른다. 물론 집 장만에 들어간 비용은 빼고서 말이다. 대들보가 뽑힐 지경이다.

지금보다 더하면 더했지, 소박한 결혼은 아니다.

이제 명쾌해졌다. 우리가 전통이라 여겼던 혼수의 근원은 지배층의 과시욕이었고 허례허식이었다. 그러니 혼수와 예단을 더 이상 전통이라 불러서는 안 된다.

혼수는 가계를 유지하는 데 꼭 필요한 물품을 가리킨다. 혼수가 차고 넘친다고 해서 부부의 사랑이 깊어지는 건 아니다. 새로운 인생의 출발선에 선 부부에게 가장 필요한 것, 또는 가장 의미가 있는 것, 그것이 혼수여야 한다.

부부가 늘어 죽었을 때 입을 '커플 수의' 한 벌을 혼수로 준비하는 것은 어떨까? 평생을 행복하게 살다 한날한시에 생을 마감하겠다는 뜻을 담고서 말이다. 좀 생뚱맞다고? 아니다. 부부가 함께 마음을 담아 혼수를 준비하는 것, 멋있지 않은가?

사진만 보고 결혼하던 때가 있었다

'사진결혼'의 아픈 역사

☯ 우리의 1세대 이민자들은 어떤 사람들이었을까?
☯ 사진결혼이란 무엇인가?

1980년대까지만 해도 청년기에 이성을 만나는 가장 쉬운 방법은 미팅이었다. 커피숍이나 맥줏집에 있다 보면 남녀가 단체로 미팅하는 풍경을 꽤 자주 목격할 수 있었다. 처음엔 서먹서먹해 보였는데, 금세 왁자지껄 떠들던 옆자리의 3 대 3 미팅이 기억난다. 미팅에서 만나 이성과 최종 결혼까지 가는 경우는 드물었다.

　더 과거로 가보자. 1960년대까지만 해도 신랑과 신부가 결혼식 당일에야 처음 서로의 얼굴을 보는 경우도 있었다. 양가의 약조로 결혼을 했으니 당사자의 의견 같은 것은 중요하지 않았던 것이다. 그때 어른들은 이렇게 말했다. "사랑이 밥 먹여 줘? 같이 살다 보면 정이 드는 거야." 오늘날의 20~30대는 상상할 수 없겠지만 그런 시대가 있었다.

결혼 풍속도가 많이 바뀌었다. 10~20년 전에 비해 결혼 정보 회사들이 꽤나 많아진 것 같다. 원하는 조건에 딱딱 맞춰 신랑감 혹은 신붓감을 찾아준다니, '배경'이 약한 사람은 결혼도 못할 것 같다. 조건 없는 사랑은 있어도 조건 없는 결혼은 없는 것일까? 그래도 사랑이 결혼의 가장 큰 조건이었으면 좋겠다.

여러분에게 신랑 혹은 신부 후보의 사진만 건네주고 결혼하겠느냐고 묻는다면 어떻게 대답하겠는가? 우리 근대사에 그랬던 시절이 있었다. 머나먼 하와이에서 말이다.

우리나라 최초의 이민자들

1902년(고종 39년) 12월, 121명의 한국인이 탄 증기선 켄카이마루호가 인천항을 떠났다. 그들은 하와이로 가는 이민자였다. 일본 나가사키에서 신체검사를 받았다. 탈락자 19명을 뺀 102명이 미국 증기선 갤릭호로 갈아탔다. 1903년 1월 13일 배가 하와이 호놀룰루 항에 도착했다. 56명의 남성, 21명의 부인, 13명의 어린이, 12명의 갓난아이……. 이들은 대한 제국 정부가 승인한 최초의 이민자였다.

하와이 이민은 주한 미국 공사 호러스 앨런의 제안으로 이루어졌다. 사탕수수 농장의 인부가 부족해서다. 당시 한국 경제 상황은 심히 좋지 않았다. 가뭄과 홍수로 인해 대흉작이 든 데다 전염병까지 돌았다. 그러니 이 제안을 거절할 이유가 없었다. 고종은 1902년 11월, 이민을 허가하는 칙령을 공포하고 담당 관청인 수민원을 설치했다. 수민원은 하와이 이민자에게 대한 제국 정부의 인장이 찍힌 첫 여권을 배포했다.

사실 이민자들이 처음부터 이민을 목표로 했던 것은 아니다. 돈을 벌어 금의환향할 요량이었다.

고종은 이민 담당 관청인 수민원을 세우고, 그 책임자로 민영환을 임명했다. 당시 정치적 입지가 강했던 민영환이 수장으로 있었던 사실만 보아도 수민원의 중요성을 알 수 있다. 민영환은 을사늑약이 체결되자 자결하였다.

하와이 이민 1세대의
험난한 여정

하와이에 도착한 이민자들은 곧바로 사탕수수 농장에 분산 배치되었다. 그들의 고생을 어찌 말로 다 표현하겠는가. 수용소 같은 막사에 살면서 매일 새벽부터 10시간씩 중노동을 했다. 감독관은 걸핏하면 뺨을 때렸고, 심지어 채찍도 휘둘렀다. 하루 일당이 남자 67센트, 여자 50센트였다. 한 달 벌이가 20달러가 되지 않았다. 1년을 꼬박 모아야 200달러나 될까. 게다가 이민 경비 170달러는 3년으로 나누어 상환해야 했다. 일주일에 하루는 쉬었다고 하지만 노예의 삶이 따로 없다.

그런데도 하와이 이민이 증가했다. 한국에서의 삶이 더 힘들었기 때문이다. 1905년까지 7,000명이 넘는 한국인이 하와이로 떠났다. 문제가 생겼다. 하와이 현지 교포 사회의 남녀 성비 불균형이 10 대 1 정도로 심각해진 것이다. 그나마 현지에 있는 조선 여성은 모두 유부녀였다. 그러니 총각들은 결혼 상대를 구할 수 없었다. 설상가상으로 한국에서 이민 반대 운동이 일어나자 대한 제국 정부가 1905년 4월

풍습과 전통

해외 이민 금지령까지 내렸다. 한국인에게 현지 일자리를 빼앗길까 우려한 일본이 방해를 하기도 했다. 어쨌거나 결론. 현지의 한국인 총각들은 평생 총각으로 늙어야 할 판이 되었다.

하와이 이민 총각들의 혼인난을 해결한 사진결혼

1910년, 일제가 국권을 강탈한 후에 하와이 이민을 재개했다. 단, 현지 인부의 가족이나 여성에 한해서만! 덕분에 한국인 노총각들은 다시 결혼의 꿈을 꿀 수 있게 되었다. 노총각들은 한국에 자신의 사진을 보냈다. 중매쟁이가 처녀를 물색했다. 처녀 사진을 하와이에 보냈다. 그다음은 합의 단계. 최종 합의에 이르면 여비와 결혼 비용을 신랑이 지불했다. 사진이 매개가 되었기에 이를 '사진결혼'이라 했다.

사실 사진결혼이 하와이에서만 행해진 것은 아니다. 다른 지역, 이를테면 중국이나 일본에서도 이런 식의 결혼이 이루어지긴 했다. 하지만 하와이에서처럼 대규모는 아니었다.

일제 강점기 때 일본인들도 하와이로 진출했다. 사진은 일본인 하와이 이민자 1세대들을 찍은 것이다.

최초의 사진결혼은 1910년 11월 28일 이루어졌다. 38세의 하와이 총각 이래수와, 갓 태평양을 건너온 23세의 처녀 최사라가 결혼했다. 이듬해에는 39세의 백만국이 23세의 유명선과 결혼했다. 결혼의 꿈이 이루어졌다! 그러니 너도나도 사진결혼에 동참했다. 1924년 미국이 이민 중단을 선언할 때까지 950여 명의 한국 처녀가 '사진신부'로 하와이로 향했다.

하와이의 노총각들이 한국에서 신부를 데려오려면 최소한 300달러 이상의 돈이 필요했다. 그런 거금이 있을 리가 없다. 농장주가 선불로 주었다. 인간적이라고? 아니다. 늙어가도록 짝을 만나지 못한 노총각들의 행패가 심해졌고, 아편 중독자도 늘어났기 때문에 어쩔 수 없이 결혼을 장려했던 것이다. 이를 희망고문이라 해야 할까.

사실 많은 처녀들이 '하와이 드림'을 꿈꾸면서 배를 탔다. 지긋지긋한 가난에서 벗어나기 위해. 하지만 꿈은 그저 꿈일 뿐, 모든 게 허상이었다. 지옥 같은 농장 노동이 그녀들을 기다리고 있었다. 게다가 신랑은 사진 속의 멋있는 남자와 많이 달랐다. 젊었을 적의 모습이 남아 있을 리 있겠는가.

그 후로도 하와이 이민과 사진결혼은 늘어났다. 사진결혼의 폐해를 알리는 〈운명〉이란 연극이 무대에 오르기도 했지만 분위기를 바꿀 수는 없었다. 《개벽》이란 잡지는 1923년 6월에 하와이 이민자의 삶을 특별 기사로 다루기도 했다. 이 기사에 따르면 1921년 이후 하와이 한인 인구가 크게 늘었는데, 그 이유가 사진결혼 때문이었다.

요즘 젊은 세대에서는 결혼 자체를 하지 않겠다는 '비혼'이 늘어나고 있다. 2018년 한 아르바이트 포털 사이트가 조사한 결과가 흥미롭다. 1,400여 명의 20대 남녀를 대상으로 조사했는데, 17%가 결혼할 생각이 없다고 응답했다. 결혼할지, 하지 않을지 잘 모르겠다고 응답한 비율이 30%. 절반에 가까운 47%가 결혼에 대해 우호적이지 않은 셈이다. 왜 결혼을 하지 않겠다는 것일까? 이유를 보니 50%가 '나에게 집중하는 삶을 살고 싶어서.'라고 답했다. 이젠 결혼도 선택하는 시대다.

하와이 이야기를 조금만 더 하자. 하와이 초기 이민 1~2세대는 조국의 독립을 열망했다. 그들은 일당을 모아 당시 돈으로 300만 달러라는 거금을 독립 자금으로 내놓기도 했다. 오늘날 하와이에는 이민 4~5세대가 살고 있다. 갑자기 이런 궁금증이 생긴다. 그들의 조상에게 우리 역사가 진 빚을 현재의 우리는 제대로 갚고 있을까?

지역감정의 유래

영남·호남 갈등의 역사가 천 년을 넘는다고?

◉ 삼국 시대 백제와 신라의 영토를 알아보자.
◉ 훈요십조가 조작되었다는 주장의 근거는 무엇인가?
◉ 근대 정치사에서 지역감정이 태동한 배경을 살펴보자.

660년 황산벌에서 신라군과 백제군이 격돌했다. 두 나라의 국운이 걸린 전투, 바로 황산벌 전투다. 신라의 대승이었다. 신라는 기세를 몰아붙여 백제를 멸망시켰다.

2003년 황산벌 전투를 소재로 한 코미디 사극 영화가 만들어졌다. 제목이 〈황산벌〉이다. 영화의 포인트는 '거시기'였다. 신라는 백제의 사투리 거시기를 해독하지 못해 애를 먹는다. 거시기가 대단한 비밀 병기일 수도 있다며 섣불리 공격하지 못한다. 나중에 밝혀지지만 거시기란 말에는 아무런 비밀이 없었다. 그저 사투리였을 뿐.

영화의 장르는 코미디다. 그러니 웃고 떠들기에 좋다. 하지만 영화 속 백제와 신라의 불통 장면을 보고는 '저래서 영호남 지역감정이 생긴 것인가'라는 식으로 생각할까 봐 걱정이 되기도 했다. 실제 그렇게 주장하는 이들도 없지 않다. 물론 그럴 여지가 전혀 없는 건 아니다. 다만 오늘날의 시각으로 봐서는 안 된다는 점을 분명히 해두고 싶다. 당시 신라와 백제는 완전히 다른 나라였다. 의사소통에 문제가 생긴다는 점이 하등 이상할 게 없다. 두 지역의 사투리는 서로에게 외국어였잖은가.

신라와 백제, 후백제와 후고구려의 대립

신라와 백제는 전쟁을 자주 치렀다. 서로에 대한 반감도 만만치 않았으리라. 백제는 충청도와 전라도, 신라는 경상도를 기반으로 삼았다. 그러니 삼국 시대 때 지역감정이 생겼다고 섣불리 단정할 수 있을 듯하다. 이게 사실이라면 지역감정이야말로 1,500여 년 전에 뿌리내린, 고질적인 망국병이 아니겠는가. 정말 그럴까?

조선 시대의 예서(禮書)인 「동국신속삼강행실도」에 실린 계백에 관한 그림. 이 책에서 계백은 충을 실천한 인물로 그려지고 있다.

영화 〈황산벌〉 속 백제 병사들은 전라도 사투리를 쓴다. 전라도가 백제의 영토인 것은 맞다. 다만 백제의 주 영역을 따지자면 충청도였다. 백제의 수도 또한 충청도에 있었다. 황산벌 전투를 지휘한 계백도 충청도 출신이다. 이를 감안한다면 설령 백제와 신라의 갈등이 오늘날로 이어졌다 해도 영남-호남이 아니라 영남-충청 지역감정이 더 커야 한다. 그러니 백제와 신라의 대립이 영호남 지역감정의 뿌리가 될 수는 없다.

후백제를 백제의 역사에 포함한다면 이야기가 좀 달라질 수 있다. 후백제는 전주와 광주를 중심으로 성장했다. 후백제의 비중이 백제보다 크다고 생각한다면 영호남 지역 갈등의 원인을 찾은 듯하다. 하지만 이런 식의 분석은 옳지 않다. 후백제는 신라보다는 후고구려와 경쟁했다. 그러니 한강 이남과 한강 이북의 지역감정이 생겨나야 한다. 이 대목에서도 영호남 지역감정 운운하는 것은 어불성설이다.

오늘날 전하는 훈요십조의 진위 여부

고려 시대로 들어서면 영호남 지역감정이 조금은 더 선명해질까? 어쩌면 그럴 수 있다. 태조 왕건이 남긴 '훈요십조'에 호남 지역을 차별하는 내용이 들어 있기 때문이다. 훈요십조는 고려의 국정 운영에 대한 일종의 지침서였다. 총 10개의 조항으로 되어 있기에 훈요십조라 한다. 이 중에서 지역감정과 관련된 것이 8조의 내용이다.

'차현 이남 공주강 밖은 반역의 형세를 하고 있을 뿐 아니라 인심도 그렇다. 그 지역의 사람들은 간사하고 정치를 어지럽히니 변고를 일으키는 자가 반드시 있을 터. 따라서 아무리 선량하더라도 그 지역 사람들은 관직에 기용하지 말라.'

차현은 차령산맥, 공주강은 금강을 뜻하는 것으로 해석된다. 이 지점을 염두에 두고 풀이하면 전라도뿐 아니라 충청도까지 반역의 지방이란 뜻이 된다. 정확하게 말하면 호남이라기보다는 과거 백제 영역을

훈요십조가 수록되어 있는 『고려사』. 이 책은 고려 시대에 지은 것이 아니라, 조선 전기에 만들기 시작하여 1415년(문종 1년)에 완성되었다.

지칭하는 것 같다.

최근에는 훈요십조가 조작되었다는 주장까지 제기되고 있다. 원본은 거란 침략 때 타버렸다. 오늘날까지 전해지는 훈요십조는 고려 현종 시절, 신라 호족 출신 관료의 집에서 발견된 것이다. 그러니 조작 의혹이 제기된다. 신라 근거지인 영남을 더 옹호하고 백제 영역이었던 호남을 깎아내리려는 의도가 숨어 있다는 게 조작 의혹의 핵심이다.

이런 추측이 타당한 이유가 있다. 태조 왕건의 스승 도선 대사, 두 번째 부인인 장화 왕후, 건국 공신인 신숭겸이 모두 전라도 출신이었다. 태조가 전라도 출신을 그토록 혐오할 이유가 없다. 이런 점을 감안하다 보면 훗날 발견된 훈요십조가 조작되었다는 주장이 신빙성을 얻는다.

백제가 망하게 되자 삼천 궁녀가 낙화암에서 몸을 던졌다는 이야기에도 조작의 냄새가 난다. 인구가 얼마나 많았다고 궁녀를 3,000명이나 뽑았겠는가? 3,000명의 궁녀를 수용하려면 초대형 궁궐이 있어야 하는데, 의자왕의 궁궐이 그렇게 컸던 것 같지는 않다.

전설과도 같은 삼천 궁녀 이야기는 고려 때 만들어진 『삼국유사』에 가장 먼저 등장한다. 하지만 『삼국유사』는 삼천이란 숫자보다는 나당 연합군에게 짓밟히지 않으려는 궁녀들의 비장함에 더 주목했다. 궁녀 자체에 주목하기 시작한 것은 조선 전기의 문인 김흔이 「낙화암」이란 시를 짓고 난 뒤부터였다. 궁녀 '삼천'이란 숫자에 집착하는 순간 이야기는 질펀한 유흥과 타락의 상징이 되었고, 백제를 비하하는 비유가 되었다.

지역감정은 근대 정치의 산물

정말 궁금한 점은, 실제 영남과 호남 지방에 사는 민중들이 서로를 배척했는가 하는 것이다. 놀랍게도 그랬다는 기록이 전혀 없다. 그 어떤 조작도 영호남 지역감정의 촉매제가 되지는 못했다. 여전히 양 지역의 백성들에겐 서로에 대한 적대감이 없었다. 오히려 조선으로 접어든 후에는 평안도 지방에 대한 차별이 더 큰 문제로 부각되었다.

사실 영남이니 호남이니 하는 용어 자체에는 지역주의 색채가 없다. 전라도와 경상도라는 명칭이 사용된 것도 고려 시대부터다. 공식적으로 정부 기록에 사용된 시기는 조선 전기다. 조선 후기, 대한 제국 시기, 일제 강점기, 대한민국 정부 출범과 6·25 전쟁 시기⋯⋯. 역사를 쭉 훑어봐도 영호남 지역 갈등의 연원을 찾을 수 없다.

1960년대에야 지역감정의 못된 싹이 보인다. 1963년 대통령 선거가

지역감정은 역사적 뿌리를 가진 해묵은 갈등이 아니다. 선거철이나 정치적 쟁점이 발생했을 때 편 가르기를 하는 현대 정치인들의 선전과 비방에서 비롯된 것이다.

치러졌다. 윤보선 후보는 박정희 후보의 좌익 경력을 공격했다. 이 공격은 성공하지 못했다. 박정희가 대통령에 당선되었다. 박정희는 영남 출신이었지만 호남에서 압도적인 지지를 받았다. 불과 60여 년 전의 일이다. 이때까지도 영호남 지역감정은 없었다.

1971년 다시 대통령 선거가 치러졌다. 여당인 공화당이 '신라 임금론'을 외치며 영남에서 대통령을 배출해야 한다고 주장했다. 나중에는 이에 맞서 야당이 호남 지역이 똘똘 뭉쳐야 한다고 외쳤다. 드디어 영호남 지역감정이 표면에 떠올랐다. 자, 결론이다. 최초의 지역감정은? 그 역사가 50여 년에 불과하다.

영남은 백두대간의 남쪽, 호남은 호강의 남쪽을 뜻한다. 과거에는 금강을 호강(湖江)이라 불렀다. 충청은 호강의 서쪽이란 뜻의 호서라 부른다. 기호는 경기와 호서를 합친 말이다. 영동은 태백산맥의 동쪽, 영서는 서쪽이다. 평안도는 백두대간의 서쪽이니 관서, 함경도는 북쪽이니 관북이다. 이처럼 우리는 지리적 구분에 따라 지방의 이름을 정해 불렀다. 그 이름에 망국적인 지역감정은 존재하지 않았다. 그놈의 정치 싸움이 문제다.

성씨와 족보의 역사

왜 천민은 '백성'이 될 수 없었는가?

◉ 우리 민족은 언제부터 성씨를 쓰기 시작했는가?
◉ '백성'이라는 말의 뜻은 무엇인가?
◉ 지배층의 전유물이었던 성씨가 모든 계층으로 확대된 이유는?

대한민국의 성씨는 몇 개나 있을까? 많아야 500~1,000개 정도? 한참 모자라다. 2,000개 정도? 여전히 적다. 2015년 인구 주택 총조사 결과 대한민국에서 사용되는 성씨는 모두 5,582개였다. 우리 역사가 반만 년이라는데, 성씨 개수도 반만 개다.

한자를 사용하는 성씨는 1,507개에 불과했다. 한자를 쓰지 않은 성씨가 4,075개로 압도적으로 많다. 그래도 전체적으로 보면 김씨, 이씨, 박씨가 가장 많다. 특히 김씨를 쓰는 인구가 전체의 20%가 넘는다. 5명 중 1명이 김씨라는 얘기다.

흥미로운 점은 극히 일부만 쓰는 성씨가 상당히 많다는 사실이다. 10명 이하의 인원이 쓰는 성씨가 무려 4,332개다. 이 중에서 단 한 사

김해 허씨의 족보. 김해 허씨는 김수로왕의 왕비인 허황옥으로부터 비롯되었다. 인도 아유타국 출신인 허황옥은 열 명의 아들을 두었는데, 이들 가운데 두 아들에게 허씨를 사성하였고 이들로부터 허씨가 이어졌다. 따라서 허씨는 모계 성씨를 따른 사례다.

람만 쓴 1인 성씨가 3,025개다. 성씨도 개성 시대인가 보다. 사실 이런 성씨는 한국으로 귀화한 외국인이 본국의 성을 쓰거나 새로 만든 것이다. 한국에 정착하는 외국인이 많아지고 있으니 앞으로 새로운 성이 늘어날 확률이 높다. 다문화 사회라는 게 절로 실감이 난다.

우리 민족이 성씨를 쓰기 시작한 것은 언제?

우리는 6~7세기경부터 성을 쓴 것으로 추정된다. 고구려를 세운 고주몽, 신라를 세운 박혁거세가 모두 성이 있다. 그렇다면 최소한 2,000여 년 전부터 성을 쓴 것 아니냐고 생각할 수도 있겠다. 얼핏 들으면 맞다. 하지만 진실이 아니다. 기록이 이를 증명한다. 6세기에 세워진 진흥왕 순수비에는 여러 사람의 이름이 등장한다. 그 이름에는 모두 성이 붙어 있지 않았다. 당시만 해도 성을 거의 쓰지 않았다는 증거다.

『삼국사기』와 『삼국유사』에 등장하는 인물에 성이 붙어 있는 이유는 알고 보면 이렇다. 이 책은 성을 쓰기 시작한 이후에 만들어졌다. 책의 저자들은 책을 쓰면서 책 속에 등장하는 과거 인물의 이름에 성을 부여했다. 한자식 성은 중국의 한자가 수입된 이후 쓰였으니 아무리 일러도 5~6세기 이전에는 성이 없었다고 보는 것이 타당하다.

성은 원래 왕족의 전유물이었다. 고려를 창건한 왕건의 가문을 보면 이런 사실을 짐작할 수 있다. 『고려사』에 수록된 대로라면 왕건의 할아버지는 작제건, 증조할아버지는 보육이다. 왕씨 성을 쓰지 않고 있다. 그렇다면 왕건이 고려를 창건한 후에 성을 정비했을 가능성이 크다.

고려 태조의 결혼 정책과 사성 정책

실제 고려 태조는 성과 관련해 여러 정책을 펼쳤다. 우선 아들이자 4대 왕인 광종의 부인으로 대목 왕후 황보씨를 들였다. 황보씨는 태조의 딸이다. 광종이 이복 여동생과 결혼한 셈인데, 혹시 이상한 점을 발견했는가? 태조의 딸이라면 응당 왕씨 성이어야 하는데 황보씨라니! 그 딸은 외갓집의 성을 따랐다. 근친혼이란 비난을 피하기 위해서였다. 성이 다르니 전혀 다른 가문이 결혼한 것처럼 보인다.

태조는 6명의 부인과 23명의 후궁을 두었다. 각지의 호족을 끌어들이기 위해 정략결혼을 하다 보니 부인이 이렇게 늘어났다. 통일할 때

안동 하회마을. 고려 태조 왕건에게 지방 호족 세 사람이 자신의 고을을 바쳤다. 왕건은 그들에게 세 가지 성을 하사했는데, 이들은 각각 안동 권씨, 안동 김씨, 안동 장씨의 시조가 되었다. 이들 안동 출신 호족 가문은 조선 시대에 와서도 권세를 누렸다.

까지는 좋았지만 그 후가 문제였다. 호족을 관리하지 못하면 반란을 일으킬 수도 있다. 그들을 어르고 달래며 견제할 장치가 필요했다. 그런 정책 중 하나가 성과 본관을 하사하는 것이었다. 이를 '토성분정(土姓分定)'이라 했다. 각 호족들에게 근거지를 내어주고, 그 지역의 이름을 딴 성과 본관을 내렸다.

예를 들면 이런 식이다. 신라 복주 지방의 호족 세 명이 태조에게 고을을 바치고 귀순했다. 태조는 그들에게 각각 권씨, 김씨, 장씨 성을 하사했다. 복주라는 지명은 '동쪽이 평안해졌다'는 뜻의 안동으로 바꾸었다. 세 호족은 안동 권씨, 안동 김씨, 안동 장씨의 시조가 되었다. 이런 식으로 전국에 성과 본관을 뿌렸다.

이와 별도로 태조는 특별 관리가 필요한 호족에게는 왕씨 성을 하사했다. 이를 사성(賜姓) 정책이라 했다. 성과 본관은 이렇게 해서 비로소 우리 땅에 정착했다. 이후 호족들은 문벌귀족으로 변신해 고려에 녹아들었다. 탁월한 정치력이 아닌가.

성씨가 모든 신분으로 확대된 이유

과거제가 시행되면서 성은 왕족, 귀족을 넘어 양인들에게로 확대되었다. 과거 시험을 치르려면 혈통을 입증할 서류, 즉 족보를 제출토록 했다. 이 과정에서 성이 모든 백성들에게로 확대된 것이다. 백성(百姓)은 '다양한 성을 가졌다'는 뜻이다. 백성은 국가에 대한 권리와 의무를 지닌다. 이 권리와 의무가 없으면 백성이 아니다. 천민이 성을 가지지 못한 이유다. 그들은 백성이 아니었다. 그저 귀족과 지주의 재산이었을 뿐!

17세기 이전까지만 해도 전체 인구의 40% 정도는 성이 없었다. 풀어 말하면, 인구의 40%가 천민이었다는 이야기다. 조선 후기 들어 신분제가 동요하면서 상황이 바뀌었다. 돈만 있으면 양반 족보를 쉽게 살 수 있었고, 신분 상승을 이루는 천민도 많아졌다. 그 결과 성을 가진 사람들이 급격하게 늘었다. 족보가 대대적으로 유행하기 시작한 것도 이 무렵부터다. 혈통이 더 고귀한 족보를 찾는 이가 많으니 위조된 족보가 버젓이 유통되었다. 그래서일까, 요즘도 어떤 학자들은 족보의 90% 이상이 조작되었다고 주장한다.

신분제는 1894년(고종 31년) 갑오개혁 때 공식적으로 철폐되었다. 더 이상 천민은 존재하지 않는다. 그러니 천민도 성을 가질 수 있게 되었다. 아니, 싫더라도 성을 가져야 했다. 1909년 민적법이라는 새로운 호적 제도가 시행되었다. 관료들은 성이 없는 사람에게 성을 만들 것을 강요했다. 얼떨떨해하는 사람에게는 아무 성이나 지어주었다. 어떤 사람은 주인의 성을 그대로 썼다.

어느덧 성과 본관은 혈통과 자신의 정체성을 상징하게 되었다. 그러니 일제 강점기의 창씨개명은 충격적인 사건이었다. 조상에 대해 그보다 더 큰 불경죄가 어디 있겠는가. 그래서 교묘하게 본관이나 성을 변형해 일본식 성으로 사용하는 문중이 많았다. 광산 김씨의 일본식 성을 광산(光山)으로, 이씨 가문이라는 뜻의 이가(李家)를 일본식 성으로 정하는 식이다. 성과 본관을 지켜내려는 노력이 참으로 눈물겹다.

같은 성을 쓰는 사람들이 모여 사는 마을을 집성촌이라 한다. 아직도 전국 곳곳에 이런 집성촌이 꽤 남아 있다. 그곳 주민들은 성과 본관을 뿌리라 여기며 전통적 가치를 지켜가고 있다.

반면 성씨에 대한 새로운 시각을 담아 사회 운동을 펼치는 이들도 있다. 1997년 한국여성대회에서 참석자들은 부모의 성을 함께 쓰는 양성 운동을 선언했다. 요즘은 주춤하지만 한때 이 운동은 큰 호응을 얻기도 했다.

최근 새로운 움직임이 감지된다. 결혼 준비에서부터 실제 생활의 모든 영역에서 부부가 동등하고 공평하게 분담하는 상황에서 자식이 아빠의 성을 따르는 게 온당하냐는 반론이 나오는 것이다. 드물게 소송으로 비화한다는데, 조금은 안타깝다. 자식에게 누구의 성을 물려줄까를 고민하기 전에 행복한 가족을 만드는 게 먼저가 아닐까?

조선 시대의 관직과 품계

병조 판서보다 후궁이 상사인 까닭은?

◎ 궁중의 여성에게 주어진 품계를 알아보자.
◎ 왕과 왕비, 대비, 세자, 세자빈에게는 왜 품계가 없는가?
◎ 조선 시대 고위 관료들의 관직과 품계를 알아보자.

어렸을 때 병정놀이를 자주 했다. 아이들은 모두 대장이 되려 했다. 당시는 군부 독재 시절이었다. 그러니 별 4개를 단 육군 대장이 세상에서 가장 높은 사람인 줄 알았다. 간혹 누군가가 "국가 원수는 별이 다섯 개야!"라고 주장하기도 했다. 대통령이 군인 출신이었으니 국가 원수인 대통령은 별 다섯 개를 달 것이라 짐작했던 것이다. 아이들의 놀이에도 시대상이 그대로 반영된다.

어린아이가 군대 계급을 얼마나 이해하겠는가. 사실 군대 계급을 굳이 외워야 할 필요도 없었다. 다만 또래 아이들과의 기 싸움에서 밀리지 않으려고 외웠던 것뿐이다. TV 사극도 비슷한 측면이 있어서 당시 계급을 알면 드라마 내용을 이해하기가 쉽다. 이를테면 병권을 쥔 병조 판서가 왕의 후궁에게 꼼짝 못하는 장면이 그렇다. 후궁이 승은을 입었다고는 하나 정치나 군사 전략에는 문외한일 터. 픽션이니 그렇지, 어찌 병조 판서가 오금을 펴지 못한단 말인가……. 이렇게 생각한다면 틀렸다.

궁중의 여성 조직인 내명부의 품계

조선 시대 관직의 서열을 '품계'라 했다. 정1품의 품계가 가장 높았고 그다음이 종1품, 정2품, 종2품으로 이어졌다. 가장 말단 관료는 종9품. 이런 식으로 총 18단계의 품계가 있었다. 병조 판서는 정2품이었지만 후궁 중 으뜸인 빈은 정1품이었다. 실제로 빈의 서열이 병조 판서보다 높았던 것이다. 게다가 후궁은 왕에게 베개송사를 하는 관계. 이쯤 되면 아무리 기세등등한 병조 판서라도 고개를 숙일 수밖에 없지 않을까.

조선 시대 궁중의 여성 조직을 내명부라 했다. 내명부의 최고 권력자는 왕비다. 왕의 어머니인 대비가 살아 있어서 내명부의 권력을 장악할 수도 있겠지만 원칙적으로는 왕비가 최고 권력자다. 왕비의 품계는 어떻게 될까? 없다! 왕과 왕비, 대비는 품계가 없었다. 장차 왕비가 될 세자빈도 품계가 없었다. 최고 권력자들에게 누가 서열을 매긴단 말인가. 품계는 그 아랫사람들, 즉 후궁과 상궁, 궁녀에게만 주어졌다.

오늘날 중앙 부처 국장급 이상을 고위 공무원단으로 분류한다. 조선 시대에는 종4품까지를 고위 관료로 규정했다. 정1품부터 종4품까지의 문관에게는 '○○대부'란 칭호가 주어졌다. 이를테면 정1품 문관은 대광보국숭록대부다. 무관은 정3품까지만 오를 수 있었다. 정3품부

경복궁 근정전 앞의 마당 양쪽에 신료들의 품계를 표시하는 품계석이 서 있다.

터 종4품까지의 무관에게는 '○○장군'이란 칭호가 붙었다. 정3품은
절충장군이었다.

후궁은 품계가 정1품~종4품이다. 이미 말한 대로 빈은 정1품이다.
희빈, 숙빈, 경빈, 창빈처럼 여러 이름으로 불리지만 큰 차이는 없다.
빈 앞에 붙은 글자는 일종의 애칭이다. 빈 다음 서열인 후궁은 귀인(종
1품)이다. 그다음 소의(정2품), 숙의(종2품), 소용(정3품), 숙용(종3품), 소원
(정4품), 숙원(종4품)으로 이어진다.

대감, 영감, 나리는 무엇이 다른가?

원칙과 현실은 다른 법이다. 종4품 이상이 고위 관료였지만 실제로
는 정3품은 되어야 대우를 받았다. 정3품 이상을 따로 당상관이라 불

렀다. 당(堂)은 정사를 보기 위해 마련된 대청이다. 대청에 자리를 차지하고 국가 정책을 논할 수 있는 관료가 바로 당상관이다. 종3품 이하는 당하관이라 불렸으며 정책을 만들기보다는 실무를 담당했다.

당상관 내에서도 품계에 따라 부르는 호칭이 달랐다. 복잡해 보이지만 우리가 많이 들었던 용어라 어렵지는 않다. 이를테면 정2품 이상은 대감이라 불렸다. 종2품과 정3품은 같은 당상관이지만 대감이 아니라 영감이라 불렸다. 당하관에게 대감이나 영감 칭호를 쓰면 큰일 난다. 당하관은 그냥 나리라 불렸다.

정1품 벼슬로는 우선 영의정, 좌의정, 우의정 삼정승이 있다. 사대부가 오를 수 있는 최고의 벼슬로, 오늘날의 국무총리에 해당한다. 홍문관, 예문관, 춘추관, 돈령부, 중추부 등의 영사, 춘추관의 감사가 정1품이었다. '영○○○사'와 같은 방식, 그러니까 영홍문관사, 영중추부사, 감춘추관사 등으로 불렀다. 비변사, 훈련도감, 선혜청 등 20여 기관의 우두머리인 도제조도 정1품이었다. 게다가 대군 등 왕실 인사도 정1품.

국무총리급 관료가 이렇게나 많았다고? 최소한 20~50여 명은 될 것 같다. 사실은 이렇다. 영사, 감사, 도제조는 대체로 정승이 겸직했다. 가령 대동미를 담당하

조선의 마지막 영의정을 지낸 김홍집. 이후 일본의 지원을 등에 업고 총리대신이 되었으나, 아관 파천 때 친러파 군인들에 의해 살해되었다.

풍습과 전통

는 선혜청의 도제조는 영의정이 겸직했다. 사정이 이러니 정1품이 수십 명이 될 이유가 없다.

종1품으로는 정승을 보좌하는 좌찬성과 우찬성, 도제조를 보좌하는 제조가 있다. 또 중추부, 돈령부, 의금부에는 판사를 두었다. '판○○사', 그러니까 판중추부사, 판의금부사 등으로 불렀다. 종1품은 부총리에 해당한다. 대체로는 명예직에 가까웠다.

육조와 주요 요직의 품계

실제 정책을 집행하는 기관은 이조, 호조, 예조, 병조, 형조, 공조다. 이 육조의 우두머리가 정2품 판서다. 오늘날의 장관에 해당한다. 홍문관과 예문관은 왕명과 국가 문서를 담당하는 중대 기관이었다. 따라서 여기의 우두머리인 대제학도 대우를 해주었다. 대제학 또한 정2품. 다만 대제학은 다른 고위 관료가 겸할 때가 많았다. 의정부의 좌참찬과 우참찬, 훈련도감 등 10여 관청의 제조도 정2품이었다. 중추부나 돈령부 등의 지사도 정2품이었다. 지중추부사, 지돈령부사와 같은 형식으로 불렀다.

초대 서울 시장을 지낸 김창영. 일제 강점기 때 항일운동가 검거에 공을 세웠다. 정부 수립 후 반민특위에 제소되어 투옥되었으나 1년 형을 받고 풀려났다. 참고로 마지막 한성부 판윤은 박의병으로, 그 역시 친일 행적이 있다.

오늘날 대통령은 장관들을 거느리고 국무 회의를 가진다. 이

국무 회의에 지방 도지사들은 참석하지 않지만 서울 시장만큼은 대한민국의 수도를 책임지기에 참석할 자격을 가진다. 서울 시장이 장관과 최소한 대등하다는 뜻으로 해석된다. 조선 시대에도 서울 시장 격인 한성부 판윤은 관찰사(도지사, 종2품)보다 품계가 높은 정2품이었다.

오늘날 행정부의 차관 역할을 했던 참판은 종2품이다. 한성부 판윤을 뺀 각 지방의 관찰사(감사), 국경 지대의 국방을 총괄하는 병마절도사, 해안 지역의 국방을 총괄하는 수군통제사, 사헌부의 우두머리인 대사헌, 궁궐과 왕의 호위를 맡는 겸사복장, 내금위장이 모두 종2품이었다.

오늘날 청와대 비서실장의 권력은 막강하다. 장관도 비서실장 앞에서는 우물쭈물할 수밖에 없다. 조선 시대에도 그랬을까? 일단 서열에서는 판서(장관)가 도승지(비서실장)를 앞섰다. 도승지는 정3품이었다. 하지만 왕을 지근거리에서 보필하는 도승지의 입김이 셀 수밖에 없었다. 홍문관의 부제학과 직제학도 정3품이었다.

관료들은 사망한 후에 벼슬이 오르기도 했다. 이를 추증이라 한다. 일종의 특진인데, 추증한 직후부터 곧바로 호칭이 바뀌었다. 보통 추증한 벼슬 앞에 증(贈)을 붙였다. 예를 들면 종2품 가선대부 예조 참판이었던 홍길동이 사후에 정2품 자헌대부 예조 판서로 추증되었다면? 홍길동은 가선대부 예조 참판 증자헌대부 예조 판서가 된다.

군이 조선 시대의 품계까지 알아야 해? 이렇게 묻는다면 할 말은 없다. 하지만 품계만 알아도 조선의 관직 시스템을 얼추 이해할 수 있다. 물론 사극을 감상할 때 재미도 배가된다. 아는 만큼 보이는 법이라 하지 않는가.

조선 시대의 음식 문화

- 🌕 우리 조상이 밥을 많이 먹은 이유를 생각해보자.
- 🌕 민족 음식, 김치와 잡채의 역사를 알아보자.
- 🌕 돼지고기가 소고기보다 귀했던 이유는 무엇인가?

한국 사람들은 '밥심(힘)'으로 산다는 말이 있다. 밥을 먹어야만 제대로 힘을 낼 수 있다는 뜻이다. 밥이 주식이다 보니 이런 말이 생겼을 것이다. 어쩌면 요즘 20~30대는 이 말에 동의하지 않을 수도 있겠다. 탄수화물이 다이어트의 최대 적이라는 말도 있으니. 실제로 탄수화물을 줄이겠다며 밥을 반 공기만 먹는 젊은이를 종종 보았다.

하지만 40~50대 이후 세대에게는 밥의 힘으로 산다는 말이 진리였다. 정말로 그랬다. 밥을 먹어야 호랑이 같은 힘이 솟아났다. 그렇다면 그보다 훨씬 이전의 과거 세대는 어땠을까? 더 과거로 거슬러 올라간다면?

밥그릇 크기로 보는 우리 민족의 식사량

한 기록에 따르면 삼국 시대 고구려인의 밥그릇 용량이 대략 1,300g이었다 한다. 요즘 한 공기의 용량은 대략 300~350g 정도다. 와우! 고구려인들은 정말로 배가 터져라 밥을 먹었다. 밥심이란 말이 그냥 나온 게 아닌가 보다.

조선 시대의 밥그릇 용량은 대략 650~700g이었다. 지금의 2배 크기다. 조선인들도 밥을 많이 먹었다는 이야기다. 이를 입증하는 국내 자료가 많다. 『용재총화』에는 빚을 내서라도 실컷 먹는다고 기록되어 있다. 『조선왕조실록』에는 백성들이 너무 많이 먹어대서 흉년에 대비하지 못한다는 상소문이 실려 있다. 『성호사설』에도 밥을 실컷 먹으니 가난할 수밖에 없다는 비판이 실렸다. 심지어 외국인 선교사들마저 조선인의 식사량이 엄청나게 많다는 기록을 남겼다.

우리 조상들은 왜 그렇게 밥을 많이 먹었을까? 여러 이유가 있을 터다. 쌀보다 잡곡을 많이 먹었으니 빨리 소화되었을 것이고, 자연스럽게 일찍 허기가 찾아왔을 것이다. 또 농사에 요역에 군역까지 소화하다 보면 노동량이 많았던 만큼 많이 먹어야 했을 것이다. 저장 기술이 발달하지 않았기에 버리느니 다 먹어

구한말 한 중인 남자의 식사 장면. 밥그릇 크기가 오늘날의 서너 배는 되어 보인다.

버리자는 심정으로 비장하게 먹었을 수도 있다. 또 반찬이 다양하지 않아서 밥으로만 배를 채웠기 때문일 수도 있다. 어쨌거나 우리 민족에 대식가의 피가 흐르는 것은 사실인 듯하다. 뭐, 많이 먹는 게 죄는 아니다. 부끄러워할 이유가 없다.

김치의 역사

우리 전통 음식이라는 김치에 대해서도 모르는 게 많다. 언제부터 김치를 먹기 시작했을까? 김치는 원래 소금에 절인 야채를 뜻했다. 단순 절임으로 시작했지만 이후 발효 음식으로 발전했다. 『삼국지』「위지 동이전」에 고구려 사람들이 발효 식품을 만들어 먹었다는 기록이 남아 있다. 삼국 시대 이후로 김치의 주재료는 무, 오이, 가지, 부추 등이었다. 마늘, 생강 등을 주 양념으로 썼고 나중에는 젓갈을 추가했다.

오늘날 우리나라 사람이 먹는 김치의 가장 일반적인 형태다. 원래 김치는 배추를 절이지도 않았고 색깔이 붉지도 않았다. 고추와 배추가 우리나라에 전해진 시기는 조선 시대 중후반이었다. 하지만 일부 사학자와 요식업계 음식 전문가는 고려 말부터 배추를 고추에 절인 형태의 김치가 이미 존재했다고 주장한다.

초기 김치는 빨갛지 않았다. 백김치였다. 고추가 한반도에 전래된 것이 임진왜란 때였다. 덕분에 17세기부터는 붉고 매운 김치를 만들어 먹을 수 있었다. 하지만 여전히 배추는 김치의 주재료가 아니었다. 배추김치는 18세기 중반에 처음 만들었다. 배추 생산량이 적어 대중화하지는 못했다. 19세기 중반 중국에서 배추 종자를 들여왔고, 이 종자의 토착화에 성공함으로써 서민들까지 배추김치를 만들어 먹게 된 것이다. 지금과 같은 빨간 배추김치는 조선 후기에야 등장한 셈이다. 김치의 대명사인 빨간 배추김치의 역사는 길어야 200년을 넘지 못한다.

소고기보다 돼지고기가 귀했다고?

고기 이야기도 해보자. 오늘날 한국에서 가장 고급으로 치는 육류는 아마도 소고기일 것이다. 그중에서 한우가 가장 비싸다. 솔직히 대중이 즐겨 먹기에는 부담이 된다. 서민들은 주로 돼지고기와 닭고기를 먹는다.

조선 시대에는 상황이 달랐다. 돼지고기보다 소고기를 더 즐겼다. 돼지 가격이 비쌌기 때문이다. 요즘에는 식용 돼지를 농장에서 대규모로 사육하기 때문에 돼지 값이 소 값보다 싸다. 조선 시대에는 안 그랬다. 소는 풀밭에 풀어놓으면 되지만 돼지는 따로 먹을 것을 주어야 했다. 사람이 먹을 것을 아껴서 돼지를 먹여야 했으니 돼지가 비쌌다. 그래서 돼지고기를 덜 먹었던 것이다.

모든 백성이 소고기를 즐겼지만 특히 양반님들의 소고기 사랑이 극진했다. 오늘날의 각종 기념일처럼 조선에도 소고기를 먹는 기념일이 있었다. 10월이 되면 소고기를 구워 먹거나 요리

조선 말기의 화가 성협의 풍속화. 고기를 구워 먹는 양반들을 묘사했다.

를 해서 먹었는데, 이를 난로회라 했다. 물론 일반 백성들은 이렇게 소고기를 먹지는 못했다. 아무리 돼지고기보다 가격이 싸다 한들 가난한 사람들에게는 그림의 떡에 불과했다. 백성들은 소고기를 먹더라도 주로 국이나 탕으로 먹었다.

소고기 소비량이 많아지니 돌림병이라도 돌면 큰일이 났다. 그럴 때는 정부가 소 도축 금지령을 내리기도 했다. 하지만 입에 짝짝 달라붙는 고기 맛을 어찌 잊겠는가. 사대부들은 대놓고 난로회 모임을 가졌다. 그러다 걸리면? 벌금을 내고 또 먹었다.

잡채가 뇌물로 쓰인 까닭

고기와 더불어 잔칫상에 빠지지 않은 음식이 있다. 바로 잡채다. 당면에 고기와 각종 고명을 넣은 잡채가 한국 전통 요리라 생각하는 이들이 많다. 일부는 맞고 일부는 틀렸다. 일단 중국과 일본에도 당면 요리가 있다. 게다가 우리나라 초기 잡채에는 당면이 들어가지 않았다. 그러니 오늘날의 잡채는 긴 시간이 흐르면서 탄생한 일종의 퓨전 요리라고 하는 게 적당할 듯하다.

우리나라에 잡채가 선보인 것은 대략 광해군 통치 시절인 17세기경으로 추정된다. 중국의 대중 음식이 수입되는 과정에서 궁중 요리로 변신했다. 처음에는 일종의 채소 무침이나 볶음이었다. 채를 썬 묵과 고기, 나물 등을 버무려 만든 탕평채, 애호박채로 만든 월과채 등이 잡채의 원형이라고 할 수 있다. 당시에는 전국에서 올라온 신선한 재료를 이용해 잡채를 만들었다. 그러니 최고의 건강식이기도 했다.

잡채는 왕의 입맛을 사로잡았다. 그 때문에 잡채가 뇌물로 둔갑하기도 했다. 실제로 『광해군일기』에는 이충이란 인물이 왕에게 잡채를 자주 대접해 환심을 샀고, 그 결과 호조 판서에까지 올랐다는 이야기가 등장한다.

오늘날 잡채의 원형이라 할 수 있는 탕평채. 조선의 왕 영조의 주도로 당쟁을 타파할 탕평책을 논의하는 자리에서 먹었다는 데서 이름이 유래했다.

당면으로 잡채를 만든 것은 일제 강점기인 1910년대다. 널리 대중화한 것은 그보다 늦어 1930년대로 알려져 있다. 김치와 마찬가지로 우리가 먹는 오늘날의 잡채도 역사가 짧아 고작 100여 년에 불과하다.

1950년대까지만 해도 배불리 먹는 게 소원인 서민들이 많았다. 가을에 풍작이라면 그나마 좀 나았지만 그래도 늘 음식은 부족했다. 매년 5월과 6월이 되면 보릿고개란 말을 자주 썼다. 가을에 수확한 양식은 3~4월에 바닥이 난다. 그나마 보리라도 풍족하면 괜찮으련만, 보리는 아직 여물지 않은 시점. 그러니 보리를 기다린다 해서 보릿고개라 불렀다. 이 시기에는 식량이 부족해 굶는 이들이 속출했다.

요즘은 어떤가. 음식 쓰레기가 넘쳐나 걱정이다. 영양 결핍보다는 과잉을 걱정해야 할 상황이다. 많이 먹기보다는 소식(小食)이 해법이다. 50년 혹은 100년 후 우리의 후세대는 우리의 식사 문화를 어떻게 평가할까.

풍습과 전통

조선 주당들의 음주 문화

☯ 조선의 혼돈주는 어떻게 만들었을까?
☯ 세시 풍속과 관련한 술에는 어떤 것이 있는가?

소주와 맥주를 적정 비율로 섞으면 '소맥'이 된다. 폭탄주라 부르기도 하지만 그 정도로 무시무시한 술은 아니다. 사실 파괴력도 크지 않다. 소주의 알코올 도수를 낮추어주고 맥주의 부드러움이 가미되어 오히려 목 넘김이 좋아진다. 서양인들도 소맥을 맛나게 마신다. 하지만 양껏 마시면 상황이 달라진다. 술 앞에 장사 없다. 거나하게 취하면 비로소 폭탄주의 파괴력이 나타난다. 그때는? '폭탄'주가 맞다.

1990년대까지만 해도 폭탄주라 하면 맥주에 양주를 섞은 술을 가리켰다. 양주를 넣은 폭탄주라 하여 '양폭'이라 불렀다. 양주를 넣은 폭탄주는 두석 잔만 마셔도 쉬 취했다. 소맥에 비하면 진정한 폭탄주다. 검찰, 의사, 언론 종사자들이 많이 마셔댔다.

주당들은 왜 술을 섞어 마실까? 미스터리 같지만 의외로 쉬운 질문이다. 흥을 돋우기 위해서다. 알코올에도 취하지만 분위기에도 취하기 위해서다. 무모하다고? 어느 시대든 무모하게 술에 도전하는 이들이 있었다. 폭탄주는 시대를 초월한 베스트셀러다.

맥주에 양주를 섞는 폭탄주. 적은 양으로 빨리 취하고자 하는 목적으로 폭탄주를 만들어 마신다. 빨리 취하는 만큼 몸도 빨리 망가진다.

조선의 폭탄주, 혼돈주

조선 시대에도 폭탄주가 있었다. 물론 폭탄주라는 이름으로 부르지는 않았다. 조선 시대의 폭탄주는 '혼돈주'라 했다. 1837년(헌종 3년)에 만들어진 술 제조 비법서가 있다. 한글로 쓰인 작자 미상의 이 책에는 70여 종의 술에 대한 자세한 정보가 담겨 있다. 바로 『양주방』이란 책이다. 전라도, 경상도, 충청도 등 팔도를 대표하는 술이 이 책에 담겨 있다. 혼돈주도 이름을 올렸다. 그 또한 어엿한 술의 한 종류였던 셈이다.

당시에는 맥주가 없었다. 그렇다면 혼돈주를 어떻게 만들었을까? 우선 막걸리를 사발 가득 채운다. 그 위로 소주 한 잔을 붓는다. 그러면 소주는 맑게 위로 떠오르고 막걸리는 가라앉는다. 떠오른 부분을 곱게 떠서 마시면 그게 혼돈주다. 소주가 붉은색이면 혼돈주도 붉다.

혼돈주 중에서도 붉은 혼돈주를 자중홍(自中紅)이라 했다.

혼돈주는 소맥보다는 양폭에 가까웠다. 독한 술이란 뜻이다. 우선 소주부터가 오늘날의 희석 소주가 아니라 안동 소주와 같은 증류주였다. 안동 소주의 알코올 도수는 30도를 넘는다. 막걸리 또한 거칠었기에 알코올 도수가 10도를 넘었다. 둘을 섞었으니 술을 서너 잔만 마셔도 해롱거렸다. 그러니 혼돈주란 이름이 붙은 게 아닐까.

혼돈주는 얼마나 독했을까? 사람을 잡을 정도였나 보다. 이 사실을 알 수 있는 야사가 전해 내려온다. 정조가 통치하던 18세기 후반이었다. 술집에서 술을 마시던 사대부가 다음 날 변사체로 발견되었다. 살해 도구는 발견되지 않았다. 수사 결과 혼돈주를 너무 많이 마신 게 사망 원인이었다. 요즘 말로 급성 알코올 중독으로 인한 사망이다. 야사에서는 장남이 모든 재산을 물려받는 것에 앙심을 품은 차남이 증거를 남기지 않으려고 혼돈주를 살인 도구로 썼다고 한다. 믿거나 말거나.

야사는 당시 상황을 반영한다. 그만큼 조선의 사대부들이 혼돈주를 즐겼다는 뜻이다. 실제로 그랬다. 쌀로 빚은 안동 소주가 너무 비싼 게 가장 큰 이유일 수도 있다. 값싼 막걸리와 섞으면 비교적 저렴하게 많은 양의 술을 즐길 수 있으니 혼돈주를 마다할 이유가 없다.

왜 혼돈주를 마셨을까?

조선 후기의 실학자 정철조가 대표적인 혼돈주 애호가였다. 정철조는 벼루를 만드는 장인이기도 했다. 그는 자신의 호를 '석치'라 했다. 돌에 미친 바보란 뜻. 그가 만든 벼루는 당대 최고의 상품이었다. 글

깨나 쓰는 사람이라면 누구나 그가 만든 벼루를 탐냈다.

정철조는 주당이었다. 늘 술을 마셨다. 하지만 집안 형편이 좋지 않아 양껏 술을 마시기란 쉽지 않았다. 혼돈주를 즐겨 마신 이유가 여기에 있다. 우연히 소주가 생기면 막걸리에 부었다. 양을 늘리기 위해서였다. 그렇게 술을 탐하다가 사망했다. 혹시 급성 간경화가 아니었을까. 이 또한 믿거나 말거나.

조선 후기 이후에는 술을 섞어 먹는 게 꽤나 유행했다. 가장 대중적인 문화가 될 정도로. 사람들은 뒤범벅이 된 모든 술을 혼돈주라 불렀다. 폭탄주가 오늘날 보통명사처럼 여겨지듯 당시에는 혼돈주가 보통명사였다.

사실 근원은 좀 더 과거로 거슬러 올라가야 만날 수 있다. 혼돈주라는 이름은 조선 전기에 등장했다. 1500년 무렵 쓰인 「혼돈주가」라는 한시에서다. 이 한시를 쓴 인물은 정희량. 당시 그는 유배 중이었다.

1498년(연산군 4년) 『성종실록』의 편찬 과정에서 사초에 들어간 '조의제문'이 문제가 되었다. 사림파의 거두 김종직이 쓴 글로, 항우가 의제 황제를 죽인 사실을 비판한 글이다. 훈구파는 이 글의 본래 의도가 단종으로부터 왕위를 찬탈한 세조를 비판하려는 것이었다고 주장했다. 김종직이 속한 사림파를 몰살시키려는 음모였다. 사림파를 극도로 싫어한 연산군은 이를 빌미로 사림파를 숙청했다. 이 사건이 무오사화다.

정희량은 바로 이 무오사화 때 탄핵되어 유배형을 받았다. 그러니 세상이 혼돈스럽게 느껴졌으리라. 술을 마셔도 어지럽고, 마시지 않아도 어지러운 세상이니 혼돈주라는 이름만큼 적절한 게 없다. 좋은 술

정희량이 지은 시집인 『허암유고』. 정희량은 유배에서 돌아온 해에 어머니가 죽자 시묘살이를 하던 중 산책을 나가서는 돌아오지 않았다.
ⓒ국립중앙박물관

을 사서 마실 돈이라도 있으면 좋으련만 그렇지 못하니 직접 담갔다. 술을 거르지도, 짜지도 않고 거친 그대로 마셨다. 그러면서 노래를 불렀으니 바로 「혼돈주가」였다. 이 혼돈주는 혼합주가 아니라 탁주, 즉 막걸리다.

세시 풍속과 술

예나 지금이나 우리 민족은 술을 좋아한다. 많이 마시고 자주 마신다. 우리의 음주 문화는 그 자체가 풍속도다. 실제로 세시 풍속과 술은 밀접한 관련이 있다. 설날에는 무병 무탈하게 한 해를 보내게 해달라며 가족들과 술을 마셨다. 이를 세주(歲酒)라 불렀다. 정월 대보름에는 귀가 밝아지라는 뜻으로 이명주(耳明酒)를 마셨다. 이명주를 다른 말로는 귀밝이술이라고 한다. 혼례식장에서 신랑과 신부는 합환주를 마셨다. 술을 못 마시는 여성이라도 꼭 술잔에 입술을 적셔야 했다. 그래야 부부가 서로 합칠 수 있다 믿었다. 이처럼 풍습에 맞춰 시시때때로 먹는 모든 술을 시양주(時釀酒)라 했다.

손님이 찾아오면 술을 대접했다. 길가에서 벗을 만나면 술을 파는 주막으로 향했다. 주막의 역사도 꽤나 오래되었다. 고려 성종, 그러니까 10세기 후반까지 거슬러 올라간다. 조선 후기에는 주막의 일종인 목로주점이 큰 인기를 끌었다. 목로는 기다랗고 좁은 널빤지를 가리킨다. 그 널빤지로 술상을 만들었으니 목로주점인 것이다. 목로주점에는 의자가 없었다. 사람들은 서서 술을 마셨다. 그래서 선술집이라고도 불렀다.

쓴 술을 마시는 이유는 세상사가 고달프기 때문이다. 또 술을 마시는 것은 사람이 그립기 때문이다. 사람이 좋으니 술이 맛있고, 정이 넘치니 술에 취하는 것이다. 사람 냄새가 진한 선술집의 혼돈주 한 잔이 그리운 밤이다.

서울 지명의 유래

마을 이름에 담긴 역사

◉ 전국 곳곳에 사직동이 많은 이유는 무엇인가?
◉ 서울의 지명에 담긴 유래를 알아보자.
◉ 임진왜란과 병자호란의 아픈 역사를 기억하는 지명들

전국 어느 도시, 어느 마을이든 사연 없고 유래 없는 곳은 없다. 그중에서도 으뜸 도시를 치자면 한 왕조의 도성이 있었던 경주, 부여, 서울을 들 수 있을 것이다. 특히 서울은 대한민국의 수도이자 조선의 도읍지였기에 과거와 현재가 공존하는 곳이 꽤 많다.

우리는 서울에 대해 얼마나 알고 있을까? 우선 가벼운 퀴즈부터. 왜 왕십리는 왕십리일까? 여기에는 조선 건국의 역사가 숨어 있다. 어쩌면 역사라기보다는 전설에 더 가까울 수도 있다. 힌트. 왕십리의 한자를 잘 뜯어보라. 그 뜻풀이가 곧 답이다.

조선 건국 당시 도성 설계의 지휘봉은 무학 대사와 정도전이 쥐었다. 그들은 처음에는 왕십리에 궁궐을 지으려 했다. 그런데 범상치 않은 노인이 나타나 "십 리를 더 가라."고 하는 게 아닌가. 왕십리(往十里)란 지명이 생긴 연원이다. 이 조언에 따라 십 리를 더 가서 궁궐을 지었다. 그게 경복궁이다. 경복궁에서 왕십리까지? 진짜로 10리(약 4킬로미터)다.

조선 시대 관청과 관련한 동네 이름

서울 종로는 현재도 대한민국의 중심이면서 조선 시대에도 중심이었다. 당시 정부 기관이 모두 종로에 있었다. 그 흔적이 현재까지 각 동의 지명에 고스란히 남아 있다. 종로의 지명 몇 군데만 콕 찍어 살펴보자.

사극을 보면 왕실 인사들이나 대신들이 종종 이런 대사를 한다. "종묘사직을 보존해야 합니다." 종묘는 왕과 왕비의 신위를 모신 곳, 사직은 토지와 곡식의 신을 모신 곳이다. 종묘가 있었던 곳이 묘동, 사직단이 있었던 곳이 사직동이다.

관청에서 비롯된 지명도 상당히 많다. 일부만 살펴보자. 사간원이 있었기에 사간동, 궁궐에 음식을 공급하던 내자시가 있었기에 내자동이다. 소격동은 도교 제사를 지내는 소격서가 있던 곳이었고, 계동은 왕실 농원과 관청이 있던 곳이었다.

차의 예법을 담당하던 관청이 사옹원이었다. 사옹원의 다방(茶房)이 있던 자리가 오늘날 다동이다. 대동미를 관할하던 선혜청은 창고를 각각 북쪽과 남쪽에 두었다. 북쪽 창고가 있던 곳이 북창동, 남쪽 창고가 있던 곳이 남창동이다. 다동, 북창동, 남창동은 종로구에 인접했지만 중구에 속해 있다.

풍습과 전통

흥미로운 사실. 서대문(돈의문) 터와 동대문은 어느 자치구에 속할까? 서대문구나 동대문구라고 답하면 틀렸다. 행정 구역을 정비하면서 종로구에 편입되었다. 동대문은 동대문구에 없고 서대문은 서대문구에 없다!

이태원동의 이름은 어디서 유래했나?

서울의 다른 지역을 더 둘러보자. 말과 관련된 지명이 의외로 많다. 당시 국가가 나서서 말을 관리했기 때문이다. 오늘날 마장동(馬場洞)은 서울 최대의 소 도축 지역이다. 하지만 조선 시대에는 말 목장으로 유명한 곳이었다. 말 목장은 광진구 자양동과 화양동에도 있었다. 서초구 양재역 사거리는 과거에 말죽거리라 불렀다. 한양과 지방을 오가는 이들이 이곳에서 말을 쉬게 하고 자신도 피곤한 몸을 뉘었기 때문이다. 이게 전부가 아니다. 서울 곳곳에 역사를 담은 지명이 있다. 어디 서울뿐이겠는가. 여러분 주변부터 찾아보시라. 아마 생생한 역사를 접하게 되리라.

역사에서 전쟁만큼 고통스러운 시기가 또 있을까? 조선 시대만 해도 임진왜란과 병자호란을 치렀다. 아픈 역사인 만큼 두 전쟁과 관련된 지명도 여럿 남아 있다.

용산구 이태원은 서울에서 손가락에 꼽히는 번화가다. 뿐만 아니라 서울에서 외국인이 가장 많이 살고 있는 곳이며, 동시에 가장 이색적인 풍물이 많은 곳이다. 서울 속의 작은 외국처럼 느껴진다. 하지만 임진왜란의 슬픈 역사가 이태원에 숨어 있다.

임진왜란 당시 이 지역에는 운종사라는 절이 있었다. 한양을 점령

오늘날의 이태원. 외국인이 많이 찾고 다양한 나라의 음식을 즐길 수 있는 젊음의 거리가 되었다.

한 왜군은 이 절의 여승들을 겁탈했다. 여승들은 원하지 않는 아이를 잉태했다. 이 얼마나 큰 치욕인가. 이 사연이 지명에 담겼다. 이태원(異胎院). 다른 민족의 아이를 임신한 여자들이 사는 마을이란 뜻이다. 이후 일본에서 귀환한 조선인 포로 중에 임신한 여자들이 추가로 들어와 살았다. 이 마을은 모든 사람들의 멸시를 받아야 했다.

이 이야기는 민간에서 전해져 내려온 것이다. 사실이 아닐 수도 있다. 이 지역에 배나무가 많아서 임진왜란 이전부터 이태원(梨泰院)이라 불렀다는 주장도 있다. 현재 용산구는 이태원의 어원을 이 '배나무 마을'에 두고 있다. 어느 쪽이 진실일까? 배나무 마을이 진실이기를 바란다. 물론 그렇다고 해도 임진왜란 때 민중이 겪어야 했던 고통까지 사라지지는 않겠지만 말이다.

풍습과 전통

전쟁의 상흔이 맺힌 말들

송파구에는 병자호란에 얽힌 지명이 많다. 인조는 송파를 거쳐 남한산성으로 피신했다. 송파구에서 남한산성까지는 15킬로미터 남짓. 승용차로 30분이면 도착한다. 문씨가 많이 사는 마을에서 인조가 휴식을 취했다. 시종이 길어다 준 우물의 물을 벌컥벌컥 들이켰다. 물맛이 기가 막혔다. 인조의 이 일화가 겹쳐져 새로운 마을 이름이 탄생했다. 문씨의 성인 문(文)과 우물 정(井)이 합쳐진 문정동(文井洞)이다. 오금동(梧琴洞)은 오동나무 가야금 마을이란 뜻이다. 이와 별도로 인조가 남한산성으로 가던 중 '오금'이 아파 이 마을 백토고개에서 쉬었다는 전설도 전해 내려온다.

청군이 송파에 이르자 장정들은 목숨을 걸고 막아냈다. 청군은 혀를 내두르며 우회로를 택했다. 이 일은 장정들이 오랑캐를 막았다는 뜻의 방이(防夷)동이라는 이름으로 남았다. 20세기 초반에 방이(芳荑)로 바뀌었다. 꽃다운 마을이란 뜻이다. 지명은 아름다워졌지만 아픈 역사까지 잊힐까? 석촌동(石村洞)은 돌이 많다고 해서 지어진 이름이다. 청군이 진을 세우기 위해 돌을 날랐기 때문이다.

끝으로 하나만 더 알아두자. 이런 변란 후에 좋지 않은 신조어가 생겼다는 점. 그 말이 오늘날까지 쓰이고 있다는 점! 가령 여자를 심하게 비하하는 용어 중 '화냥년'이 있는데 병자호란 후에 생겨난 말이다. '환향년'에서 비롯되었다. 병자호란 때 청국으로 끌려갔다가 돈을 지불한 후 고향으로 돌아온 여성을 가리키는 말이었다. 그 여성들은 죄가 없었지만 손가락질을 받으며 살았다. 스님이 되거나 목을 매고 죽었다.

석촌동 고분 공원에 있는 백제 양식의 고분

막돼먹은 사람을 두고 후레자식이라 부를 때가 있다. 이 말은 호로
자식에서 비롯되었다. 이 말의 근원이 병자호란이란 주장이 있다. 청
국에서 돌아온 여성 중 일부가 아기를 낳으면 사람들은 오랑캐의 아
기를 출산했다고 수군거렸다. 오랑캐의 아기란 뜻의 호로자식이라 부
르면서 말이다. 반면 국어학자들은 호로자식을 '홀로된 어미가 키운
자식'으로 더 많이 해석한다. 엄한 아버지가 없어 제대로 교육을 받지

못한 이들을 지칭할 때 썼다는 것이다. 홀로 아이를 키우는 엄마가 들으면 팔짝 뛸 소리다.

무심코 쓰는 말에도 역사가 숨어 있다. 그것이 전쟁이든 여성에 대한 차별이든 아프고 슬픈 역사인 것은 마찬가지다. 말 하나하나에 조심해야 할 이유다.

현모양처는
일제가 만들어낸 허상이다

순성여학교 이야기

☯ 우리나라에 세워진 근대 학교에 대해서 알아보자.
☯ 순성여학교를 설립한 정신적 배경은 무엇인가?
☯ 왜 일제는 현모양처라는 개념을 도입했는가?

1980년대 이전, 딸 가진 부모가 이렇게 말할 때가 있었다. "조신하게 있다가 좋은 남자 만나 시집가렴." 딸들도 당연하다 여겼는지 장차 뭐가 되고 싶은지 물으면 주저하지 않고 말했다. "현모양처가 되는 게 꿈입니다."

21세기를 살아가는 지금의 여성들에겐 황당할지 모르지만 과거에는 그랬다. 부모뿐 아니라 사회까지 여성에게 현모양처(賢母良妻)가 될 것을 은근히 강요했다. 여성이라면 으레 결혼해서 어진 부인이자 현명한 어머니가 되는 게 옳다고 여겼다.

많은 사람들이 현모양처가 조선 시대부터 전해 내려온 전통이라 여긴다. 그러면서 신사임당을 현모양처의 상징으로 부각시키기도 한

5만 원 지폐에 실려 있는 신사임당. 신사임당은 시
서화에 능한 당대의 지식인이었다.

다. 심각한 오류다. 신사임당이 살던 시절에는 현모양처라는 개념이 없었다. 조선 시대의 여성은 현모양처가 아니라 삼종지도(三從之道)를 강요받았다. 결혼하기 전에는 아버지, 결혼한 후에는 남편, 남편이 죽으면 아들을 따라야 한다는 뜻이다. 수동적인 여성으로 살라는 지침이었다.

그렇다면 현모양처라는 개념은 언제 생긴 것일까? 일단 신사임당이 살던 조선 중기는 아니다. 그보다는 훨씬 나중인 20세기 초반에 이 개념이 등장했다. 게다가 고도의 이미지 조작이 섞여 들었다. 현모양처에 숨은 의미를 알아보아야 할 것 같다.

19세기 후반의 근대 교육 기관들

19세기 후반 나라의 문호가 개방되자 서양 문물이 밀물처럼 들어왔다. 교육은 백년대계. 1883년(고종 20년) 함경남도 원산에 원산학사가 세워졌다. 우리 역사상 첫 근대 학교다. 원산 지역 유지와 주민들이 돈을 모아 만든 첫 민간 학교이기도 하다.

이후 미국 선교사들이 잇달아 근대 학교를 세웠다. 1885년에는 헨리 아펜젤러가 배재학당을, 1886년에는 메리 스크랜턴이 이화학당을 설립했다. 배재학당은 우리나라 최초의 근대식 중등 교육 기관이다. 오늘날 배재중학교, 배재고등학교가 배재학당에서 비롯되었다. 이화학당은 최초의 근대식 여성 교육 기관이다. 훗날 이화여자대학교로 이

1910년대의 이화학당 학생들. 저학년들을 찍은 사진이다.

어졌다. 정부도 학교를 세웠다. 이화학당이 세워지던 바로 그해에 육영공원을 세웠다. 육영공원은 최초의 근대식 관립 학교다.

오늘날 이화여대는 명문 여대로 꼽힌다. 하지만 이화학당 시절에는 학생을 모집하는 것조차 쉽지 않았다. 유교 전통이 강했고, 사람들은 서양인들을 도깨비처럼 여겼다. 딸 가진 부모들은 무상 교육에 숙소까지 제공한다고 해도 손사래를 쳤다.

이화학당의 첫 학생은 고위 관료의 첩이었다. 명성 황후의 통역관이 되기 위해 공부했지만 3개월 만에 중도 포기했다. 이화학당은 이듬

풍습과 전통

해 2월 대한 제국 정부의 공식 인정을 받았다. 그래도 학생 모집이 힘들었다. 1890년 개화파 대신 박영효가 이 학교에 딸을 보낸 이후에야 학생이 늘기 시작했다. 편견과 오해는 그 후로도 오래 지속되었다. 이를테면 체육 시간에 여학생들이 체조하는 것을 보고는 민망하다며 딸을 자퇴시킨 학부모도 있었다. 1910년대 이후에야 이 모든 일이 비로소 해소되었다.

원산학사, 배재학당, 이화학당, 육영공원 외에도 신설 학교가 더 있었다. 교과서에는 그 많은 학교의 이름이 모두 수록되어 있지는 않다. 그러니 교과서에서 보기 힘든 여학교인 순성학교에 대해서 이야기해 보자.

우리 손으로 만든 첫 근대 여학교

순성학교(혹은 순성여학교)는 이화학당보다 13년 늦게 세워졌다. 개화파 관료의 부인들이 설립하고 운영했다는 점이 특이하다. 1898년 9월 〈황성신문〉과 〈독립신문〉에 김 소사와 이 소사의 기고문이 실린 게 신호탄이었다. 소사(召史)는 양민의 아내 혹은 과부를 지칭하는 말이었다. 두 사람은 양현당 김씨, 양성당 이씨로도 불렸다. 양현당과 양성당은 두 사람이 살고 있는 지역을 뜻하는데 이런 것을 당호라 불렀다. 신사임당을 예로 들면 사임당이 당호다.

'남녀의 다름이 있는가. 어찌하여 남자가 벌어다 주는 데 의존해 사는가. 여자는 안에만 머물면서 바깥일은 하지 않고 술과 밥을 짓는 게 마땅하다는 생각은 낡은 것이다. 우리는 여학교를 창설하려 한다. 여자아이들을 우리 여학교에 보내라.'

수학 수업을 하고 있는 여학생들. 1908년의 사진이다.

알고 보니 이 기고문은 여학교 설립을 알리는 일종의 발기문이었다. 두 부인은 곧 찬양회란 단체를 만들었다. 이 단체는 부촌인 북촌에 사는 고관대작의 부인들이 주 회원이었지만 서민이나 기생에게도 문호를 개방했다. 전체 회원은 300~400명에 이르렀다. 두 부인은 각각 회장과 부회장을 맡았다.

찬양회는 회원들을 상대로 모금 운동을 벌여 학교 설립 자금을 마련했다. 1899년(고종 36년) 2월, 돈이 어느 정도 걷히자 순성여학교를 설립했다. 양현당 김씨가 초대 교장을 맡았다. 한국 부인들이 주축이 된 최초의 여성 사립 학교가 탄생했다!

풍습과 전통

순성여학교에서는 7~13세 여학생에게 초중등 교육을 시행했다. 운영이 쉽지 않았다. 돈이 문제였다. 간부들이 사재를 털었지만 재정은 늘 부족했다. 정부에 도와달라는 상소를 올렸지만 대답 없는 메아리만 돌아왔다. 1901년 학교 건물이 일본인에게 넘어갔다. 1905년 12월 무렵 모든 사람의 외면 속에 순성여학교는 문을 닫고 말았다.

그로부터 5년이 흘렀다. 일제의 간섭은 더욱 심해졌다. 한국의 부인들이 그토록 원했던 근대 여성 교육은 퇴보했다. 그러더니 현모양처란 용어가 난데없이 등장했다! 1906년이었다. 서울에 여성을 위한 학교인 양규의숙이 설립되었다. 이 학교의 설립 취지문에 현모양처가 처음 등장했다. 물론 아무도 들어보지 못한 용어였다.

현모양처는 일제가 만든 발명품이다

현모양처는 19세기 후반 들어 일본에서 만들어진 용어다. 근대적 여성과는 거리가 먼 개념으로, 주로 집안일로 여성의 역할을 국한했다. 이런 전근대적 용어가 30여 년 후 국내로 수입되면서 이미지 변신을 했다. 현모양처가 생뚱맞게도 근대적 여성의 상징으로 탈바꿈한 것이다. 유행처럼 이 개념이 번져갔다. 그러다가 어느새 이 개념이 삼종지도나 열녀, 효부처럼 오래전부터 전해 내려온 전통으로 여겨지게 되었다.

이제 본질을 보자. 현모양처 개념은 일제의 식민지 여성관을 그대로 담고 있다. 일제는 이 개념을 악용해 전근대적 여성 교육을 했다. 생각해보라. 집안일에 충실해야 현모양처가 된다. 그렇다면 바느질, 뜨개질, 자수와 같은 교육이 중요하지 사상이니 철학이니 하는 고등 교육을 왜 받아야 하는가. 바로 이 논리를 들이대며 일제는 여성의 고등 교육을 사실상 막았던 것이다.

사실 양처(良妻)는 조선 시대 때도 있었다. 하지만 의미가 많이 다르다. 조선 시대의 양처는 천인 신분의 남자와 결혼한 양인 여성을 뜻했다. 아무리 찾아봐도 현모양처가 우리 전통이란 증거는 찾을 수 없다. 이런데도 현모양처를 배필감으로 원하는 남성이 아직까지 있다면 생각을 바꾸기 바란다. 우리 일상에 뿌리박힌 식민지 잔재는 청산해야 하지 않겠는가.

근친혼과 동성동본 혼인 금지는 어떻게 연결되는가?

근친혼과 권력 쟁탈전으로 얼룩진 천추 태후의 삶

◉ 고대와 중세의 지배 계급이 근친혼을 한 이유는 무엇인가?
◉ 고려 시대 강조의 정변은 어떻게 일어났는가?
◉ 조선 시대의 동성동본 혼인 금지는 어떤 배경에서 탄생했는가?

동서양을 막론하고 왕실 근친혼의 역사는 길다. 근친혼의 부작용이 있는데도 말이다. 이를테면 주걱턱은 오스트리아 합스부르크 왕가 사람들의 공통적 특징이었다. 근친혼에 따른 유전적 결함 때문이었다. 그래도 왕가는 근친혼을 고수했다. 왜? 혈통을 유지해야 기득권을 지킬 수 있으니까. 재산을 다른 가문에 나누어주긴 싫으니까!

우리는 어땠을까? 고려까지는 왕족과 귀족을 중심으로 근친혼이 꽤 성행했다. 사촌끼리는 물론 조카와 삼촌이 결혼하는 사례도 흔했다. 이를테면 신라의 김유신은 김춘추에게 여동생을 시집보냈다가 둘 사이에 태어난 조카와 나중에 결혼하기도 했다.

한 명의 왕이 자매를 아내로 맞이하기도 했다. 고려의 5대 경종이

합스부르크 왕가는 혈통을 보존하기 위해 근친혼을 고수했다. 때문에 유전적 결함으로 인해 주걱턱을 가진 후세가 많이 나왔다. 어느 시대, 어느 나라에서나 과거의 왕족 사회에서는 혈통을 유지하기 위한 근친혼이 성행했다. 그림은 신성 로마 제국의 황제인 카를 5세(왼쪽)와 스페인 국왕이었던 펠리페 2세(오른쪽)다.

그랬다. 경종은 사촌 여동생 2명과 결혼했다. 이 친자매는 큰 왕후, 작은 왕후가 되었다. 동시에 이 자매는 서로 형님과 동생 사이가 되었다. 형님이 헌애 왕후, 동생이 헌정 왕후다.

고려 시대 근친혼에 따른 혼란

경종은 고려 토지 제도의 기본 골격이 되는 전시과를 도입했다. 나름대로 큰 업적을 남겼지만 통치 기간은 길지 않았다. 재위 6년 만에 사망했다. 순리대로라면 헌애 왕후의 아들이 왕위를 잇겠지만 두 살밖에 되지 않았다. 왕위는 두 왕후의 친오빠, 그러니까 경종의 사촌 동생에게 넘어갔다. 그가 6대 성종이다.

성종은 헌애 왕후가 낳은 아들을 거두어들였다. 개령군에 봉하고 친자식처럼 길렀다. 아이의 엄마인 헌애 왕후의 거처도 궁궐에 만들어주었다. 다만 아들을 낳지 못한 헌정 왕후는 궁궐 밖으로 나가 살아야 했다. 자매는 이렇게 각각의 인생 2막을 시작했다.

궁궐에 살았던 헌애 왕후는 남몰래 새로운 남자와 정을 통했다. 신라 계통으로 일찍이 출가해 승려가 된 김치양이란 인물이었다. 어찌어찌 족보를 따지다 보면 김치양은 경종의 외척과 닿아 있었다. 성종이 이 사실을 알게 되었다. 당연히 여동생의 부적절한 애정 행각에 분노했다. 성종은 중국 제도를 본떠 고려의 통치 조직을 유교 이념에 맞추어 재편한 왕이다. 그런 성종이었으니 여동생의 처신이 얼마나 민망했겠는가.

성종은 김치양을 처형하려 했다. 헌애 왕후가 울면서 오빠에게 매달렸다. 여동생의 부탁을 거절할 수 없었나 보다. 성종은 김치양을 귀양 보내는 것으로 사건을 덮었다.

사실 성종은 또 다른 여동생 헌정 왕후 때문에도 골머리를 앓았다. 사가에 살던 헌정 왕후도 외간 남자와 정을 통했다. 그 남자의 이름은 왕욱. 태조 왕건의 아들이었으니 헌정 왕후의 삼촌뻘이었다. 삼촌과 조카 사이에 불륜이 싹튼 셈이다.

성종은 이번 사건도 왕욱을 유배 보냄으로써 마무리하려 했다. 하지만 이미 헌정 왕후가 왕욱의 아들을 임신한 상태였다. 고민할 겨를도 없었다. 헌정 왕후가 아이를 낳다가 목숨을 잃었기 때문이다. 성종은 이 아이도 거두어들였는데, 바로 대량원군이다.

997년 성종이 세상을 떠났다. 성종에게는 아들이 없었다. 왕위는,

쑥쑥 자라 18세가 된 헌애 왕후의 아들 개령군에게 돌아갔다. 이 왕이 7대 목종이다. 아들이 왕에 올랐으니 헌애 왕후는 태후가 되었다. 그녀가 머물던 궁이 천추궁이었다. 이 때문에 헌애 왕후는 천추 태후라는 이름으로 더 많이 알려져 있다.

천추 태후의 야욕이 강조의 정변을 유발하다

목종은 나약했다. 천추 태후가 섭정에 나서면서 고려의 일인자로 등극했다. 천추 태후의 권력을 능가할 자는 없었다. 천추 태후는 귀양살이하던 김치양을 궁으로 불러들이고는 벼슬을 하사했다. 그다음은? 함께 정치를 말아먹었다. 목종은 그런 어머니가 야속했으리라. 김치양이 문제의 몸통이자 뿌리라 생각했다. 목종은 김치양을 제거하려 했다. 하지만 아들의 생각을 속속들이 꿰뚫고 있는 어머니의 방해로 실패!

설상가상이라 해야 할까. 1003년 천추 태후가 김치양의 아들을 낳았다. 두 사람은 목종의 다음 왕위를 갓난아기에게 넘기기 위한 프로젝트에 돌입했다. 무엇보다 경쟁자가 없어야 한다. 돌아보니 눈엣가시 같은 존재가 있었다. 천추 태후의 조카인 대량원군이었다. 두 사람은 온갖 수를 써서 대량원군을 출가시켰다.

병석에 누운 목종은 사촌 동생인 대량원군이 걱정되었다. 천추 태후와 김치양의 성정을 보아하니 기어코 대량원군을 제거할 게 빤한 상황이잖은가. 목종은 특단의 대책을 세웠다. 왕위를 대량원군에게 넘기겠다고 선언했다. 이어 서북 지방의 국경을 수비하고 있는 강조에게 대량원군을 호위해 도성으로 들어오라는 왕명을 내렸다.

풍습과 전통

강조는 5,000여 병사를 이끌고 개경으로 향했다. 강조는 김치양과 그의 어린 아들을 제거했다. 목종의 뜻대로 되는 것 같더니 상황이 이상하게 돌아갔다. 강조는 목종이 무능하다며 폐위시키고는 대량원군을 왕으로 추대했다. 이 왕이 8대 현종이다. 목종과 천추 태후는 함께 귀양길에 올랐다.

1009년 일어난 이 사건이 강조의 정변이다. 그런데 여러모로 께름칙하다. 목종의 호출을 받은 강조가 목종을 쳤다는 게 이치에 맞지 않는다. 어쩌면 강조는 목종의 의도와 상관없이 천추 태후 정파를 몰아내기 위해 반란을 일으켰던 것일 수도 있다. 원인이야 어쨌든 결과적으로 이 사건은 왕실의 명예를 추락시켰다. 게다가 거란은 이 사건을 구실로 2차 침략을 일으켰다. 얻은 것은 없고 잃기만 한 반란인 셈이다.

위에서 이야기한 일련의 사건들은 부적절한 치정 관계에서 비롯된 것처럼 보인다. 하지만 그리 단순하지는 않다. 조금만 더 깊이 들여다보면 근친혼, 불륜, 보복, 정변 등 자극적인 키워드가 뒤범벅이 되었다는 사실을 알 수 있다. 물론 사태의 최초 발단은 근친혼이었다.

근친혼에 대한 반발이 동성동본 혼인 금지를 낳다

근친혼은 조선 시대에 사라졌다. 성리학적 유교 질서에서 근친혼은 황망한 풍속을 넘어 야만적 풍속으로 받아들여졌다. 그렇게 근친혼은 폐지되었지만 새로운 문제가 생겼다. 아예 동성동본의 결혼 자체를 금지하는 악습이 만들어진 것이다.

지금은 고인이 된 가수 신해철은 저항 메시지를 담은 노래를 많이 불렀다. 그가 이끌던 밴드 넥스트가 1995년 발표한 3집에도 그런 노래가 있다. 〈힘겨워하는 연인들을 위하여〉라는 제목의 이 노래는 서정적이다. 하지만 가사는 절절하다. 사회적 편견에 상처를 입고 힘겨워하는 동성동본 연인들의 이야기를 담았다. 당시만 해도 동성동본과 결혼하는 것이 금지되었다. 다행히 1997년 헌법 재판소가 위헌을 결정했다. "동성동본의 결혼을 금지한 민법 809조 1항이 헌법에 위배된다!"

2005년 법을 개정했다. 그 결과 8촌 이내의 혈족이 아니라면 결혼이 가능하게 되었다. 이제 동성동본도 마음 편하게 사랑할 수 있게 되었다. 하지만 아직도 곱지 않은 시선으로 동성동본 커플을 바라보는 어르신들이 없지 않다. 그분들은 여전히 동성동본의 결혼을 근친혼으로 여긴다. 관습의 장벽은 그만큼 높다. 가야 할 길, 아직 멀다.

하멜과 하멜 표류기

 공녀를 보낸 까닭

 환단고기

제 2 장

과거의 모든 일은
오늘을 만든 퍼즐 조각이다

별의별 것들의 유래

탐라국과 두막루의 역사

우리 역사에 기록되지 못한 두 나라

- ◐ 우리 민족 최남단의 국가 탐라국에 대해서 알아보자.
- ◐ 탐라국이 우리 역사의 주류에 편입된 것은 언제인가?
- ◐ 우리 민족 최북단의 나라 두막루에 대해서 알아보자.

제주도에 '갚아도 좋고, 말아도 좋다.'는 속담이 있다. 언뜻 보기엔 빚을 탕감해준다는 뜻 같은데, 실상은 그렇지 않다. 마라도는 한반도 최남단에 있는 섬이다. 가파도는 그 마라도의 북쪽에 있는 섬이다. 두 섬이 워낙 외진 곳에 있으니 이곳에 사는 사람에게서는 빌려준 돈을 돌려받기가 어렵다는 의미에서 '가파도 좋고, 마라도 좋다.'는 속담이 나왔다고 한다. 빚을 언급하는 것 같지만 원래 하고 싶었던 이야기는 '두 섬의 풍광이 참 좋다!'가 아닐까 싶다.

이런 칭찬이 무색하지 않을 만큼 두 섬은 아름답다. 마라도만 보더라도 섬 전체가 천연기념물이다. 섬의 아름다운 모습을 소개하는 TV 예능 프로그램이 많아지면서 관광객도 급증하고 있다. 매년 40만 명

이상이 마라도를 찾는다. 관광객으로 섬이 몸살을 앓을 정도다.

어디 두 섬만 그렇겠는가. 제주도 전체가 누구나 좋아하는 천혜의 관광지다. 제주가 사랑을 받다 보니 자연스레 제주 역사도 꽤 알려졌다. 이를테면 제주의 옛 지명이 탐라국이었다는 점은 상식에 속한다. 하지만 고려 이전까지 제주도는 엄밀하게 우리 영토가 아니었으며 자치 왕국이었다는 사실을 아는 사람은 얼마나 될까?

독립적인 왕국이었던 탐라국

탐라국도 엄연한 왕국이었으니 건국 신화가 따로 있다. 제주시 삼성로에 있는 삼성혈이 바로 그 건국 신화에 얽힌 유적이다. 지반이 살짝 꺼져 있고 구멍 세 개가 파여 있는데, 이 구멍에서 고을나, 양을나, 부을나 세 명의 신인(神人)이 솟아났다. 이 세 명이 오늘날의 제주 고씨와 양씨 그리고 부씨의 시조로 알려져 있다. 세 신인은 바다를 건너온 벽랑국(오늘날의 전라남도 완도군 소랑도에 위치해 있던 나라) 공주 3명과 각각 결혼한 뒤 탐라국을 함께 통치하기 시작했다.

민간에 전해지는 기록에 따르면 이 시기가 기원전 2337년이다. 고조선의 건국 연도가 기원전 2333년이니 신화로만 보면 제주도 신화의 출발점이 4년을 앞선다. 물론 역사적 사실일 가능성은 매우 낮다. 실제로는 세 시조를 섬기는 씨족 사회였을 확률이 높다.

탐라국이 한반도 역사에 본격적으로 들어온 것은 5세기경이다. 당시 백제와 교류했는데, 사신을 보내 조공했다는 기록으로 봐서 대등한 관계는 아니었던 것 같다. 처음에는 백제에, 백제가 멸망한 후에는 신라에 복속했다. 그래도 이 과정에서 탐라국은 독립국으로서의 지위

별의별 것들의 유래

탐라국을 다스린 세 명의 신인이 솟아올랐다는 삼성혈 유적지
ⒸDann19L/Wikipedia

를 가졌던 것으로 보인다. 이를 알 수 있는 증거가 있다. 7세기 중반 신라 선덕 여왕이 황룡사 9층 목탑을 세웠다. 지금은 남아 있지 않지만 이 탑은 신라 주변 9개국의 침략을 막고 격퇴한다는 취지에서 9층으로 만들어졌다. 백제, 말갈, 일본 등이 9개국의 목록에 들어 있었는데, 그중에 탐라국도 있었다.

고려의 행정 구역으로 흡수된 탐라국

탐라가 한반도의 정식 행정 구역이 된 것은 고려 때다. 고려 조정은 탐라국을 흡수하면서 탐라군으로 낮추었고, 탐라국 왕의 지위도 성주로 격하시켰다. 하지만 제주는 여전히 먼 곳인지라 자치권이 허용되었다. 고려 말기, 그러니까 원 간섭기 때 탐라군은 몽골 땅이 되는 수모를 겪었다. 당시 원이 제주를 탐라총관부라 칭하면서 몽골의 직할령으로 삼았기 때문이다. 몽골은 제주도에 말 목장을 만들었다. 제주를 되찾은 것은 1295년(충렬왕 21년)이었다. 하지만 고려는 한동안 제주의 친원파들과 싸워야 했다.

조선 시대에 탐라는 팔도의 일부가 되었다. 1402년(태종 2년), 조정은 탐라의 명칭을 제주로 바꾸고 목사를 파견했다. 지방관인 목사는 원래 정3품인데, 제주 목사만큼은 종2품으로 품계가 높았다. 제주도가 특수한 지역임을 정부가 인정했던 것이다.

탐라국의 역사는 여기까지만. 이제 북쪽으로 가서 우리 역사상 최북단 국가였던 두막루를 살펴보자. 아마도 많은 독자가 발해를 최북단 나라로 생각할 것 같다. 어쩌면 두막루라는 나라 이름을 들어보지 못한 독자도 있을 것이다. 분명한 사실은, 두막루가 비록 역사가 짧고 강대국 반열에 들지 못했지만 최북단에 있었던 우리 민족의 나라라는 점이다.

300년 동안 이어진 국가, 두막루

두막루는 부여의 후손이 세운 국가였다. 부여 혹은 북부여는 기원전 3세기나 기원전 2세기 무렵 쑹화강 유역에서 탄생했다. 평야와 구릉 지대가 많아 부여 사람들은 목축보다는 농사를 주로 하며 살았다. 부족 연맹 왕국이라 왕의 권력은 약했다.

약소국은 강대국에게 휘둘리는 법. 3세기 후반에는 모용선비, 4세

101

기 중반에는 고구려의 침략을 받아 왕이 죽고 수만 명이 포로로 끌려 갔다. 남은 세력이 두만강 유역에 동부여를 세웠지만 이 나라 또한 494년 고구려에 투항함으로써 공식 멸망했다.

동부여가 멸망하기 얼마 전, 그러니까 5세기 초반 혹은 중반에 부여 유민들이 쑹화강 유역에 다시 나라를 세웠다. 이 나라가 두막루인데 북부여가 세워졌을 때보다 조금 더 북쪽 지역일 것으로 추정된다. 두막루는 나중에 말갈과 여진이라 불린 '물길', 선비나 거란으로 불린 '실위'처럼 유목 민족들과 국경을 접하고 있었다. 하지만 풍습은 유목 민족이 아닌 부여의 것을 따랐다. 부여 관직명을 사용했고, 부여의 법을 그대로 적용했다. 복식은 고구려를 닮았다. 고구려와 부여는 뿌리가 같다.

8세기 들어 발해 무왕이 북진 정책을 펼치면서 쑹화강 일대까지 진출했다. 그곳에는 흑수말갈이란 호전적인 부족이 있었다. 발해와 흑수말갈 사이에 전투가 벌어졌고, 그 와중에 725년 두막루는 멸망했다. 두막루의 영토는 발해와 흑수말갈에 나뉘어 편입되었다. 나중에 발해가 흑수말갈을 진압한 후로는 두막루 영토 대부분을 발해가 가져갔다.

두막루는 과연 우리 민족의 국가인가?

사실 두막루에 대해 우리가 아는 것은 그리 많지 않다. 역사적 유물이나 사료가 별로 남아 있지 않기 때문이다. 다만 부여 유민이 세운 나라라는 점은 명백한 사실인 것 같다. 중국 역사서 『신당서』의 기록, 즉 '두막루 건국 세력이 스스로를 북부여의 후예라고 불렀다.'는 내용이 그 증거다. 게다가 주변의 국가들이 모두 유목을 주업으로 삼은 반면 두막루는 농사를 주업으로 삼았다. 이 또한 그들이 주변의 다른 민족과 달리 농경 민족이란 증거가 아니겠는가.

다만 두막루의 언어가 실위에 더 가깝다는 주장도 제기되고 있다. 언어가 몽골 계통이라는 뜻으로 해석된다. 이 점을 부각시켜서 두막루가 부여 유민이 아닌 몽골과 부여의 혼혈족이 세운 나라라고 주장하는 학자들도 있다. 이 밖에도 학설이 상당히 여러 갈래로 뻗어 있다. 원래부터 그 지역에 있던 종족이 나라를 세운 뒤 부여를 계승했다고 주장하는 이가 있는가 하면 몽골 계통의 종족이 이 지역에 와서 세운 나라라고 주장하는 이도 있다.

국내 중·고교 역사 교과서에 두막루에 대한 이야기는 수록되어 있지 않다. 국내 한글학자들 중 일부는 두막루의 어원을 '다물'에서 찾는다. 이 말은 '부여 사람들이 옛 땅을 되찾고 세운 나라'라는 뜻이라고 한다. 이 말이 사실이기를 바란다. 학계의 적극적인 연구가 필요하다. 지금 되찾을 수 없는 땅이라 해서 역사마저 잊어서야 쓰겠는가. 우리 역사라면, 우리가 제대로 알고 있어야 하지 않겠는가.

유사 사학이 말하는
고조선 이전 우리 민족의 국가

『환단고기』 등의 유사 사학을 어떻게 바라볼 것인가?

◐ 유사 사학이 신봉하는 『환단고기』는 어떤 책인가?
◐ 고조선 이전 우리 민족의 국가라고 주장하는 환국과 배달국에 대해서 알아보자.
◐ 유사 사학을 어떤 관점에서 바라보아야 하는가?

1990년대 후반에 나온 『천국의 신화』라는 만화가 있다. 천지창조에서부터 우리 민족 국가의 탄생 과정을 담은 대작이다. 거장 이현세의 작품이었으니 당장 주목을 끌었다. 동시에 지나치게 외설스럽다는 비판이 나오면서 선정성 논란이 일었다. 사실 요즘의 기준으로 보면 아주 야하지도 않다. 게다가 흑백 만화다.

잊히나 했는데 2015년 이 만화가 네이버 웹툰에 연재되었다. 이번에는 어쩐 일인지 선정성 논란이 재현되지 않았다. 하긴 더 선정적인 영상들이 인터넷에 넘쳐나는 시대니까. 대신 새로운 논란이 불거졌다. 실제 역사에서 너무 벗어난 것 아니냐는 비판이 나왔다. 창작물에 굳이 사관을 들이밀 것까지 있을까? 아, 다소 복잡한 주제다. 그나저나 우리 민족의 탄생과 건국을 바라보는 여러 가지 관점이 있다. 그중 하나를 소개하고자 한다.

『환단고기』가 말하는 우리의 역사

환인은 단군 신화에 나오는 천제, 즉 하늘의 신이다. 단군 신화에서는 환인의 아들 환웅이 무리 3,000명을 거느리고 태백산 신단수 아래에 신시를 연다. 환웅은 웅녀와 결혼해 단군을 낳고, 단군이 고조선을 건국한다. 이 이야기를 모르는 이는 없을 터.

이처럼 학교에서 배우는 역사관을 주류 사관(정통 사관)이라 하고, 이런 사관을 따르는 학풍을 강단 사학이라 한다. 이에 반발하는 학풍은 재야 사학 혹은 유사 사학이라고 한다. 유사 사학자들이 풀어내는 역사는 상식 수준의 역사와 많이 다르다. 아 참, 재야 사학은 진보주의를 따르는 진보 사학과는 다르다. 헷갈리지 마시길.

유사 사학자들이 성경처럼 여기는 책이 『환단고기(한단고기)』다. 1979년 이유립이 수정하고 보완하여 출간한 책인데, 『삼성기 상(上)』, 『삼성기 하(下)』, 『단군세기』, 『북부여기』, 『태백일사』 등 5권으로 되어 있다. 원래 이 책은 단학회 회장을 지낸 계연수가

『환단고기』는 우리 민족 고대사의 위상을 매우 높여주는 내용을 담고 있지만, 위서 논란이 끊이지 않고 있다.

1911년에 5권을 엮고 해제를 단 것으로 알려져 있다. 이 책에서 말하는 '삼성'은 환인, 환웅, 단군을 뜻한다.

『환단고기』에서는 환인이 아들 환웅을 인간 세상에 보낸 게 아니라 환인이 스스로 내려와 나라를 세운다. 바로 환국이다. 환국의 넓이는 동서로 2만 리, 남북으로 5만 리다. 킬로미터로 환산하면 동서로 8,000여 킬로미터, 남북으로 2만여 킬로미터가 된다. 지구 둘레가 약 4만 킬로미터이니, 환국의 영토는 유라시아 대륙을 포괄했을 것 같다. 영토가 넓으니 환인은 형제들에게 나눠주고 다스리게 했다. 이게 12개 연방이다.

환국과 배달국 그리고 고조선

환인이 나라를 세운 곳은 천산으로, 오늘날의 톈산산맥을 가리킨다. 이 산맥은 중국 서부와 우즈베키스탄, 카자흐스탄, 키르기스스탄 등 4개국에 걸쳐 있다. 예로부터 문명의 발흥지로 여겨져 왔다. 유사 사학자들은 이 점을 강조하며 환국이 기원전 7000여 년경에 세워졌으며, 환국의 문화가 세계로 퍼져 고대 4대 문명이 탄생했다고 주장한다. 인류 최초의 문명인 메소포타미아 문명은 기원전 3500년에 태동했다.

유사 사학자들은 7명의 환인이 3,301년 동안 환국을 통치했고, 이 환국이 우리 민족의 뿌리라고 주장한다. 『환단고기』에 따르면, 이어 등장하는 환웅은 동방 지역을 개척했고, 그 결과 신시에 배달국을 세웠다. 배달국은 1,565년 동안 역사가 계속되었고, 이 기간에 환웅이란 통치자가 18대까지 이어졌다고 한다.

그다음 고조선이 등장한다. 환국에서 배달국, 고조선으로 역사가 이어졌다는 이야기다. 우리 민족의 역사가 5,000여 년은 더 길어졌다. 게다가 메소포타미아 문명의 원조가 환국이며 그때부터 우리 민족은 이미 철기를 만들어 썼다고 한다. 이게 사실이라면 한국사뿐 아니라 세계사도 새로 써야 할 판이다.

이 밖에도 『환단고기』에는 교과서에 없는 내용이 많다. 그러니 『환단고기』를 둘러싼 논쟁은 아직도 진행 중이다. 현재 국내 역사학계에서는 『환단고기』를 가짜 책, 즉 위서로 규정해놓은 상태다. 『천국의 신화』를 놓고 독자들이 갑론을박하거나 우려했던 이유가 바로 여기에 있다. 판타지 창작물로는 분명 대단한 작품이다. 하지만 모두가 가짜라고 인정한 팽창주의적 역사관을 담고 있다면 곤란하다는 것이다.

물론 유사 사학을 무조건 배척하는 게 옳은지도 따져볼 필요가 있다. 우리가 우리 역사를 일부러 축소할 필요가 있는가. 우리 민족의 진취성을 우리가 배척하는 것은 아닐까? 곰곰이 생각해볼 문제다. 다만 과장하다 보면 왜곡으로 치달을 수 있다는 점은 명백히 인식해야 한다. 둘은 동전의 양면과도 같은 것이니까 말이다.

역사는 기원이나 바람이 아니라 사실의 기록

유사 사학자들의 주장을 믿고 싶다. 우리 역사가 저 멀리 시베리아까지 뻗어나간다는데 싫어할 한국 사람이 어디 있겠는가? 하지만 판타지로는 역사를 만들 수 없다. 가설을 세우고, 지속적인 연구와 증명을 거쳐야 비로소 역사 한 마당을 완성하는 것이다. 고구려 군대는 만주 벌판을 누볐고, 한때 중국과 대등한 위치에서 겨루었다. 이는 역사

20세기 초에 활동한 화가 채용신이 그린 단군상. 고조선 건국 신화에서는 단군이 1,000년 동안 나라를 다스렸다고 전하지만, 단군은 한 사람의 이름이 아니라 '왕'이나 '황제'처럼 정치적 지배자를 뜻하는 직책의 명칭이었을 것이라고 보는 견해가 일반적이다.

다. 이미 입증이 끝났으니까. 하지만 고구려가 요동을 넘어 중국 본토 깊숙이까지 진출했다는 것은 판타지이지 역사가 아니다. 다시 말하지만, 역사는 입증하는 것이다.

그러니 지금까지는 우리 민족의 뿌리를 고조선으로 볼 수밖에 없다. 물론 단군이 기원전 2333년에 나라를 세운 게 역사적인 사실이냐에 대해서도 논란이 없지 않다. 메소포타미아에 도시 국가가 세워진 시기는 기원전 3500년경이다. 바빌로니아가 메소포타미아 일대를 통일한 시기는 기원전 1800여 년이다. 중국 최초의 국가인 상(은)은 기원전 1600년경 건국되었다. 4대 문명 발상지에서도 통일 국가는 기원전 1800년~기원전 1600년에나 세워졌다. 그런데 한반도에서 기원전 2333년에 통일 국가가 들어섰다? 그럴 가능성은 희박하다. 부족 연맹체가 커지고, 왕권이 강해지고, 영토가 넓어지고…… 이런 과정을 거쳐 국가 모양새를 갖추었을 터. 고조선이 국가의 틀을 갖춘 것은 기원전 10세기 이후일 가능성이 높다. 이 무렵 고조선이 중국과 교역했다는 기록이 그 증거다.

고조선이란 국가 명칭에 대해서도 생각해볼 일이다. 고조선의 역사를 보면 중간에 왕조가 한 번 바뀐다. 기원전 2세기 초반 중국이 어수선해지면서 많은 사람이 고조선으로 피신했다. 그중 한 명인 위만은 곧 고조선 준왕의 신임을 얻어 고위직에 올랐지만, 반란을 일으켜 기원전 194년 왕좌를 차지했다. 역사가들은 조선의 두 왕조를 구분해야 한다고 판단했던 것 같다. 위만 혈통의 조선을 위만 조선, 그 이전의 조선을 고조선이라 칭했다. 오늘날에는 태조 이성계가 세운 조선과 구분하기 위해 고조선이란 말을 쓰지만 원래 고조선은 위만 조선과 구분하기 위해 탄생한 용어였다.

국내 학계에서도 고조선과 관련해 다양한 학술 연구가 진행되고 있다. 가끔은 특정 주제를 놓고 학자들 사이에 거친 논쟁이 오가기도 한다. 좋은 과정이다. 이런 작업을 통해 고조선의 실체를 명확히 밝혀내야 한다. 우리 민족의 뿌리가 아닌가.

정경유착은 근대 이전부터 있었다

보부상을 향한 또 하나의 시각

◉ 왜 조선 시대 보부상은 친정권 성향을 가졌을까?
◉ 독립 협회를 견제한 황국 협회의 성격에 대해서 알아보자.
◉ 보부상의 소통 방식인 사발통문을 동학 지도자들이 활용한 이유는?

5일마다 열린다. 그래서 5일장이다. 1980년대 이전까지만 해도 5일장은 지방에서 가장 큰 시장이자 명물이었다. 장이 열리면 아이 어른 할 것 없이 사람들로 장사진을 치렀다. 물건을 파는 상인들의 구성진 소리에 흥이 돋았다. 국밥이며 전, 떡 같은 군침 도는 음식들이 행인의 코를 자극했다. 가난했던 그 시절, 5일장은 서민들의 삶터이자 축제의 현장이었다. 그랬던 5일장이 지금은 잊히는 풍경이 되고 있다.

장터를 돌아다니는 상인을 장돌뱅이라 했다. 사극을 보면 목화솜 두 개가 꽂힌 패랭이를 쓴 상인이 나온다. 전국 팔도를 유랑하며 장이 열리는 곳을 찾아다니던 이들. 다른 말로는 '보부상'이라 했다. 앞뒤 글자를 바꿔 '부보상'이라고도 한다. 봇짐장수인 보상과 등짐장수인

단원 김홍도의 〈행상〉.
ⓒ국립중앙박물관

부상을 일컫는 말이다. 대형 마트에 이어 온라인 쇼핑몰이 대세인 지금 이 시대, 보부상은 아스라한 추억 속 한 장면이 되어버렸다.

보부상의 명과 암

보부상은 조선 후기 상품 화폐 경제의 발전을 이끈 주역이다. 그들의 활약 덕분에 금난전권이 폐지되고 상업이 더욱 발전했다. 그래서 보부상이 조선 경제의 근대화에 밑알이 되었다고 평가하는 이도 있다. 실제로 보부상 출신으로 근대 교육 운동과 독립운동에 뛰어든 인물이 적지 않다. 대표적인 인물이 이승훈이다.

이승훈은 요즘 말로 입지전적인 인물이었다. 가난한 집에서 태어났지만 이를 악물고 살았다. 일찌감치 장사에 뛰어들었다. 보부상이 되어 서북 지방을 돌며 돈을 벌었다. 돈이 어느 정도 모이자 유기 가게를 차렸다. 소박한 시작이었지만 결과는 창대했다. 유기 공장을 짓고 민족 기업가로 성장했다. 민족 교육의 필요성을 느껴 평양에 오산학교를 세웠다. 이승훈 자신도 독립운동가의 길을 걸었다.

보부상에 대해 긍정적인 평가만 있는 건 아니다. 최근에는 보부상에 대한 부정적인 평가가 많아지는 듯하다. 민중을 착취하다 나중에는 친일파로 돌아선 보부상이 많다는 폭로도 나온다. 심지어 정치인과 경제인의 결탁을 뜻하는 정경유착의 시초가 보부상에서 비롯되었다는 비판도 있다. 이 말이 사실이라면 보부상은 단순한 상인이 아니다.

조선 시대에 상업은 사회적으로 경멸을 받는 직업 분야 중 하나였다. 농업이 천하의 근본이라 여기던 시대였으니 그럴 법도 하다. 유학자들은 돈을 천한 것이라 여겼다. 그들은 상거래를 할 때도 돈을 만지지 않았다. 하인들을 시켰다. 부득이하게 돈을 만질 때는 젓가락을 사용했다. 그런 양반들에게 보부상은 천한 장사치였을 뿐이다.

하지만 보부상은 쓸모가 많았다. 무엇보다 그들의 단결력은 정부도 놀랄 수준이었다. 게다가 보부상 조직을 장악한다면 전국의 경제를 쥐락펴락할 수 있었다. 지체 높은 양반님들이 보부상과 손을 잡았다. 보부상은 그들의 손과 발이 되어 '정치 깡패'를 자임했다. 그 대신 상업적 이익을 누렸다. 정치인과 보부상 모두가 원한 거래. 그렇게 정경유착이 시작되었다. 오늘날의 정경유착과 양상은 다르겠지만 본질은 다르지 않다.

독립 협회를 견제한 보부상의 황국 협회

1866년 병인양요가 발생했을 때 흥선 대원군은 보부상들로 상병(商兵) 부대를 만들었다. 군량 보급이 상병 부대의 임무였다. 전쟁이 끝난 후에는 보부청이란 새 관청을 만들었다. 보부상의 쓰임새를 정부가 공식적으로 인정한 셈이다.

1876년 강화도 조약과 함께 조선이 개항했다. 일본 상인이 몰려들자 보부상의 생존권이 위협받았다. 이 무렵 흥선 대원군은 실각해 있었다. 명성 황후와 민씨 세력이 권력을 잡았다. 새로운 실력자 그룹 또한 보부상을 지원했다. 1882년 임오군란이 터지자 명성 황후는 궁궐을 빠져나갔다. 피신처인 충주까지 보부상들이 명성 황후를 호위했다. 이토록 막강한 네트워크가 탐나는데 어찌 관계를 끊을 수 있겠는가. 1883년 정부는 보부상을 총괄하는 혜상공국을 만들고, 보상과 부상을 완전 통합했다.

보부상은 권력자의 비위를 맞추며 이익을 살뜰히 챙겼다. 권력자들도 넉넉히 대가를 지불했다. 당연한 말이지만, 정경유착이 심해질수록 부작용이 커졌다. 오죽하면 1884년 갑신정변 때 혜상공국을 폐지하겠다는 조항을 개혁안에 넣었겠는가. 그 결과 혜상공국은 폐지되었다.

별의별 것들의 유래

병인양요를 묘사한 그림. 병인양요 때 보부상 조직은 군량 보급을 담당했다. 뿐만 아니라 조선 후기 굵직한 정치 사건이 일어날 때마다 보부상들의 역할이 컸다.

그 대신 상리국이라는 새로운 보부상 조직이 만들어졌다. 간판만 살짝 바꾼 셈이다.

1894년 동학 혁명이 일어나자 보부상은 또 정부 편에 섰다. 농민군은 보부상이 관군보다 더 악랄하다며 혀를 내둘렀다. 원래 농민과 보부상의 사이가 좋지는 않았다. 그랬으니 동학 혁명 이후는 오죽했겠는가? 두 세력은 철천지원수가 되어버렸다.

4년이 흘렀다. 1898년 독립 협회가 만민 공동회를 개최했다. 고종 황제는 독립 협회가 공화정을 추진한다는 이야기를 듣고 기겁했다. 또다시 행동대원 격인 보부상 네트워크를 끌어들였다. 보부상은 황국 협회를 만들고는 독립 협회의 집회장을 급습했다. 아비규환. 독립 협회는 결국 해산했고, 황국 협회의 고위층 중 일부는 정부 관료가 되었다.

보부상은 점점, 그리고 더욱 깊이 정치판에 몸을 담갔다. 정치 깡패의 운명을 닮아갔다. 뒷배를 봐주던 정부가 망하면 보부상도 사라질 수밖에 없다. 황국 협회는 몇 차례 이름을 바꾸면서 1904년까지 명맥을 이어갔지만 결국 일제 강점기 이후 사라졌다.

만약 보부상이 정경유착의 달콤함에 취하지 않았다면 어땠을까? 보부상이 산업 자본을 축적하는 데 더 매진했더라면 하는 상상을 해 본다. 그랬다면 일본 자본의 침투를 어느 정도 막아냈을지도 모른다. 안타까운 대목이다.

정경유착의 폐해는 현대에도 여러 차례 목격되었다. 그 결과를 우리는 잘 알고 있다. 정치인과 기업가만 피해를 입는 게 아니다. 아니, 오히려 그들보다 평범한 서민들이 훨씬 더 큰 피해를 입는다. 백년기업을 꿈꾸는가? 그렇다면 우직하게 제 갈 길을 가는 것이 올바름이다. 편법과 유착은 끝내 정도(正道)를 이기지 못한다.

사발통문의 유래

끝으로 하나만 더. 1893년 11월, 22명의 동학 지도자들이 거사 계획을 세웠다. 이들은 격문을 만들고 사발통문으로 이 사실을 알렸다. 통문은 어떤 일을 도모할 때 조직원들에게 비밀리에 보내는 서신이다. 서신에는 그 일을 주도적으로 도모하는 사람들의 이름을 적는다. 사발통문은 사발을 종이 위에 대고 원을 그린 뒤 그 원을 따라 이름을 쓴 서신이다. 수평이나 수직으로 이름을 쓴다면 앞쪽이나 위쪽에 있는 사람이 주모자일 확률이 높다. 하지만 원형으로 이름을 쓴다면 누

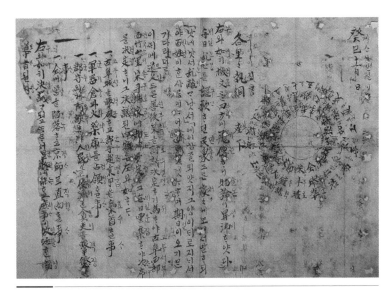

동학 지도자들이 은밀히 주고받은 사발통문. 사발통문은 원래 보부상들의 소통 방법이었다.

가 주모자인지 알 수 없다. 동지들을 보호하기 위해 사발통문을 쓰는 것이다!

사발통문을 돌린 동학 지도부는 1894년 1월 실제 봉기를 일으켰다. 이 고부 민란이 동학 혁명의 시작이었다. 흥미로운 점이 있다. 이 사발통문은 원래 보부상이 쓰던 소통 방식이었다. 적에게서라도 배울 건 배우자. 이야말로 최고의 전략이 아닌가.

화교의 역사

● 임오군란과 화교의 관계를 알아보자.
● 한국의 화교가 참정권을 얻어 완전한 대한민국 국민이 된 때는 언제인가?

인천역에서 내려 자유 공원 쪽으로 고개를 돌리면 한눈에 봐도 화려한 거리가 시선을 빼앗는다. 차이나타운이다. 식당이 즐비하다. 어느 식당에 들어가도 맛은 보장이 된다. 인천을 대표하는 명소 중의 한 곳. 일 년 내내 관광객으로 북적인다.

여기에 정착해 사는 사람들을 화교라 부른다. '화교(華僑)'는 1880년대 초반 청의 학자가 조정에 올리는 보고서에 처음 쓴 용어다. 그것이 지금은 중국 밖에 거주하는 중국인을 일컫는 용어로 자리 잡았다.

한국의 화교들은 천당과 지옥을 수시로 오가며 오늘날의 지위에 이르렀다. 멀지 않은 과거, 그러니까 지금으로부터 20~30년 전까지만 해도 화교는 한국인의 노골적인 차별과 멸시를 감내해야 했다. 좀 더

인천의 차이나타운 입구

과거로 거슬러 올라가서 1960~70년대 산업화 시대에는 대한민국 정부가 직접 화교에게 불이익을 주려고 온갖 시비를 다 걸었다. 하지만 한국 화교가 탄생하던 19세기 후반으로 가면 상황이 달라진다. 그들은 약자가 아니라 포식자에 가까웠다. 이 땅에 '점령군'으로 들어왔으니 무서울 것이 없었다.

임오군란과 화교의 등장

일설에 의하면 명성 황후 때문에 화교가 한국에 정착했다고 한다. 어쩌다 보니 한국 근대사가 튀어나온다. 그랬다. 한국 화교의 역사에 우리 근대사가 고스란히 녹아 있다.

우리 정부는 강화도 조약을 체결한 후 개화 정책을 본격적으로 추진했다. 별기군이란 신식 군대를 창건한 것도 그중 하나였다. 별기군은 꽤나 융숭한 대우를 받았다. 반면 무위영과 장어영의 구식 군인들은 급료도 제대로 못 받는 떨거지 신세가 되었다. 몇 달간 밀린 급료를 준다더니 쌀에 모래와 겨가 잔뜩 섞여 있었다. 사달이 일어날 수밖에 없다. 구식 군인들이 폭동을 일으켰다. 1882년(고종 19년)의 임오군란이다.

군란을 수습한 이는 흥선 대원군이었다. 정계로 복귀한 그는 명성황후와 민씨 세력의 정책을 폐지했다. 개화 정책의 컨트롤타워인 통리기무아문을 축소하고 별기군을 폐지했다. 하지만 삼일천하였다. 민씨 세력과 개화파의 지원 요청을 받은 청의 병력 4,000여 명이 들이닥쳤다. 흥선 대원군은 중국으로 끌려갔다.

청군이 들어올 때 40여 명의 상인이 동행했다. 군수 물자를 조달하기 위해서라지만 진짜 목적은 조선의 경제권을 장악하려는 것이었다. 공짜로 조선 조정을 도와준 것이 아니다. 청은 조선 정부를 압박해 '조청 상민 수륙 무역 장정'을 체결했다. 일종의 경제 협정인 셈인데, 청의 상인이 한양에서 장사를 해도 좋다는 내용이 들어 있었다.

이 조약을 통해 청은 적어도 경제 분야에서만큼은 다른 열강들을 제치고 조선에서 우위를 확보하게 되었다. 사실 강화도 조약(정식 명칭은 조일 수호 조규)을 체결한 일본도 자국 상인을 한성에 보내지는 못했다. 그들은 개항장 주변 10리 이내에 머물러야 했다. 이러한 핸디캡을 청국 상인에게는 풀어준 것이다. 이 청국 상인들이 오늘날 화교의 시초다. 2년 후 청과 프랑스 사이에 전쟁이 터지자 병사들은 철수했지만 상인들은 남아 덩치를 키웠다.

별의별 것들의 유래

화교의 롤러코스터 운명

청은 영국과 제1차 아편 전쟁을 치른 직후인 1842년에 난징 조약을 체결했다. 그 조약에 따라 홍콩을 영국에 넘겨야 했다. 청은 당한 대로, 혹은 배운 대로 똑같은 방식으로 조선 정부를 압박했다. 1884년 3월 화상 지계 장정이란 조약을 체결해 인천을 조계지로 삼았다. 조계지는 치외 법권이 보장된 무법천지의 지대였다. 이후 이 지역에 청국 영사관을 비롯해 중국풍 건물이 우후죽순으로 들어섰다. 차이나타운이 탄생한 연원이다. 이후 청은 부산, 원산 등으로 조계지를 확대해나갔다. 1882년 40여 명에 불과하던 화교가 1884년에는 240여 명, 1890년에는 1,000여 명으로 늘었다.

한성으로 진출한 청국 상인들은 상권을 장악하려 했다. 육의전과 시전의 대형 상인, 보부상과 노점의 소형 상인이 알거지가 될 판이었다. 국내 상인들은 조합을 결성해 맞섰다. 때론 파업을 하고 때론 시위를 벌였다. 불평등 조약을 개정해달라고 조정에 요구했다. 하지만 조정에 무슨 힘이 있는가. 화교들은 매춘과 같은 불법 장사에도 손을 댔다. 조선의 돈을 다 긁어모을 기세였다. 화교들은 전국으로 세력을 키웠다.

1894년 청일 전쟁에서 일본이 승리하자 청은 조선에서 발을 빼야 했다. 조선과 청이 맺은 모든 조약은 파기되었다. 청국 상인을 보호해줄 근거가 사라졌다. 그 대신 보호 청상 규칙이란 것을 만들어 청국 상인이 개항장에서는 영업할 수 있도록 허용했다. 이젠 점령군이 아니다. 생존이 중요해졌다. 청국 상인은 지방을 공략했다. 물론 수월하지 않았다. 먹고살려다 보니 청국 상인들이 난폭해졌다.

1898년 12월 16일자 〈황성신문〉에 청국 상인들의 행패를 고발하는 충남 상인의 투고가 실렸다. 막무가내로 청국 상인들이 지역 상권을 흔드는 것에 대한 반발이었다. 정부는 철수를 명했지만 그들은 듣지 않았다. 조선 상인과 주민들은 청국 상인과의 거래를 중단했다. 그러자 청국 상인 100여 명이 총과 칼, 몽둥이를 들고 장터에서 난동을 부렸다. 이 난동으로 조선인 30여 명이 부상을 당했다.

이후 한국에서 화교는 사회적 약자가 되었다. 1931년 중국 지린성 만보산 지역에서 조선 농민과 중국 농민이 유혈 충돌했다. 사실 주범은 일제였다. 두 나라의 농민을 이간질하려는 간교한 술책이었다. 일제의 의도대로 이 사건의 여파로 인해 국내에서도 화교에 대한 적대감이 커졌다. 약 200명의 화교가 국내에서 피살되기도 했다.

이제는 우리 국민

1945년 우리 민족은 국권을 되찾았다. 5년 후에는 같은 민족끼리 총부리를 겨누었다. 전쟁이 끝났다. 이후 화교는 한국에서 완전히 이방인 취급을 받았다. 정부는 1953년과 1962년, 두 차례 화폐 개혁을 단행했다. 이때 화교들은 가지고 있던 현금을 처분할 수가 없었다. 결국 그 많은 돈은 모두 종잇조각이 되어버렸고, 화교들은 빈털터리가 되었다. 1970년대 들어서는 중국 식당에서 쌀로 만든 음식을 팔지 못하게 했다. 외국인들의 부동산 소유를 제한하는 조치가 시행되면서 평생 벌어놓은 재산을 헐값에 내놓아야 했던 화교도 있었다. 화교들에게는 탄압의 시대였고, 어두운 터널이었다.

1990년대 들어 달라졌다. 화교들이 참정권을 얻었다. 이제 우리 국

121

민으로 인정을 받은 것이다. 다만 요즘 국내 영화를 보면 화교 혹은 중국 동포(조선족)를 지나치게 폭력적으로 묘사하는 사례가 많다. 행여 사람들의 시선이 다시 나빠질까 걱정된다.

자장면이 표준어이고 짜장면이 틀렸다던 때가 있었다. 지금은 두 단어 모두 표준어가 되었다. 그 짜장면을 처음 만든 곳이 인천 차이나타운이다. 짜장면이 중국에서 유래한 음식이라고 생각했다면 틀렸다. 짜장면의 고향은 중국이 아니라 인천이다. 맞다. 어찌 보면 짜장면이야말로 진짜 한국 음식이다. 갑자기 짜장면이 먹고 싶어진다.

과거의 모든 일은 오늘을 만든 퍼즐 조각이다

서양인의 조선 상륙 역사

한국에 가장 먼저 발을 디딘 서양인은 누구일까?

◑ 하멜의 『하멜 표류기』가 우리 역사에서 갖는 의미는 무엇인가?
◑ 한반도에 닿은 최초의 서양인에 대한 기록을 들여다보자.

18세기 이후 해안가의 한 풍경. 어부들이 삼삼오오 모여 앉아 목격담을 털어놓았다. 한 사람이 괴물처럼 생긴 배를 봤다고 말하자 다른 사람도 "나도 봤다."며 맞장구를 쳤다. 모두들 생김새가 괴이한 그 배를 두려워했다. 조선 사람들은 그 배를 '모양이 다른 배'라는 뜻의 이양선(異樣船)이라 불렀다.

나중에 알고 보니 이양선은 서양 선박이었다. 중국이나 일본은 일찌감치 서양과 교류했기에 서양 상선을 보고 놀라는 이가 적었다. 조선은 닫힌 나라였다. 중국을 위주로 제한적인 교역을 했기에 서양 선박이 낯설었고, 보기만 해도 혼비백산했던 것이다.

서양인이 한반도에 모습을 드러낸 것은 이때로부터 100여 년 전인

17세기였다. 그전까지 서양인을 접한 적이 없던 조선 사람들이었기에 서양인은 괴이한 모습으로 비쳐졌다. 조선인들은 그들을 보고 비명을 질렀다. 충분히 일어날 법한 상황이다.

조선인 박연이 된 네덜란드인 얀 벨테브레

1627년(인조 5년) 네덜란드 상선이 일본 나가사키로 가다 풍랑을 만났다. 배는 제주 부근에서 표류했다. 선원 얀 벨테브레가 식수를 구하기 위해 동료 2명과 보트를 타고 제주에 상륙했다가 붙잡혔다. 본선에 있던 선원들은 겁을 먹고 줄행랑쳤다.

벨테브레 일행은 공포에 사로잡혔다. 네덜란드에 있을 때 고려인이 사람 고기를 먹는다는 이야기를 들었기 때문이다. 당시 그들은 조선을 고려(Korea)라 불렀다. 날이 어두워져 조선 병사들이 횃불을 밝혔을 뿐인데 벨테브레 일행은 "이제 구워지는가 보다."며 펑펑 울었다. 이런 인식 또한 편견이었을 뿐 그런 일이 일어날 리 없잖은가.

그들은 왕명에 따라 한성으로 압송되었다. 조사를 거친 뒤에는 훈련도감에 배치되었다. 훈련도감은 임진왜란 직후에 설치한 군영이다. 대포와 조총 같은, 당시의 첨단 병기를 제작하고 훈련하는 곳이었다. 그때만 해도 최고의 무기로 꼽혔던 게 네덜란드산 대포였다. 명을 거쳐 조선에 들어온 그 대포를 홍이포라 불렀다. 벨테브레가 네덜란드인인 데다 대포에 대한 지식까지 해박하니 훈련도감은 그에게 딱 맞는 일터였다.

9년이 지난 1636년(인조 14년), 병자호란이 터졌다. 벨테브레의 동료들은 이 전쟁에 참전했다가 전사했다. 동료들을 잃은 벨테브레는 조선인으로 살기로 했다. 조선 여인과 결혼했고, 아이를 낳았으며, 박연이라는 이름도 얻었다. 박연은 무과 시험에도 급제했다. 벨테브레는 잊히고 박연이 탄생했다.

1653년(효종 4년) 8월 6일이었다. 제주도 목사 이원진의 보고서가 조정에 당도했다. "배 한 척이 고을 남쪽에서 표착했습니다. 38인이 살아 있었지만 어느 나라 사람인지 모르겠습니다. 파란 눈에 코가 높고 노란 머리에 수염이 짧았습니다. 구레나룻은 깎고 콧수염을 남긴 자도 있었습니다. 목적지는 일본 나가사키라 했습니다."

박연이 그들의 신원을 확인하려고 제주도로 달려갔는데, 이럴 수가! 그들은 네덜란드 상인이었다. 몇 년 만에 만난 동포인가. 『효종실록』에는 박연의 심정이 묘사되어 있지 않다. 다만 『석재고』를 비롯해 다른 출처에 따르면 박연은 옷깃이 다 젖을 정도로 울었다고 한다. 능히 그러고도 남을 일이다.

하멜과 『하멜 표류기』

네덜란드 상인 중 한 명이 헨드릭 하멜이었다. 하멜 일행의 생김새가 조선인의 시선을 끌었다. 조선인들은 이렇게 수군거렸다. "저 코 봐. 코가 저렇게 크니 물을 마시기 힘들겠어. 코를 귀의 뒤쪽으로 돌려야 물을 마실 수 있을 거야."

하멜도 훈련도감에 배속되어 대포 개발 업무를 맡았다. 하멜은 벨테브레와 많이 달랐다. 그는 조선 생활을 거부하며 탈출할 궁리만 했다. 일행 중 2명은 청국 사신에게 억울함을 호소하다 붙잡혔는데, 이후 기록이 사라진 것으로 미루어 옥에서 사망한 듯하다. 효종은 골치

제주도 용머리 해안에 있는 하멜 상선 전시관. 하멜이 타고 온 배를 복원해놓았다.

가 아팠다. 당시 청국 정벌을 계획 중이었는데 그들 때문에 자칫 계획
이 누설될 수도 있었다. 결국 효종은 그들을 전라도 강진으로 유배 보
냈다.

하멜은 포기하지 않았다. 1663년(현종 4년) 3월, 마침내 여수를 탈출
해 일본 나가사키에 도착했다. 2년 후 하멜은 네덜란드로 돌아가 조선
에서의 13년 삶을 정리한 보고서를 썼다. 얼마 후에는 이 보고서를 책
으로 냈는데 그것이 『하멜 표류기』다. 이 책은 초대형 베스트셀러가
되었고, 유럽 사람들은 조선에 관심을 가지기 시작했다.

벨테브레와 하멜의 운명은 사후에도 묘하게 엇갈린다. 조선이 싫다
며 탈출한 하멜의 기념비는 제주도에 있는데, 오히려 조선인이 된 박

연의 기념비는 네덜란드에 있다. 벨테브레는 조선에서 2명의 자녀를 낳았지만 후손의 행방은 알 수 없다. 그러나 네덜란드에 두고 왔던 자식이 대를 이었으며 그 결과 현재 그의 후손 600여 명이 네덜란드에 살고 있다. 그의 13대손이 뿌리를 찾겠다며 1991년 제주도를 찾기도 했다.

한반도에 온 최초의 서양인은?

조선 중기 이후 군사 업무를 총괄하던 최고 의사 결정 기관을 비변사라고 한다. 2000년대 초반, 한 역사학자가 비변사의 『등록유초』라는 문서에서 '지완면제수'라는 낯선 이름을 발견했다. 이를 포르투갈어로 옮기면 주앙 멘데스가 된다. 기록을 보니 멘데스는 1604년(선조 37년) 6월 15일 표류하다가 경남 통영에 닿았다. 벨테브레가 제주에 도착했던 시기보다 정확하게 49년 앞선다. 최초의 기록이 깨진 것이다.

멘데스는 34세였고, 동남아시아와 일본을 오가는 무역상이었다. 일본 국적의 무역선을 타고 캄보디아에서 일본으로 항해하다 풍랑을 만났다. 그 배의 서양인 탑승객은 멘데스와 그의 흑인 시종뿐이었다. 멘데스는 조사를 받은 후 중국으로 송환되었다. 중국에 도착한 직후 마카오로 이송되었다는데, 그다음 행적은 알려진 게 없다. 현재 경남 통영시 삼덕항에는 주앙 멘데스의 한국 상륙을 기념하는 비석이 세워져 있다.

그렇다면 멘데스가 가장 먼저 우리나라에 온 서양인일까? 그 또한 아닐 수 있다. 『조선왕조실록』을 보면 이미 16세기 후반에 서양인이

왔다. 1582년(선조 15년) 1월 1일의 『선조수정실록』의 기록이다. "요동 지방 사람들과 함께 서양인 마리이가 배로 우리나라에 표류해 와서 중국으로 돌려보냈다."

실록의 기록이니 거짓은 아닐 터. 마리 혹은 마리아라는 서양 여성이 한반도에 온 것은 사실인 듯하다. 다만 국적을 포함해 자세한 내용은 기록되지 않았다. 곧바로 중국에 돌려보냈으니 작은 해프닝일 수도 있다. 하지만 과정이 어쨌든 간에 기록상으로는 마리이가 국내에 처음 발을 디딘 서양인이 될 것 같다.

물론 새로운 사실이 또 밝혀지면 이 기록은 바뀔 것이다. 코리아라는 이름이 외국에 알려진 고려 시대에는 먼 나라의 상인들까지 찾아왔으니…… 혹시 '글로벌 코리아'의 역사가 우리가 생각하는 것보다 훨씬 전에 시작되었던 건 아닐까.

고려 전기에 6개월짜리 무신 정권이 있었다

미니 무신 정변

◉ 거란의 2차 침략의 원인이 된 사건은 무엇인가?
◉ 고려 시대 무신과 문신의 지위는 어떠했는가?
◉ 무신 정변은 왜 일어났는가?

1185년 일본에 가마쿠라 막부가 들어섰다. 일본은 이때부터 1867년까지 무사 정권 시대가 계속되었다. 무려 700여 년 가까이 일본에서는 무사들이 모든 권력을 쥐고 흔들었다. 일본처럼 길지는 않지만 우리 역사에도 무신들이 권력을 쥔 시기가 딱 한 번 있다. 1170년부터 1270년까지 100년 동안 지속되었던 고려 무신 정권 시대다. 일본과 비슷한 시기에 무인들이 권력을 장악했다는 점이 흥미롭다.

고려 무신 정변은 1170년(의종 24년)에 일어났지만, 무신들이 반란을 일으킨 게 이때가 처음은 아니었다. 이보다 160여 년 앞서 무신들이 반란을 일으킨 적이 있다. 그때도 권력을 거의 장악했는데, 막바지에 실패로 끝났다. 반란을 일으킨 원인은 모두 같았다. 무신에 대

별의별 것들의 유래

고려에 무신 정권이 수립될 무렵 일본에서도 무사 정권이 등장했다. 일본은 전통적으로 무(武)를 숭상하였고, 오랜 기간 무인들이 세력다툼을 벌이며 정치를 장악해왔다. 반면에 삼국 시대 이후 우리 민족의 국가에서는 문신을 우대하고 무인을 낮잡아 보는 분위기가 강했다.

한 차별에 항거하기 위해서였다. 그랬다. 차별은 늘 저항을 부르기 마련이다.

김훈-최질의 난

전쟁터라면 문신보다는 무신에게 지휘봉을 주는 게 옳지 않겠는가. 무신이 병법에 더 정통할 테니까 말이다. 하지만 고려에서는 그러지 않았다. 고려 전기에 거란이 세 차례 침략했는데, 무신에게는 일선 지휘관 자격만 주고 총사령관은 문신이 맡았다. 무신을 뽑는 과거 시험조차 치르지 않던 고려였다. 무신의 불만이 높을 수밖에!

과거의 모든 일은 오늘을 만든 퍼즐 조각이다

강조의 정변(고려의 관료였던 강조가 목종을 폐위하고 현종을 옹립한 사건, 이 책의 93~94페이지 참고)을 빌미로 거란이 1010년(현종 1년) 2차로 고려를 침략했다. 강조가 맞섰지만 패했고, 거란은 고려 수도 개경을 함락했다. 현종은 나주까지 피난을 떠나야 했다. 고려가 거란 조정을 찾아 문안 인사를 올리겠다는 '입조' 약속을 하고 나서야 거란이 철수했다. 철수하는 거란 군대를 뒤늦게 격파했지만 상처뿐인 승리였다.

거란 군대가 휩쓸고 간 고려는 황폐하게 변하고 말았다. 비옥했던 농지는 잡풀이 우거진 황무지가 되었다. 수확량이 떨어져 백성이 세금을 제대로 내질 못했으니 국가 재정도 덩달아 엉망이 되어버렸다. 관료들에게 줄 녹봉조차 마련하기 힘들 정도였다.

1014년(현종 5년) 문신 황보유의와 장연우가 대책을 내놓았다. "경군에게 준 영업전을 회수해서, 거기에서 얻는 수확물로 관료들의 녹봉을 충당하게 하자." 경군은 수도 지역을 경비하는 군인들이었고, 영업전은 무인들에게 지급하는 토지였다. 쉽게 말해 무신들의 토지를 빼앗아 문신들의 배를 불리겠다는 심산인 거다.

무신들은 "지금까지 나라를 위해 목숨 걸고 싸웠는데, 이게 보상이냐!"며 울분을 터뜨렸다. 이런 무신들 중에 김훈이란 인물이 있었다. 김훈은 전쟁에서 여러 차례 공을 세워 고려 무신 중 가장 높은 관직인 정3품 상장군까지 오른 장수였다. 그가 변방에 가 있는 상장군 최질과 손을 잡고 거사를 일으켰다.

무신들의 군대가 개경으로 진격했다. 무신들은 영업전을 회수하자고 제안했던 황보유의와 장연우를 붙잡아 유배를 보냈다. 이로부터 160여 년 후의 무신 정변 때는 모든 문신을 때려죽였는데, 이때의 두 사람은 목숨을 건졌으니 감사해야 할 판국이다.

겁에 질린 현종은 김훈과 최질의 요구를 모두 수용했다. 원래 국왕이 조회를 할 때도 무신들은 차별 대우를 받았다. 김훈은 조회에 참석하는 무신들이 문신 지위를 겸하게 해줄 것을 청했다. 어찌 거절하랴. 왕은 "그러라." 했다.

문신들은 숨을 죽이면서도 반격을 준비했다. 서경 유수 왕가도가 작전을 세웠다. 서경의 궁궐에 무신 지도자들을 초대해 연회를 연 뒤 취한 틈을 타 제거하려는 계획이었다. 준비는 착착 진행되었고, 1015년 예정대로 연회가 열렸다. 거사에 성공했다는 도취감 때문이었을까, 김훈과 최질 등 무신들은 몸을 가누지 못할 정도로 취했다. 이런 무신들을 없애는 것은 식은 죽 먹기였다. 문신들은 20여 명의 무신 지도자를 죽였고, 이로써 무신 반란은 6개월 만에 끝나고 말았다. 이 사건을 보통은 '김훈-최질의 난'이라고 한다.

무신 정변의 원인과 결과

이 반란은 문신들에 대한 엄중한 경고였다. 유독 고려 시대에는 전쟁이 많았고, 무신들은 그 전쟁을 겪으며 힘을 키웠다. 그런 무신들이 응집해 분노를 폭발시킨다면 국가 전복 사태로 이어질 수 있는 상황이었다. 그런데도 문신들은 사태의 심각성을 깨닫지 못하고 무신을 멸시하고 조롱했다. 호미로 막을 것을 가래로도 못 막는 상황을 문신들 스스로 만들어가고 있었던 것이다. 문신들은 어리석었다.

시간이 흘러 1144년(인종 22년)이 되었다. 섣달그믐에 귀신을 쫓는 굿판이 열린다니 왕이 구경 삼아 나섰다. 왕의 호위 무사인 정중부가 밀착 경호를 했다. 그 자리에는 『삼국사기』의 저자이자 문벌 귀족인 김부식의 아들 김돈중도 있었다. 갑자기 김돈중이 정중부의 수염이 멋있다며 희롱하더니 촛불로 태워버렸다. 화가 난 정중부가 흠씬 패주었다.

이럴 때 올바른 아버지라면 망나니처럼 행동한 자식을 혼내야 한다. 정중부에게 사과를 하도록 가르쳐야 한다. 김부식은 그러지 않았다. 오히려 "미천한 무신 따위가 감히……".라며 당장 벌을 내려달라고 왕에게 청했다. 후안무치다. 다행히 정중부는 왕의 배려로 처벌을 받지 않았다. 그러나 문신에 대한 적개심은 더욱 커졌다.

다시 26년이 흘러 1170년. 의종이 보현원으로 나들이를 가던 중 쉼터에서 무신들의 수박희 대결이 펼쳐졌다. 수박희는 무신들이 체력 단련을 위해 평소에 하는 운동이다. 문신과 왕의 눈을 즐겁게 하기 위해 무신들이 난데없는 공연을 해야 했던 것이다. 나이 쉰을 넘긴 종3품 무신 이소응이 젊은 무신과 대결을 벌였는데, 체력이 달려 곧 기권을 선언했다. 그러자 종5품에 불과한 젊은 문신 한뢰가 다짜고짜 이소응의 뺨을 후려쳤다. "고작 그것밖에 못해?" 문신들이 재미있다고 낄낄 댔다. 이 자리에 상장군 정중부가 있었다. 과거 왕의 호위 무사였을 때 당했던 경험이 떠올랐으리라. 정중부는 한뢰를 향해 소리쳤다. "네이놈 한뢰야!" 분위기가 급랭했다. 왕이 정중부를 불러 술을 따르며 위로했지만 무신의 마음은 이미 돌아섰다.

그날 밤, 무신들은 정변을 일으켰다. 나들이에 동행했던 모든 문신들이 철퇴에 죽어나갔다. 26년 전 정중부의 수염을 태웠던 김돈중도 이날 목숨을 잃었다. 비루한 왕도 얼마 후 암살되었다. 이렇게 해서 고

별의별 것들의 유래

문신이 무신보다 반드시 정치를 잘한다는 보장은 없다. 무신이라고 해서 정치적 역량이 부족할 것이라는 생각은 편견일 수 있다. 하지만 어떤 경우라도 무력과 폭력으로 일어난 정권은 결국 백성의 고통을 동반할 수밖에 없을 것이다.

려의 무신 정권 시대가 열렸다.

무신 정권이 통치를 잘했느냐 하면 전혀 그렇지 않았다. 무신들에게 백성은 안중에 없었다. 자기들끼리 권력 다툼에 몰두했다. 착취는 문신들보다 더하면 더했지 결코 덜하지는 않았다. 무신 정권 시대에 우리 역사는 후퇴했다! 하지만 이게 무신들만의 잘못이었겠는가. 애초에 차별을 당연하게 여긴 문신들의 잘못이 더 크다. 그들 모두가 역사의 죄인이다. 역사가 퇴보한다면 분명히 그 이유가 있다. 이럴 때 우린 자업자득이란 표현을 쓴다.

팔만대장경의 여정

수백 년을 버틴 팔만대장경의 생존기

🍥 고려가 대장경을 두 번이나 만든 까닭은 무엇인가?
🍥 위대한 문화유산 팔만대장경은 왜 조선 시대에 홀대를 당했는가?

2016년 5월 동국대학교에서 특별한 전시회가 열렸다. 팔만대장경으로 찍어낸 가장 오래된 판본인 『대반야바라밀다경』을 일반에 공개하는 행사였다. 우리가 소장하고 있으면 언제든지 볼 수 있겠지만 안타깝게도 이 판본은 일본 오타니 대학의 것이다. 우리의 많은 문화재들이 그렇듯 이 판본 또한 고국을 떠나 타국에서 타향살이를 하고 있다.

이 판본의 원판인 팔만대장경은 국보 32호로 지정된 문화재다. 2007년에는 유네스코 세계 기록 유산으로도 지정되었다. 대한민국을 떠나 세계적으로 가치를 인정받았다는 뜻이다. 하지만 오늘날에 이르기까지 팔만대장경은 수많은 역경을 겪었다. 사람으로 치면 죽을 고비를 무수히 넘겨야 했다. 롤러코스터의 삶이었다고나 할까.

대장경이란 무엇인가?

대장경은 경(經), 율(律), 논(論)의 삼장(三藏)을 말한다. 한자어로 되어 있어 어려워 보이지만 쉽게 말해 불경의 총서다. 팔만대장경은 불경의 법문을 담은 목판이 8만 1,352개라서 붙여진 이름이다. 이 밖에도 팔만대장경을 부르는 이름이 많다. 사실 정식 명칭은 '합천 해인사 대장경판'이다. 대장경이 합천 해인사에 보관되어 있기 때문이다. 팔만대장경은 고려대장경이라고도 부르는데, 고려 시대에 몽골이 우리를 침략했던 1236년부터 16년 동안 제작되었기 때문이다.

팔만대장경을 부르는 이름이 또 있는데, 재조대장경이다. 이 말은 '다시 만든 대장경'이란 뜻이다. 그렇다면 그 전에도 대장경이 있었다는 말인가? 실제로 그랬다. 원래 있었던 대장경은 '처음 만들었다'는 뜻을 담아 초조대장경이라 불렸다. 초조대장경은 6,000권의 불경 내용을 수록했는데, 몽골군의 침략 때 다 타버렸다. 초조대장경으로 찍은 유일한 판본은 현재 일본의 한 사찰에 보관되어 있다.

초조대장경은 거란 침략, 팔만대장경은 몽골 침략 때 만들었다. 왜 대장경을 만들었는지 추측할 수 있는 대목이다. 그랬다. 국가적 위기를 불력(佛力)으로 극복하겠다는 의지를 대장경에 담았다. 물론 이를 달리 해석하는 학자들도 있다. 몽골 침략 당시 집권 세력인 최씨 무신 정권이 불교계를 회유하려고 팔만대장경을 만들었다는 것이다. 당시 불교 교종이 무신 정권을 지지하지 않았으니 사실일 가능성이 있다.

팔만대장경에는 민중의 혼이 고스란히 담겨 있다 해도 과언이 아니다. 총 5,200만여 개의 글자가 새겨져 있는데, 이 가운데 오자는 단 158자에 불과하다. 여러 명의 장인이 글자를 썼지만 한 사람이 쓴 것

팔만대장경을 보관하고 있는 해인사의 장경판전. 장경판전은 해인사에서 가장 오래된 건물로, 팔만대장경을 보존하기 위한 과학적 설계로 인해 국보 제52호로 지정되어 있다.

처럼 서체가 일정하다. 얼마나 이 작품에 공을 들였는지 짐작할 수 있다. 그러니 화려한 스포트라이트를 받는 것이 이상하지 않다.

하지만 고려 시대에만 그랬다. 귀중한 문화유산이지만 이후로는 그에 걸맞은 대우를 받지 못했다. 조선은 '숭유억불'을 국정 이념으로 삼았다. 유교를 숭상하고 불교는 억압한다는 뜻이다. 팔만대장경은 천덕꾸러기가 되었다. 조선 태조는 1398년 팔만대장경을 지금의 합천 해인사로 옮기도록 했다.

숭유억불과 팔만대장경의 험난한 여정

이제 가장 오래된 팔만대장경 판본이 일본으로 반출된 이유를 따

137

져보자. 이미 말한 대로 현재 남아 있는 유일한 초조대장경 판본은 일본에 있다. 도대체 왜 이렇게 된 것일까? 일제 강점기 때 빼앗아간 것일까? 아니다. 자발적으로 내어준 것이다. 한숨이 나온다.

조선과 달리 일본은 1,000년 넘게 불교를 숭상했다. 그러니 대장경은 그들에게 하늘 아래 둘도 없는 보물과도 같았다. 일본은 조선이 숭유억불 정책을 펴는 것을 파악하고는 대장경을 달라고 집요하게 요구했다.

1395년 일본이 조선인 포로를 풀어주었다. 공짜는 없었다. 그 대가로 태조는 대장경 판본을 하사했다. 그토록 대장경을 원했던 일본이니 감동을 받았을 터. 일본은 그 후로도 잇달아 조선인 포로를 보내주었다. 물론 대가를 요구했다. 예전보다 더 목소리를 높였다. "대장경 인쇄본이 아니라 대장경판을 주세요!"

태조는 그래도 대장경 원본, 즉 대장경판을 넘겨주지는 않았다. 하지만 태종은 달랐다. 대장경을 주어버리자 했다. 이유는? 일본이 부탁해 올 때마다 인쇄본을 넘겨주는 일이 번거롭기 때문이다. 대신들이 뜯어말린 덕분에 대장경판을 지킬 수 있었다.

태종은 대신 경기 여흥(여주) 신륵사에 보관 중인 인쇄본 전부를 일본에 주라 했다. 1414년(태종 14년) 12월, 이렇게 해서 귀중한 우리 문화재가 일본으로 반출되었다. 이 인쇄본이 몇 년 전 국내에서 전시되었던 바로 그 대장경 판본이다. 가장 오래된 이 판본은 고려가 멸망하기 전인 1381년, 공민왕의 명복을 빌기 위해 제작된 것이었다.

일본은 집요했다. 인쇄본을 여러 차례 선물 받았음에도 성에 차지 않았다. 세종이 등극한 후에도 대장경판을 달라고 졸라댔다. 결국 세종이 두 손을 들었다. 1423년 12월, 세종은 대장경판을 줘버리라 했다. 이번에도 신하들이 말리면서 이구동성으로 말했다. "대장경판이 아낄 물건은 아니지만, 일본이 달라는 대로 주었다가는 나중에 더 많은 것을 요구할까 두렵습니다."

이유가 마뜩찮다. 아무리 숭유억불이라지만 심하지 않은가. 민중의 고귀한 땀이 밴 위대한 문화재를 '아낄 물건'이 아니라니! 대신들의 생각은 괘씸하지만 그래도 대장경판은 보존할 수 있었으니 다행이라 해야 할까.

사실 세종이 깡그리 대장경판을 무시한 것은 아니다. 류큐(오키나와)가 대장경판을 약탈하려 하자 대장경판을 한성으로 옮기는 방안을 검토하기도 했다. 예산이 없어 실행하지는 못했지만 말이다.

그 후로도 조선은 꾸준히 일본에 대장경 인쇄본을 공급했다. 덕분에 일본에는 수많은 대장경이 쌓여갔다. 반면 조선의 대장경은 점점 줄어갔다. 게다가 많은 전쟁을 치르면서 몇 개 남지 않은 판본마저 소실되었다. 그 결과는 민망할 정도다. 현재 국내에 있는 대장경 중에 가장 오래된 것은 1865년에 제작된 것이다. 강원도 월정사에 보관 중인데, 일본이 갖고 있는 것보다 500여 년이나 후에 만들어졌다.

불경에 대한 일본의 욕심은 집요했다. 일제 강점기 때도 대장경판을 약탈하기 위해 해인사를 급습했는데, 승려들이 목숨을 걸고 막아냈다. 한국 전쟁 때는 인민군이 해인사 일대로 숨어들자 미군 사령부가 폭격을 명했다. 이 명령에 따르지 않은 조종사 김영환 대령은 나중에 군사 재판에서 처형되기 직전에 목숨을 건졌다. 만약 그때 김 대령이 명령에 따랐더라면? 오늘날 우리는 팔만대장경을 보지 못했을 것이다.

2011년은 대장경을 만든 지 1,000년이 되던 해였다. 떠들썩한 행사가 열렸지만 사실 더 중요한 것이 있다. 앞으로 1,000년을 더 유지하는 것! 해외로 반출된 중요 문화재들을 하루빨리 고국으로 가지고 와야 한다. 그래야 진정한 문화 강국이 되지 않겠는가.

신라 골품제와
우리나라 최초의 여왕 이야기

신라 성골은 왜 진골에게 왕위를 넘겨야 했을까?

- 🌐 신라의 골품제와 인도의 카스트 제도를 왜 만들었는가?
- 🌐 성골, 진골, 6~1두품을 분류하는 기준은 무엇인가?
- 🌐 성골 계급이 사라진 이유는 무엇인가?

5~6세기 유럽의 중세 시대를 연 나라는 프랑크 왕국의 메로빙거 왕조다. 이 왕조의 혈통은 게르만족 중에서도 프랑크족, 그중에서도 살리족이었다. 이 왕조의 시조인 클로비스는 말년에 게르만족의 관습법을 모아 법전을 만들었다. 이것이 살리카 법이다.

이후 게르만족이 세운 국가들은 대부분 이 살리카 법을 준수했다. 살리카 법에 여자는 왕위를 계승할 수 없다는 규정이 있다. 당장은 괜찮았지만 근대 이후 큰 문제가 되었다. 급기야 18세기 초반에는 이 규정 때문에 전쟁까지 일어났다. 오스트리아의 마리아 테레지아가 황제에 오르려 하자 프로이센의 프리드리히 2세가 살리카 법을 내세우며 반대했고, 결국 오스트리아 왕위 계승 전쟁이 터진 것이다.

별의별 것들의 유래

비슷한 역사가 7세기 초반 신라에서도 발생했다. 다만 신라에서는 오스트리아처럼 전쟁으로 번지진 않았다. 남자 대신들의 반대가 있었지만 여왕은 즉위했고, 우리 역사상 첫 여왕이 탄생했다. 바로 선덕 여왕이다. 선덕 여왕은 부모 모두가 왕족인 성골 혈통이었지만 그녀가 즉위함으로써 성골 혈통이 쇠락하는 길을 걷게 되었다. 선덕 여왕이 정치를 잘못해서 그런 게 아니다. 신라 신분제의 구조적 결함 때문이었다.

신라의 골품제와 인도의 카스트 제도

신라에서는 귀족이라 해서 다 같은 귀족이 아니었고, 왕족이라 해서 다 같은 왕족이 아니었다. 신라는 우리 역사상 가장 똑 부러지게 신분을 구분해놓은 나라였다. 왕족만 하더라도 성골과 진골, 두 종류로 구분했다. 신라에서만 볼 수 있는 이 독특한 신분제가 골품제다.

골품제는 골(성골과 진골)과 품(6두품~1두품)으로 구성되었다. 성골과 진골은 이미 말한 대로 왕족의 신분이었다. 부모 모두가 왕족이면 성골, 한쪽만 왕족이면 진골로 분류했다. 그러니 성골이야말로 왕족 중의 왕족이다. 6두품~4두품은 정부 관료가 될 수 있는 신분이다. 3두품~1두품은 평민에 가까웠다.

신라인들은 자신의 골품에 따라 평생을 살아야 했다. 관직을 얻을 때도 골품의 제약을 받았고, 승진할 때도 그랬다. 입는 옷이나 타는 수레와 같은 일상 용품 또한 신분에 따라 달랐다. 굳이 비교하자면, 인도의 카스트 제도와 비슷하다고나 할까. 카스트 제도에서는 죽기 전에 신분 상승이 불가능하다. 쌓인 업보가 해소된다는 전제하에 다음 생에서나 신분 상승이 이루어진다. 신라도 사실상 똑같았다.

골품제가 만들어진 과정 또한 카스트 제도가 만들어진 과정과 비슷하다. 카스트 제도는 아리아인들이 인도를 정복하는 과정에서 고안되었다. 아리아인들이 토착민과 자신들의 신분 격차를 두려고 도입한 게 카스트라는 계급이었다. 신라 또한 주변의 부족이나 작은 나라를 흡수하는 과정에서 신분제가 생겼다. 각국의 지배층에게는 6두품이나 진골 신분을, 그보다 작은 부족장은 6두품이나 5두품 혹은 4두품을 주었다.

법흥왕부터 진평왕까지의 계보

골품제를 완벽하게 정비한 인물은 6세기 초반의 법흥왕(23대)이었다. 그가 골품에 맞게 관등 체제를 확립한 이후로는 성골만 왕에 올랐다. 하지만 그것도 100여 년에 불과했다. 성골은 28대 진덕 여왕을 끝으로 자취를 감추었다. 그다음 왕, 그러니까 태종무열왕(김춘추) 때부터는 진골이 왕위를 독차지했다. 어쩌다 이렇게 된 걸까?

신라에서는 왕이 사망하면 자식뿐 아니라 형제와 조카도 유산을 받았다. 이들은 성골 신분도 세습했다. 이러니 자식이 없더라도 성골 혈통은 끊이지 않아야 정상이다. 다만 서자에게는 성골 혈통을 이을 자격을 주지 않았다. 모든 문제의 출발점이 이 대목이었다. 법흥왕은 서자 외에는 자식이 없었다.

결국 왕위는 법흥왕의 조카인 삼맥종이 계승했다. 이 인물이 바로 진흥왕이다. 진흥왕은 아들을 셋이나 두었으니 성골 혈통이 끊어질 걱정은 하지 않아도 되었다. 당연히 왕위는 장남인 동륜 태자가 이어

별의별 것들의 유래

받을 터. 하지만 동륜 태자는 사고로 죽는 바람에 왕이 되지 못했다. 이 사고에 대해서는 설이 많다. 동륜 태자가 아버지의 후궁과 몰래 만나다 개에 물려 죽었다는 이야기도 있다. 사실이라고 보기엔 좀……

태자가 죽었으니 동생 사륜이 왕위를 이었다. 이 왕이 진지왕이다. 진지왕은 불행한 왕이었다. 3년 만에 반란군에게 왕위를 넘겨주고 폐위되었다. 반란 세력은 그가 방탕하고 무능해서 끌어내렸다고 했다. 정말 그랬는지는 확실하지 않다. 성공한 반란은 으레 정당하게 포장되는 법이니까. 왕에서 끌어내려진 진지왕은 한 달 만에 사망했다.

진지왕에게는 용춘과 용수, 두 아들이 있었다. 두 아들은 서자가 아닌데도 왕위를 이을 수 없었다. 왜? 폐위된 왕의 혈통은 성골 자격이 박탈되기 때문이다. 당연히 용춘과 용수는 탈락. 왕위는 진지왕의 조카에게 넘어갔다. 진지왕의 형, 그러니까 동륜 태자의 아들 백정이 왕위를 거머쥐었다. 그가 바로 진평왕이다.

성골의 씨가 마른 이유

진평왕은 50년 넘게 신라를 통치했지만 아들을 낳지 못했다. 마야 부인 김씨와의 사이에 딸만 여럿 낳았을 뿐이다. 딸에게 왕위를 넘겨주면 될 것 같지만 왕족과 귀족들의 반발이 컸다. 살리카 법의 신라 버전이라고 해도 크게 틀리진 않을 듯싶다. 결국 조카에게 왕위를 넘겨줄 수밖에 없는 상황. 하지만 남자 조카가 없으니 그럴 수도 없었다. 다시 원점이다. 진평왕은 덕만 공주에게 왕위를 물려주기로 하고는 신하들의 반대에도 불구하고 강행했다. 이 덕만 공주가 바로 선덕 여왕이다.

동아시아에서 가장 오래된 천문대인 첨성대. 선덕 여왕이 건립했다.

별의별 것들의 유래

선덕 여왕이 왕이 되었다 해도 새로이 성골 농사를 지을 수는 없었다. 문제의 두 번째 지점이다. 신라에서 자식들은 아버지 혈통을 따랐다. 그러니 어머니가 성골이라 해도 아버지가 진골이면 그 자식은 진골이 되었다. 이 무렵 공주는 넘치고 왕자는 없는데도 아버지 혈통만 따르라 했다. 성골의 씨가 마를 수밖에 없는 이유다.

선덕 여왕이 혹시 왕자를 낳았다면 이후의 역사가 어찌 돌아갔을지 알 수 없다. 하지만 선덕 여왕은 자식을 낳지 못했고, 왕위는 사촌 동생인 승만 공주에게로 넘어갔다. 이 왕이 진덕 여왕이다. 이제 성골 왕족은 씨가 말랐으니 진골 세상이 되었다.

결국 성골이 사라진 이유는 차별 때문이었다. 신분 차별이나 남녀 차별이 없었다면 성골 혈통이 쭉 이어졌을지도 모른다. 뭐, 그렇다고 해서 골품제가 신라의 경쟁력이었다는 이야기를 하는 건 아니다. 신분제는 전근대적인 유물일 뿐이다.

교과서에는 선덕 여왕이 출중했기에 한국사 최초의 여왕이 될 수 있었다는 식으로 기록되어 있다. 업적을 놓고 보면 틀린 말은 아니지만 본질적인 설명은 빠진 느낌이다. 남자 형제가 있었다면 선덕 여왕이 왕에 오를 확률은 제로에 가까웠다. 그게 사실에 더 가깝다. 생각해보니 차별의 역사는 정말 길고도 깊다.

왜 우리는 그토록 중국을 섬겼을까?

조공과 책봉을 둘러싼 논란

- 🌀 조공과 책봉의 내용에 대해서 알아보자.
- 🌀 중국에 파견한 조선 사신의 종류로는 어떤 것이 있는가?
- 🌀 실리 외교의 관점에서 조공과 책봉을 생각해보자.

1793년 영국의 사절단이 청국 황실을 찾았다. 청 건륭제의 80회 생일을 축하하기 위해서라지만 사절단의 진짜 목적은 따로 있었다. 건륭제의 환심을 사서 중국과의 교역을 더 늘리려는 것! 협상에 들어가기 전에 기 싸움부터 해야 했다.

청의 관료는 황제를 뵈려면 '삼궤구고두례(三跪九叩頭禮)'를 행하라 했다. 주변 국가들이 청 황제에게 행하는 예법이기 때문에 영국도 따라야 한다는 논리였다. 삼궤구고두례는 이마가 땅에 닿도록 절을 하는 인사법을 말한다. 청은 다른 아시아 국가들을 대한 방식대로 영국을 대했겠지만 영국 사절은 어이가 없었다. 사절단은 영국 왕실에 대한 모독이라며 예법을 행하지 않았다. 결국 협상은 시작도 하기 전에

별의별 것들의 유래

결렬되었다.

그 후 몇 차례 더 협상을 했지만 매번 결렬되었다. 아편을 둘러싸고 두 나라의 갈등이 커졌고, 급기야 아편 전쟁으로 이어졌다. 이 전쟁에서 중국이 참패했다. 조공 외교를 요구하던 중국으로선 단단히 체면을 구겼다.

사실 중국은 조금 억울할 수도 있다. 중국의 관점에서 조공 외교는 아주 오래된 관행이며, 지극히 정상적인 외교였다. 당시 조선, 일본, 베트남 등 주변 국가들이 모두 조공 외교를 행했다. 우리를 포함해 이들 나라는 왜 중국에 조공을 바쳤을까? 자존심이 상한다고? 현상만 보지 말고 본질을 보자.

조공과 책봉

조공과 책봉의 기원은 고대 중국 주 왕조 때 시작되었다. 주변 제후국들이 주의 천자를 정기적으로 방문해 선물을 바치면서 충성을 맹세했다. 답례로 천자는 제후의 지위를 인정하고 선물을 하사했다. 일방적으로 선물을 갖다 바치는 의식이 아닌 것이다.

이후 조공과 책봉은 근대 이전까지 동아시아 지역의 외교 관행으로 자리 잡았다. 유럽은 그렇지 않는데 왜 동아시아에서만 그랬을까? 유럽에서는 권력의 중심이 그리스에서 로마, 로마에서 서유럽으로 계속 바뀐 반면 동아시아에서는 수천 년 동안 중국이 권력의 중심을 유지했기 때문이다. 일인자가 바뀌지 않으니 주변 국가들은 중국에 조공하고 책봉을 받는 대신 자치권과 실리를 얻는 쪽으로 전략을 잡은 것이다.

그러니 조공하고 책봉을 받았다 해서 중국에 복속한 것은 아니다. 영토, 인구, 경제력, 군사력에서 초대형 제국인 중국과 적이 되는 것은 큰 모험이다. 차라리 대국 지위를 인정해주고 실리를 챙기는 게 나을 수도 있다. 일종의 국가 리스크 관리다. 사실 조공에 따른 손실이 작진 않았지만 경제적 이득도 컸다. 사신들이 조공을 하면 중국 황제는 체면치레를 위해서라도 더 값비싼 선물을 하사했다. 무역에 빗대 말하자면, 조선은 흑자를 거둔 반면 중국은 만성 적자에 시달렸다는 뜻이다.

조공과 책봉을 위해 조선 태조는 연평균 8회, 태종은 7.6회, 세종은 6.1회 사신을 보냈다. 조선 전체적으로 보면 매년 3~4회 사신이 중국을 다녀왔다. 사신을 보내는 일은 예산과 행정력이 대거 투입되는, 조선 정부의 국가적 중대사 중 하나였다.

조선이 중국에 파견한 사신의 종류

조선 전기에 명에 보낸 사신을 '조천사(朝天使)'라 했다. 명이 하늘이고 조선이 신하임을 분명히 드러낸 이름이다. 나중에 청에 보낸 사신이름은 달랐다. 병자호란 이후 조선이 청에 항복하긴 했지만 마음속으로는 오랑캐라 무시했기에 이 사신은 레벨을 낮추어 '연행사(燕行使)'라고만 했다. 청의 수도인 연경(베이징)에 가는 사신이란 뜻이다.

정기 사신 종류가 참으로 다양하다. 새해 인사를 드리는 정조사, 황제와 황후 생일을 축하하는 성절사, 황태자의 생일을 축하하는 천추사, 동지를 전후해 인사를 하는 동지사……. 임시 사신도 있다. 중국 황제가 바뀌면 등극을 축하하기 위해 진하사를 보냈다. 중국 황실에 부고가 발생하면 진위사와 진향사를 보냈다. 중국 황제에게 감사할 일이 생겼다면 사은사를, 부탁할 일이 생기면 주청사를 보냈다. 이쪽 소식도 알려야 한다. 조선 왕이 등극하면 허가를 받으려고 책봉사를 보냈다. 조선 왕이나 왕비가 서거했음을 알리는 사신은 고부사라 했다. 조선이 특별한 공물을 바칠 때는 진헌사가 갔다.

사신단의 총책임자는 정사, 부책임자는 부사라 했다. 통역과 행원을 합치면 30~40명, 몸종에 상인까지 합치면 200~300명 규모였다. 베이징까지 40~50일이 걸렸고, 현지에서 수십 일을 머물렀다. 그러니 왕복 5개월 안팎에 이르는 대장정이었다.

사신은 오늘날로 치면 대한민국을 대표하는 외교관이었다. 하지만 당시의 사신은 중국에 가면 을(乙) 신분으로 전락했다. 반면 중국에서 조선으로 파견된 사신은 슈퍼 갑(甲)이었다. 중국 사신은 황제의 서신, 즉 칙서를 가지고 왔다는 사실만으로도 황제 대접을 받았다. '칙사 대접'이란 말이 생겨난 까닭이다.

중국에서 칙사가 출발하면 조선은 사신 맞을 준비를 시작한다. 임시 기구인 영접도감을 설치하고, 사신을 맞이하기 위해 원접사를 의주로 파견한다. 허 참, 새로운 사신이 또 추가되었다. 중국 사신은 원접사가 의주에 도착하면 함께 한양으로 출발한다. 한양에 입성하면 조선 왕이 영은문에 나가 칙사를 맞는다. 경복궁으로 자리를 옮겨 칙서를 받는 예를 행한다. 그다음엔 태평관에서 연회를 연다. 태평관은 나중에 모화관으로 이름을 바꾸었는데, '중화를 사모하는 집'이란 뜻이다. 정말 지극정성이다.

영은문에서 중국의 사신을 영접하는 조선 국왕을 묘사한 그림

조공과 책봉은 실리 외교의 한 방편

중국 사신 대부분은 고려나 조선의 환관 출신이었다. 이미 조국을 등진 그들이기에 조선 조정을 배려하는 마음 같은 게 남아 있을 리 없었다. 그들은 불한당처럼 거만하게 굴었고, 더 많은 뇌물을 달라 요구했다. 조선에 남아 있는 친지들에게 벼슬을 내리라는 황당한 요구를 한 이가 있는가 하면 수백 개의 선물 상자를 준비하라고 요구한 이도 있었다. 또한 실제로 이런 요구 중의 상당수가 어느 정도는 수용되었다.

아무리 동아시아의 외교 관행이라지만 이렇게까지 하면서 고개를

별의별 것들의 유래

숙여야 했을까? 본질이야 어떻든 간에 형식만 보면 사실상 중국에 굴복한 것 아니냐고 반문할 독자들도 있을 것 같다. 감정을 앞세워서는 안 된다. 이런 식의 반응은 옳지 않다.

서양에서도 조공 책봉을 동아시아의 오랜 외교 질서라고 인정하고 있다. 근대 이전까지 동아시아 공동체의 중심은 중국이었다. 여러 나라는 중국과 조공·책봉의 관계를 맺음으로써 동아시아 공동체의 일원임을 확인했다. 이 상황에서 조공과 책봉을 거부한다면? 공동체로부터 자발적으로 이탈하는 셈이다. 모든 나라와 적대적 관계를 각오해야 한다.

또 하나. 중국 송 왕조 시절에는 고려의 조공을 은근히 부담스러워했다. 고려가 3회 조공을 하겠다고 하니 1회만 하라면서 말리기까지 했다. 당시 고려가 강했기 때문이다. 요즘의 대한민국을 돌아보자. 강대국들이 우리를 은근히 부담스러워할 정도로 외교를 잘하고 있는가? 외교 관행이란 것도, 우리 의지에 달려 있는 게 아닐까?

공녀에 관한 아픈 역사

인간 공물, 공녀에 관한 슬픈 기억

💮 고려와 조선은 왜 공녀를 보내야 했는가?
💮 결혼도감과 진헌색이라는 기관의 역할은 무엇인가?

정치인은 주목받고 싶어 한다. 그래서일까? 때로는 상식을 한참 벗어난 발언으로 물의를 일으키기도 한다. 저 사람이 정상적인 인간이 맞나 싶을 정도로 황당하다. 2017년 여름에도 그런 적이 있었다. 한 지방 의회 의원이 SNS에 이런 내용의 글을 올렸다.

'공녀와 위안부는 한국 여성의 세계화에 지대한 공헌을 했다. 으레 전쟁에서는 여성들을 상대로 한 대량의 성폭행이 있었다. 소련군이 베를린에 진주했을 때도 많은 독일 여성이 비극을 당했다. 우리 여성들만 상처를 받은 게 아니다.'

우리의 아픈 역사를 두고 '세계화'라니! 이 의원에 대한 국민의 비난이 폭주했다. 이 의원은 부랴부랴 글을 내렸지만 분노한 민심은 좀

처럼 가라앉지 않았다. 결국 이 의원은 얼마 후 소속 정당에서 제명 처분을 받았다.

일본군 위안부에 대해서는 많이들 알고 있을 테니 공녀의 이야기를 해볼까 한다. 정말로 공녀가 고려와 조선을 세계에 알리는 역할을 했을까? 아니다. 공녀는 '인간 공물'이었다. 어느 부모가 딸을 타국에 보내길 원하며, 어느 여성이 다른 나라 황실에서 잡일이나 하다 생을 마감하고 싶겠는가. 약소국의 딸로 태어난 죄였다.

공녀를 보낸 까닭

중국에 처음으로 공녀를 보낸 해는 1274년(원종 15년)으로, 원의 간섭을 받던 고려 말이었다. 원은 귀순한 남송 병사와 결혼시키겠다며 고려에 140명의 처녀를 요구했다. 어찌 거절하겠는가. 고려는 곧바로 결혼도감을 설치하고 공녀를 모집했다. 이후 고려는 결혼도감이 폐지되는 1355년(공민왕 4년)까지 40회 이상 공녀를 보냈다. 약 170명을 공녀로 보냈다는 기록이 있지만 실제로는 훨씬 더 많았을 것으로 추정된다. 공녀에 차출되지 않으려고 일찍 결혼하는 여성이 늘었다. 조혼 풍습이 생긴 배경이다.

중국 한의 황제였던 원제의 후궁이자 중국 역사의 4대 미녀 중 한 사람으로 꼽히는 왕소군. 그녀도 흉노족에 공녀로 보내졌다. 공녀는 적대적인 관계에 놓인 두 세력이 서로 화친을 맺는 수단이 되기도 했다.

원이 몰락하고 명이 들어섰다. 한반도에서는 고려가 망하고 조선이 건국되었다. 명도 원이 그랬던 것처럼 조선에 공녀를 요구했다. 15세기 초반, 태종과 세종이 통치하던 20년 사이에 114명의 공녀를 보냈다. 훗날 인조와 효종 때 32명의 공녀를 보냈다. 공식적으로 집계된 수치만 146명이었는데, 이 중 절반 이상인 74명을 세종 때 보냈다. 애민 군주라는 세종도 명의 요구를 거절할 수는 없었나 보다.

공녀를 선발하는 과정

1408년(태종 8년) 4월부터 11월까지의 실록에는 공녀 모집에서 송출에 이르는 전 과정이 자세히 수록되어 있다. 읽다 보면 얼굴이 뜨거워진다. 그 이야기를 재구성한다.

4월 16일, 명 사신 황엄이 한양에 당도했다. 황엄은 경복궁에서 칙서를 읽어 내려갔다. "황제가 말 3,000필을 조선 국왕에게 하사한다." 태종은 칙서에 절했다. 이어 황엄이 다른 황명을 전했다. "잘생긴 여자가 있으면 몇 명을 데리고 오라." 태종은 머리를 땅에 조아렸다. "마음을 다해 받들겠습니다."

태종은 그날로 공녀를 선발할 임시 기구인 진헌색을 설치했다. 노비가 없는 양반, 서인의 딸을 제외한 13~25세 양가 처녀의 결혼 금지령을 내렸다. 금지옥엽과 같은 딸을 이국땅에 공녀로 보내고 싶은 이가 얼마나 있겠는가. 고위 관료들까지 결혼 금지령을 어겼고, 몰래 자녀를 결혼시켰다 들통 나서 옥에 갇히는 이들까지 생겨났다.

5월부터 공녀 후보자 선발이 본격화했다. 태종은 왕비와 함께 직접 공녀 후보자를 선발했다. 7월 2일, 황엄이 경복궁에 모습을 드러냈다.

별의별 것들의 유래

황엄은 처녀들이 박색이라며 화를 냈다. 심지어 담당 내관을 꾸짖고, 곤장을 치려고 했다. 태종은 황엄을 간신히 달랜 뒤 공녀 후보자의 아비들을 귀양 보내거나 정직시켰다.

처음부터 다시 시작이다. 황엄의 독촉이 심해졌다. 태종은 머리카락을 자르거나 얼굴에 침이나 뜸을 뜨거나, 약을 붙이거나 그 밖의 방법으로 피하려 한다면 '왕의 명령을 따르지 않는 죄'를 적용해 엄벌에 처한다 했다. 가산을 몰수하라고까지 했다.

7월, 8월, 9월……. 처녀를 뽑았다가 미색이 부족하다 하여 돌려보내고, 다시 뽑았다가 돌려보내기를 반복했다. 300명의 공녀 후보자를 44명으로 압축했다. 이어 10월 11일, 5명을 최종 확정했다. 18세의 권씨, 17세의 임씨와 이씨, 16세의 여씨, 14세의 최씨였다. 태종은 이들에게 술과 과실을 주고 채색 비단으로 만든 중국 의복을 하사했다. 태종은 환궁한 뒤 대신들에게 이렇게 말했다. "임씨는 관음보살의 상과 같아 애교가 없다. 여씨는 입술이 넓고 이마는 좁다. 그게 무슨 인물이냐?"

인상이 찌푸려진다. 부모의 마음은 찢어지는데 국왕은 외모 평가라니……. 물론 공녀가 명 황제인 영락제의 마음에 들지 못하면 낭패일 수도 있다. 그러니 조바심이 났을 터. 하지만 씁쓸한 맛을 지울 수 없다. 태종은 다섯 처녀의 집에 혼수 비용이라며 쌀과 콩, 포를 보냈다. 인간 공물이 되는 대가는 쌀 30석, 콩 30석, 포 100필이었다.

11월 3일, 5명의 공녀는 궁궐에서 왕비에게 하직 인사를 올렸다. 11월 12일, 황엄이 공녀들을 데리고 귀국길에 올랐다. 실록에 따르면 현장은 이별하는 공녀와 그의 가족, 친척들의 울음소리로 지옥을 방불

명의 3대 황제인 영락제(왼쪽)와 5대 황제인 선덕제(오른쪽). 두 황제는 특히나 조선 여인을 좋아했다고 한다.

케 했다. 여종 16명, 환관으로 쓸 화자(고자) 12명도 함께 길을 떠났다. 조선의 첫 공녀 송출은 이렇게 끝이 났다.

왕이라고 해서 비극을 어찌 몰랐겠는가. 1521년 6월 2일 실록에 중종이 한탄하는 대목이 나온다. "여자 뽑는 일이 부득이하지만 어찌 원통한 일이 없겠는가? 혹시라도 구덩이에 몸을 던진다든가 목매 자살하는 폐가 있을까 염려스럽다."

공녀에 얽힌 비극

1653년 9월 5일자 실록을 보면, 공녀 문제가 살인 사건으로 비화하

157

기도 했다. 경상도에 사는 정황이란 사람의 딸이 공녀 후보자로 뽑혀 한양으로 이송되었다. 정황은 딸의 얼굴에 약을 칠한 뒤 "호송 업무를 담당한 최응벽이라는 향임(향청 직원)이 내 딸을 간통하고 얼굴을 상하게 했다."고 주장했다. 최응벽은 억울하게 죽음을 당했다. 그의 아들 최우는 원통했다. 최우는 정황을 살해하고는 곧바로 자수했다.

옥살이 3년이 지났을 무렵, 경상도 감사 조계현이 조정에 이 내용을 보고했다. 최우를 어찌할까, 갑론을박 끝에 "아버지가 억울한 죽음을 맞았으니 아들이 원수를 갚는 것이 예법에 어긋나지 않는다."라는 결론이 나왔다. 최우는 풀려났다.

슬픈 일화가 이처럼 많다. 사실 중국으로 간 공녀의 대부분은 황실에서 잔심부름을 하거나 왕족의 시중을 들었다. 그러나 일부 공녀는 고관대작의 성노리개로 전락하거나 노비로 팔렸다. 이런데도 세계화 소리가 나오는가!

아 참, 이것 하나는 명확히 하자. 사극에 공녀들이 오랏줄에 묶여 끌려가는 장면이 가끔 나온다. 사실이 아니다. 공녀는 죄인이 아니니 묶일 이유가 없었다. 하지만 마음은 그랬을 것 같다. 어쩌면 오랏줄보다 더 단단한 사슬에 매인 느낌이 아니었을까.

우리나라 최초의
서양 병원에 관한 진실

적통 논란과 제생의원 이야기

- 서울대 의대와 연세대 의대의 적통 논란을 알아보자.
- 우리나라 최초의 서양 병원은 어디인가?
- 일본의 근대 의료술과 조선 침탈 전략에는 어떤 관계가 있는가?

우리나라 최고의 의대를 꼽으라면? 약간의 편차가 있겠지만 서울 대학교와 연세 대학교 의대를 꼽는 이들이 많을 것이다. 사실 내로라하는 대학 병원 중에서도 두 대학 병원의 역사가 가장 길다. 정상을 다투는 만큼 두 대학 병원의 경쟁은 우리가 생각하는 이상으로 치열하다.

2010년 두 대학 병원은 "우리가 제중원의 맥을 이었다!"고 주장하며 갑자기 적통 논쟁에 돌입했다. 제중원은 1885년 서울에 세워진 병원으로, 국내 최초의 서양 병원으로 알려져 있다. 물론 계기가 있었다. 한때 제중원을 운영했던 미국인 선교사 올리브 에비슨이 바로 이 해에 탄생 150주년을 맞았던 것이다. 서울 대학교는 제중원 관련 서적을 출간했고, 연세 대학교는 제중원을 재조명하는 심포지엄을 가졌다.

별의별 것들의 유래

서울대 병원과 연세대 병원의 적통 논쟁

잠잠하더니 2015년에 논쟁이 되살아났다. 마크 리퍼트 주한 미국 대사가 피습당해 세브란스 병원에서 진료받은 일이 계기가 되었다. 세브란스 병원은 "제중원을 창립한 의사 호러스 앨런과, 세브란스 병원으로 이름을 바꾼 루이스 세브란스가 모두 리퍼트 대사와 동향인 오하이오 출신이다."라고 했다. 세브란스 병원이 제중원의 적통임을 강조한 것이다.

서울 대학교 병원이 발끈했다. 서울대 병원은 "앨런이 제중원을 설립한 게 아니라 정부가 설립했다."고 반박했다. 서울대 병원은 "제중원을 에비슨이 운영했다는 것도 사실과 다르다."고도 했다. 정부 관료가 제중원을 운영하다가 1894년 이후 에비슨에게 위탁한 것이지 전적으로 넘긴 게 아니라는 주장이다. 복잡하다. 도대체 어느 쪽이 진실을 말하고 있을까? 제중원의 탄생 과정을 알아두어야 할 듯하다.

1884년(고종 21년) 갑신정변으로 개화파가 권력을 쥐었다. 삼일천하

1928년의 세브란스 의학 전문학교

로 끝났으니 실패한 혁명이다. 이
때 명성 황후의 조카인 민영익
이 중상을 입었다. 민영익은 미
국 영사관에서 선교사이자 의사
인 앨런에게 치료를 받았다. 한
국 근현대 의료 역사에 앨런이
등장하게 된 계기다. 이때부터
앨런이 서양 병원 설립에 관여한
듯하다.

미국 영사관 앞에서 포즈를 취한 호러스 앨런(맨 왼쪽)

『고종실록』과 『승정원일기』 기
록을 보자. 여기에는 혜민서와 활인서가 폐지된 후 이를 대신할 의료
기관이 없다며 의정부가 병원 세우기를 권했고, 고종이 이를 승인한
것으로 되어 있다. 혜민서와 활인서는 조선 초기부터 서민들에게 의
료 서비스를 제공하던 기관이다. 제중원은 이런 논의 끝에 탄생했다.
설립 당시 명칭은 광혜원이었다.

사실 서울 대학교 병원과 세브란스 병원의 적통 논란이 무색하게
느껴질 때가 많다. 이 논란은 제중원이 국내 첫 서양 병원이라는 인식
때문에 벌어진 것이다. 하지만 이는 사실이 아니다. 제중원보다 먼저
국내에 세워진 근대식 서양 병원이 있었기 때문이다. 하물며 그보다
훨씬 전에 일본인 의사가 국내에서 서양 의료를 선보이기도 했다.

서울에 제중원이 설립되기 13년 전. 1872년(고종 9년) 일본인 의사
다카다 에이사쿠기가 부산항에 내렸다. 당시 부산에는 일본 공관과
일본인 거류지가 있었다. 초량이란 지역에 있었기에 이를 초량관이라

161

했다. 초량관은 일본이 조선에 진출하기 위한 전초 기지 역할을 했다. 그 안에 한국어 통역관을 양성하는 어학소까지 두었다.

다카다는 이 초량관에서 일본인 환자를 진료했다. 이미 메이지 유신을 통해 근대적 개혁을 추진하던 일본이었기에 서양 의학자가 드물지 않았다. 다카다 또한 서양 의학을 공부한 의사였다. 다카다의 의료 수준이나 장비가 아주 첨단이지는 않았겠지만 어쨌든 그는 한국에 최초로 서양 의학을 선보인 인물로 기록되었다.

우리나라 최초의 서양식 의료 기관

근대식 병원은 강화도 조약(1876년)이 체결된 후 설립되었다. 이 조약에 따라 부산이 개항되었고 일본인이 몰려들었다. 이들을 치료하기 위한 서양식 의원이 1877년(고종 14년) 2월 부산에 세워졌다. 일본 해군 군의관 야노 요시노리가 초대 원장을 맡았다. 이 병원이 제생의원이다. 한국인이 세운 게 아니라서 안타깝긴 하지만 제생의원은 국내에 세워진 최초의 근대식 병원이다. 오늘날 부산 대학교 병원이 제생의원의 후신이다. 그러니까 국내에서 가장 오래된 병원은 부산 대학교 병원이 된다.

제생의원은 원래 일본인 환자를 치료할 목적으로 세워졌다. 설립 목적에도 '조선에 살고 있는 일본인의 위생을 위하여'라고 밝히고 있다. 하지만 조선인 환자를 배제하지는 않았다. 기록에 따르면 일본인 환자에게는 약값으로 6전 이상을 받았지만 조선인 환자에게는 이보다 훨씬 낮은 3~20푼을 받았다. 뿐만 아니라 매달 15일에는 공짜로 종두를 시행하기도 했다. 종두는 천연두 예방 접종을 뜻한다. 우리나라에 종두법을 보급한 지석영이 기술을 익힌 곳이 바로 이곳 제생의원이었다.

조선인들은 낯선 서양식 병원과 치료법에 대해 두려움과 멸시의 복합적인 감정을 느꼈다. 처음에는 병원 문턱을 넘기가 힘들었다. 하지만 일본인들의 친절과 호의가 마음을 움직였다. 얼마 후 조선인들도 제생의원을 드나들기 시작했다. 병원 문을 연 첫해에만 2,500여 명의 조선인이 진료를 받았다. 일본인 환자가 3,800여 명이었으니 조선인들이 의외로 많이 제생의원을 찾았음을 알 수 있다.

일본 의사들이 조선인에게 우호적이었던 이유

일본 의료 기관이 조선인에게 우호적이었던 이유는 여러 가지가 있을 것이다. 그중에서 확실한 것이 있다. 조선인의 환심을 사기 위해서였다. 일본은 그 당시에 이미 한반도의 이권 몇 개 따는 수준을 넘어 한반도 전체를 노리고 있었다. 그러니 조선인들의 경계심을 없애야 한다. 어떻게? 베푸는 이미지를 연출하는 것이다. 실제로 제생의원은 나중에 일본 육군의 병참 기지로 바뀌었다. 어쨌거나 제중원은 한반도의 첫 서양 병원이라는 타이틀을 제생의원에 넘겨주었다. 그렇다고 해서 제중원이 2호도 아니었다.

강화도 조약에 따라 부산 외에 추가로 개항한 곳이 있다. 1880년에는 원산, 1883년에는 인천이 개방되었다. 두 도시에도 잇달아 근대식 서양 병원이 들어섰다.

1880년 5월 원산에 생생의원이 먼저 문을 열었고, 1883년 11월 인천 일본의원이 그 뒤를 이었다. 그러니 근대식 서양 병원 2호는 원산

연세 대학교에 복원되어 있는 제중원 건물

생생의원이다. 생생의원에도 개원 첫해에만 1,100여 명의 조선인 환자가 방문했다. 반면 일본인 환자는 300여 명이었다.

인천 일본의원이 문을 열기 얼마 전, 서울에 일본 공사관 의원(경성의원)이 생겨났다. 그렇다면 근대식 서양 병원 1호부터 4호까지 모두 일본인이 세운 것이 아닌가. 뭐, 그렇다고 해서 제중원을 낮잡아 보는 것은 아니다. 다만 국내 최고 대학 병원들이 적통 논란을 벌이는 일이 조금은 우스워진 게 아닌가 하는 생각이 든다.

서울 대학교와 연세 대학교의 적통 논쟁은 이쯤에서 끝내도 좋을 듯하다. 사실 어느 병원이 제중원의 적통인지를 따지는 환자는 별로 없다. 아픈 와중에 적통 따위를 일일이 따져보고 병원을 선택하지는 않는다. 우리는 의사의 의술과 환자를 위하는 마음만 본다.

추존 왕이란 무엇인가?

죽어서 왕이 된 다섯 명의 추존 왕

◑ 추존 왕이란 무엇인가?
◑ 국왕이 자신의 생부를 왕에 추존하는 이유를 알아보자.

왕 중의 왕을 '대왕'이라 한다. 영어로 옮기면 'the Great'다. 때로는 대제라고 번역하기도 한다. 중국에 사대했던 조선의 경우 대왕이나 대제가 나올 수 없었다. 그랬다가는 중국의 황제와 격이 비슷해지기 때문이다. 중국을 추종하지 않았던 고구려 때는 왕을 태왕이라 불렀다. 이 칭호는 대왕 혹은 대제의 지위와 가깝다.

'the Great'라는 칭호를 가장 먼저 쓴 인물은 기원전 6세기 페르시아의 키루스 2세라고 알려져 있다. 기원전 4세기에 페르시아를 정복한 그리스의 알렉산드로스 3세가 이 칭호를 이어 썼다. 그렇다면 우리 역사에서 'the Great'는 몇 명이나 될까?

명확한 기준은 없다. 우리가 'the Great'라 불러도 세계가 인정하지

별의별 것들의 유래

않을 수 있다. 그러니 전 세계 언어로 번역되는 위키피디아 백과사전을 참고해보자. 재미 삼아 'the Great'를 입력하면 결과가 나온다. 30여 개국의 왕 100여 명 리스트가 화면에 뜬다. 우리 조상은 몇 명이나 포함되었을까? 2명이다. 바로 광개토 대왕과 세종 대왕이다.

스물일곱 명의 국왕과 다섯 명의 추존 왕

가벼운 퀴즈로 시작하자. 조선 시대 국왕은 총 몇 명일까? 태조부터 마지막 임금인 순종까지 세어보면 조선을 통치한 왕은 모두 27명이다. 그렇다면 조선 왕은 총 27명일까? 아니다. 죽고 난 후에 왕에 오른 이들도 있다. 나라를 통치하지 않은 이런 왕이 5명이다. 이들을 포함하면 조선의 국왕은 총 32명이 된다.

여기 왕에 오른 인물이 있다. 천하의 일인자가 되었으니 자신을 낳아준 부모의 지위를 높이려 한다. 하지만 뜻대로 되지 않는다. 신하들은 낳아준 부모를 뇌리에서 지우라 한다. 그게 왕실의 법도라는 것이다. 이 문제로 왕은 신하들과 몇 년간이나 논쟁을 벌여야 했다. 16대 국왕인 인조의 이야기다. 이런 일이 벌어진 까닭이 뭘까?

14대 국왕 선조는 부인인 의인 왕후 박씨 사이에 왕자를 얻지 못했다. 반면 후궁들은 왕자를 잇달아 출산했다. 공빈 김씨는 임해군과 광해군을, 인빈 김씨는 신성군과 정원군을 비롯해 4명의 왕자를 낳았다. 하지만 이 왕자들은 적통이 아니다. 의인 왕후가 낳은 왕자만이 왕통을 이을 자격이 있다.

어느덧 선조 나이 마흔을 넘기고 있었다. 계속 기다릴 수 없다는 이야기가 흘러나왔다. 후궁의 왕자 중에서라도 세자를 책봉해야 한다는 여론이 강해졌다. 누가 세자가 되었을까? 고민할 여유가 없었다. 1592년 임진왜란이 터졌기 때문이다. 선조는 피란길에 올랐고, 만일을 대비해 조정을 둘로 쪼갰다. 이를 분조라 한다. 선조는 광해군을 세자로 책봉하고 제2의 조정을 맡겼다. 이로써 광해군은 후계자 지위를 얻었다.

전쟁이 끝났다. 1600년 의인 왕후가 끝내 적통을 출산하지 못하고 세상을 떠났다. 선조는 두 번째 부인을 맞아들였다. 바로 인목 왕후다. 인목 왕후는 의인 왕후와 달리 영창 대군을 곧바로 출산했다. 후계 구도에 큰 변화가 생겼다! 하지만 전세가 바뀌지는 않았다. 후계 논란이 커질 무렵 선조가 세상을 떠났기 때문이다.

결국 광해군이 왕이 되었다. 서인들은 광해군을 무척이나 싫어했다. 물론 광해군의 폭정이 적을 만든 측면이 있다. 어린 영창 대군을 죽였고, 인목 대비를 폐비시킨 뒤 궁에 가두었으니까 말이다. 1623년 서인들이 반란을 일으켰다. 반란에 성공하자 능양군을 왕으로 추대했다. 이 사건이 인조반정이고, 왕에 오른 능양군이 인조다.

부왕이 없는 인조가 생부를 왕으로 만들다

족보를 따져보면 인조는 선조의 손자였다. 인조의 아버지가 선조와 인빈 김씨 사이에 태어난 정원군이었던 것이다. 만약 정상적 절차를 따랐다면 인조는 큰아버지뻘인 광해군의 양자로 들어가 제왕 수업을 한 뒤 왕에 올랐을 것이다. 하지만 그런 일은 일어나지 않았고 광해군은 폐위되었다. 결국 인조는 아버지 왕이 없는 왕이 되었다.

생부를 왕의 지위로 격상시키면 되는 것 아닐까? 이를 추숭(追崇)

혹은 추존(追尊)이라 하는데, 인조도 이 절차를 밟으려 했다. 하지만 반정 공신을 제외한 대부분의 대신들이 이를 반대했다. 그들은 이렇게 말했다. "사가의 인연을 왕실로 연결시켜서는 안 됩니다."

1626년 인조의 생모가 사망했다. 인조는 국모의 대우로 장례식을 치르라 명했다. 대신들이 반발했다. 3년 후에는 논쟁이 더 격해졌다. 성균관과 유림까지 가세해 "왕도 예법을 따르라."고 맞섰다. 인조는 반대하는 대신들을 시정잡배라 매도했다. 성균관과 유림에게는 괴물이라 비난했다. 이렇게 3년을 더 끈 끝에 1632년 인조는 생부 정원군을 원종 대왕, 생모 계운궁 구씨를 인헌 왕후로 추존했다. 인조는 흡족했으리라. 무엇보다 혈통 문제를 깔끔히 정리함으로써 즉위의 정통성을 얻어냈잖은가.

왕의 생부를 왕에 추존하는 이유

원종은 조선의 두 번째 추존 왕이다. 조선 시대에만 원종 말고도 4명의 추존 왕이 있다. 첫 번째 추존 왕은 세조의 장남 의경 세자다. 세자 책봉까지는 무난했지만 20세에 사망하고 말았다. 의경 세자의 동생인 해양 대군이 왕위에 올라 8대 예종이 되었다. 예종도 병약했는지 왕에 오르고 13개월 만에 세상을 떠났다. 예종의 아들 제안 대군은 네 살에 불과했다. 부득이하게 왕위가 의경 세자의 둘째 아들에게 넘어갔다. 바로 9대 성종이다. 1471년 성종은 생부 의경 세자를 덕종으로 추존했다. 의경 세자의 부인도 덩달아 소혜 왕후로 격상했다. 그녀는 인수 대비라는 이름으로 더 잘 알려져 있다.

원종의 뒤를 이은 3번째와 4번째 추존 왕은 모두 영조의 아들이다.

영조는 정비, 계비와의 사이에서 왕자를 낳지 못했다. 후궁이 낳은 장남이 효장 세자다. 효장 세자는 6세 때 세자로 책봉되었지만 10세 때 사망했다. 뒤이어 세자가 된 인물이 뒤주에 갇혀 죽은 비운의 왕자, 바로 사도 세자다. 두 명의 세자가 모두 죽었으니 손자가 왕위를 이어받았다. 정조다. 정조는 효장 세자를 '진종', 생부인 사도 세자를 '장조'로 추존했다.

19세기 초에 사도 세자를 그린 초상화. 작자는 알려지지 않았다. 서울시 은평구 구파발의 신당에 봉안되어 있던 것이다.

정조에 이어 순조가 왕에 올랐다. 순조는 장남이 네 살이 되었을 때 세자로 책봉했다. 효명 세자다. 그는 대리청정까지 맡았지만 얼마 못 가 세상을 떠나고 말았다. 효명 세자의 아들이 헌종에 올랐다. 헌종은 아버지를 익종(혹은 문조)으로 추존했다.

추존이 참으로 예스럽다는 생각이 든다. 추존은 고사하고 전직 대통령들이 잇달아 옥에 갇히고 있다. 전직 대통령에 대한 예우도 박탈하고 있다. 전직 대통령 예우에 관한 법률을 보면 재직 중 탄핵을 받았거나 금고 이상의 형이 확정되면 예우를 박탈하게 되어 있다. 경호원도 붙여주지 않는다. 평범한 시민이 된다는 뜻이다. 'ㅇㅇㅇ 전 대통령'이 아니라 'ㅇㅇㅇ씨'라 불러도 당사자들은 할 말이 없다.

별의별 것들의 유래

실제로 일부 언론에서 이렇게 불러서 논쟁이 되기도 했다. 이런 상황을 지켜보면서 너무 매몰차다고 말하는 이도 있을 듯하다. 하지만 모두 본인이 자초한 일이다. 퇴직 후에도 존경받는 지도자를, 우리는 언제쯤이면 볼 수 있는 걸까?

독도 논쟁에서 배우는 교훈

새로 얻는 것보다 지켜내는 것이 더 중요하다

◈ 쇄환 정책과 공도 정책이란 각각 무엇인가?
◈ 울릉도와 독도가 우리 땅임을 확인한 안용복을 조선 조정은 왜 탄압했는가?

화가 난다. 우리 영토에 관한 이야기다. 누구라도 좋으니 영문 위키피디아에 'Dokdo'를 쳐보라. 독도에 대한 설명 첫 줄부터가 맘에 들지 않는다. 일본해(the Sea of Japan)에 있는 소규모의 군도란다. 동해가 아니라 일본해라니!

전 세계 사람들이 즐겨 보는 사이트라 걱정이 된다. 그러니 또 화가 난다. 이 사이트는 나아가 독도를 'Disputed islands(논쟁이 되고 있는 군도)'라고 설명하고 있다. 'While South Korea controls the islets, its sovereignty over them is contested by Japan(한국이 섬을 통제하고 있지만 일본이 영유권을 제기하고 있다).'이라는 추가 설명도 달았다. 독도가 분쟁 지역이란 오해가 생겨나지 않을까 걱정이다.

이 점은 분명히 짚고 넘어가자. 천지가 다시 개벽해도 독도는 명백히 대한민국 영토다. 이를 입증할 자료는 차고 넘친다. 그런데도 일본은 독도가 자국 영토라고 주장한다. 시마네현 의회는 2005년 다케시마(독도의 일본어 명칭이다)의 날까지 제정했다. 일부 일본 교과서에는 일본이 독도 영유권을 가지고 있다는 내용이 수록되었다. 명백한 역사 왜곡이다.

특히 일본 우익의 공세는 위험하게 느껴질 정도다. 그들은 거짓말을 하면서도 그 거짓말이 진실이라 믿을 만큼 세뇌되어 있는 듯하다. 그들의 코가 피노키오처럼 길어지고 있는데 그들만 이러한 사실을 모르고 있다.

사실 독도 문제를 제대로 논하려면 이 책 한 권으로도 부족하다.

독도

여기서는 관점을 좀 달리하려 한다. 왜 이런 사태가 생겼는지, 우리 선조의 처신에는 문제가 없었는지 짚어볼 생각이다. 적과 싸우려면 내부의 우환부터 없애야 하니까 말이다.

울릉도와 독도에 대한 고려와 조선의 쇄환 정책

512년 신라가 동해의 섬나라 우산국을 정벌했다. 우산국은 울릉도는 물론 독도까지 지배했다. 이때부터 우산국은 신라에 조공하면서 우리 영향권에 들어왔다. 고려 태조는 나아가 우산국을 정식으로 행정 구역에 편입하고 관리를 파견했다.

바다를 건너야 했기에 관리가 쉽지 않았다. 그 틈을 타서 처음에는 여진족이, 나중에는 왜구가 울릉도를 약탈했다. 정부가 군대를 급파했

으면 얼마나 좋았을까? 하지만 병력도, 물자도, 그럴 의지도 없었다. 고려 조정은 보다 쉽고도 현실적인 방법을 택했다. 섬을 비우자! 울릉도 주민들을 본토로 대피시켰다.

시간이 지나 약탈이 잠잠해지면 주민들을 돌려보냈다. 거기엔 목재 자원이 많았으니까. 왜구가 기승을 부리면? 주민들을 다시 본토로 불러들였다. 이런 식의 소환과 돌려보내기가 조선 전기

173

까지 반복되었다. 그 사이에 울릉도는 점차 무인도로 변해갔다.

조선 3대 태종은 왜구의 약탈을 없애기 위해 울릉도 주민을 완전히 본토로 이주하는 정책을 시행했다. 이를 '쇄환 정책'이라 한다. 일본 학자들은 이를 공도 정책이라 부른다. 섬을 비웠다는 뜻. 독도가 주인 없는 땅이었다는 점을 강조하려는 의도가 숨어 있다. 그러니 공도 정책이란 표현은 삼가자. 기왕이면 쇄환 정책이라 부르자.

쇄환 정책을 추진한 다른 이유도 있다. 북쪽 영토 개척에 힘을 더 쏟기 위해서였다. 병력과 물자가 부족한 것은 고려나 조선이나 마찬가지였으니까. 동해안과 북쪽 국경 지대 모두를 신경 쓸 수 없는 상황이었다. 물론 완전히 울릉도를 포기한 것은 아니다. 왕과 관료들 모두 섬을 비웠을 때 왜구들이 울릉도와 부속 도서의 소유권을 주장할 수 있다는 점을 우려했다. 태종은 정기적으로 관리를 파견해 순찰토록 했다.

새 영토 개척? 물론 중요하다. 하지만 기존의 영토를 관리하고 유지하는 것 또한 그 못지않게 중요하다. 하물며 잠재 가치가 무한한 울릉도와 독도라면 말할 것도 없다. 그러나 조선의 왕과 관료들은 그 점을 내다보지 못했다. 그 결과 태종 이후 300여 년 동안 울릉도와 독도는 방치되었다. 사실상 우리 역사에서 사라졌다.

일본 어민들은 쾌재를 불렀다. 일본 막부는 어민들에게 울릉도와 독도 일대에서 어로 활동을 할 수 있는 면허를 발급했다. 일본 어선들이 동해안을 누비고 다녔다. 그런데도 조선 정부는 큰 문제로 인식하지 않았다. 왜구가 다시 창궐할까 봐 두려워서 의도적으로 피했을 수도 있다. 이유야 어쨌든 명백한 직무 유기다.

영웅 안용복을 탄압한 조선 조정

조선의 평범한 어부가 문제의 심각성을 인식했다. 부산 출신의 어부 안용복이다. 1693년(숙종 19년) 그가 울릉도 근해에서 고기잡이를 하던 중 일본 어선을 발견했다. 기가 막힐 노릇이었다. 안용복은 당장 돌아가라고 호통을 쳤다. 하지만 일본 어선은 에도 막부로부터 조업 면허를 받았다며 맞섰다. 안용복은 그들을 앞세워 돗토리현으로 갔다. 그곳에서 울릉도와 독도가 조선 영토임을 인정하는 공식 문서를 요구했다. 에도 막부는 곧 공식 서한을 내려 보냈다. "안용복이 원하는 대로 울릉도와 독도가 조선의 영토란 사실을 서계(공식 문서)로 인정하라."

정부가 손을 놓고 있었지만 애국심 강한 어민 한 명이 놀라운 쾌거를 이루어냈다. 하지만 조선 조정은 그를 2년 동안 옥에 가두었다. 상을 주어도 모자랄 판에……. 조정은 안용복이 정부 허가를 받지 않고 국경을 넘었다는 점을 문제 삼았다. 어처구니가 없다.

그래도 그의 활약 덕분에 에도 막부는 울릉도와 독도에서 조업을 할 수 있는 면허, 즉 도해 면허를 더 이상 발급하지 않았다. 큰 성과를 거둔 것이다. 하지만 법과 현실의 거리는 멀다. 여전히 일본 어선들은 울릉도와 독도 주변을 어슬렁거렸다.

옥살이를 마치고 나온 안용복이 1696년 다시 일본으로 건너갔다. 이번엔 아예 끝장을 보리라! 이번에도 안용복은 울릉도와 독도가 우리 땅임을 인정받고 돌아왔다. 조정의 대접이 좀 달라졌을까? 아니다. 오히려 더 험악해졌다. 노론은 처형을 주장했다. "일개 어부가 감히 관료를 사칭했다. 문서를 위조해 외교 분란을 일으켰다. 처형해 본보기를 보여야 한다."

별의별 것들의 유래

독도 분쟁과 함께 한일 영유권 갈등을 유발하는 또 하나의 이슈는 동해다. 일본은 동해를 일본해라고 칭하면서 독도에 대해서 영유권을 주장하고 있다. 하지만 1810년 일본의 다카하시 가케야스가 그린 지도에는 동해가 분명하게 '조선해(朝鮮海)'로 표기되어 있다.

소론이 끝까지 말린 덕분에 안용복은 처형을 면했다. 하지만 귀양만큼은 피할 수 없었다. 이후 우리 역사에서 안용복은 등장하지 않는다. 영웅의 쓸쓸한 퇴장이다. 우리는 1900년 10월 25일에 가서야 대한제국 칙령 제41호를 통해 독도가 우리 영토라는 사실을 밝혔다. 뒤늦은 감이 없지 않다. 미리 철저하게 관리했더라면……. 그러니 일본이 5년 후 시마네현 고시를 통해 독도를 자기들 영토라 우긴 거 아닌가.

다시 말하지만 독도는 명백한 대한민국 영토다. 다만 지난 역사를 돌이켜보면 한때 우리가 영토 관리에 소홀했다는 자기반성은 반드시 필요하다. 또다시 고려와 조선 시대의 실수를 범하지 말자. 긴장을 늦추어서는 안 된다. 그러다가 정말로 독도를 잃을지도 모른다. 정치인과 관료만이 아니다. 우리 모두 정신을 바짝 차려야 한다.

역사를 만든 사람,
사람이 만든 역사

제 3 장

기억해야 할 이름 ➤

항왜와 순왜

◉ 항왜와 순왜란 무엇인가?
◉ 일본 장수 사가야는 왜 조선에 귀순했는가?

카멜레온은 주변 상황에 따라 피부색을 바꾼다. 피부에 다양한 색소가 있는 것일까? 2015년 한 과학 저널에 이와 관련한 논문이 실렸다. 논문에 따르면, 색소 때문이 아니다. 카멜레온의 피부색이 달라지는 것은 '광(光)간섭'이란 물리 현상이라고 한다.

카멜레온은 생존하기 위해 피부색을 바꾼다. 카멜레온만 그런 게 아니다. 변온 동물은 대부분 외부 환경에 자신을 맞춘다. 온도가 급변하면 살기 힘들기 때문에 주변 환경 혹은 온도에 따라 스스로의 몸을 바꾸는 것이다. 이런 고통도 몰라주고 사람들은 카멜레온을 변절의 상징으로 써먹는다. 카멜레온으로서는 상당히 억울할 것 같다.

순왜와 항왜

사람도 종종 자신의 색깔을 바꾼다. 심지어 조국을 바꾸기도 한다. 이 또한 카멜레온처럼 생존을 위해 어쩔 수 없는 처신이었다고 해야 할까? 일제 강점기의 친일파들이나 임진왜란 때 왜군에 협력한 이들이 이렇게 항변한다면? 어처구니가 없다.

임진왜란 당시 임해군과 순화군, 두 왕자는 병사를 모집하기 위해 함경도로 떠났다. 두 왕자는 뜻을 이루지 못한 채 왜군의 포로가 되었다. 왜군이 왕자들을 붙잡은 게 아니다. 국경인, 김수량 등 조선인이 모의해 왕자들을 왜군에 넘긴 것이다. 이들처럼 임진왜란 때 조선을 버리고 일본에 투항한 이들을 '순왜(順倭)'라고 한다.

순왜는 왜 일본을 택했을까? 두 왕자의 처신에서 힌트를 얻을 수 있다. 철없는 왕자들은 주민을 겁박하고 민가를 약탈했다. 때문에 민심이 돌아섰다. 그렇다고 해서 순왜의 행동에 면죄부가 생기는 건 아니다. 그들은 눈앞의 이익 때문에 조국을 버렸고 동포를 착취했다. 그러다 결국에는 우리 민중의 손에 무참히 죽어나갔다. 인과응보다.

정반대의 사례도 있다. 명분 없는 전쟁을 거부하고 조선과 명에 귀순하는 일본인도 많았다. 임진왜란은 일본 정치인의 탐욕과 망상으로 시작된 전쟁이었다. 그러니 휩쓸리기 싫어한 1만여 명의 왜병이 투항했다. 그들은 항복한 왜군, 즉 '항왜(降倭)'라 했다.

항왜 병사들은 왜군 내부 사정을 잘 알고 있었기에 아군의 전력에 큰 보탬이 되었다. 실제로 공을 세워 실록에 이름을 올린 항왜도 많다. 김충선, 여여문, 김성인 등이 그런 사례다. 그중 으뜸은 정2품 품계인 정헌대부에 제수된 김충선일 것이다.

삼난 공신 김충선 또는 사야가

김충선의 본명은 사야가다. 1592년(선조 25년) 임진왜란이 터졌을 때 그는 가토 기요마사 부대의 선봉장이었다. 동래(부산)에 상륙하자마자 병사 3,000여 명을 이끌고 곧장 경상도 병마절도사 박진을 찾아 귀순했다. 사야가는 왜 항복한 것일까?

항왜가 총 1만여 명이라지만 대부분은 전세가 역전된 후 투항한 자들이었다. 초기에는 왜군이 훨씬 유리했으니 사야가가 귀순할 이유가 없었다. 게다가 단 한 번의 전투도 치르지 않았다. 사야가는 이렇게 설명했다. "오래전부터 예의의 나라 조선을 흠모해왔다. 조선에 와서 살고 싶었으나 기회가 되지 않았다. 일본의 조선 침략은 부당하다. 내운이 닿아 선봉장으로 왔으니 조선 백성으로 살 길을 얻었다."

사실 사야가의 귀순 의도를 놓고서는 논란이 좀 있었다. 이 이야기는 김충선 사후에 후손들이 엮은 『모하당 문집』에 수록되어 있다. 그러니 나중에 가공된 이야기라는 비판이 생겼던 것이다. 어쨌거나 사야가는 이후 조선군이 되어 왜군과 싸웠다.

사야가가 참전한 전투는 어림잡아 70~80여 회에 이른다. 조선에 조총을 보급하는 일에도 역할이 컸다. 왕인 선조도, 현장 지휘관인 권율 장군도 그의 공을 인정했다. 처음에는 가선대부(종2품)가 되었고, 얼마 후에는 자헌대부(정2품)로 승진했다. 왕은 그에게 김해 김씨 성과 충선이란 이름을 내렸다. 사야가가 조선인 김충선이 되었다!

임진왜란이 끝나자 그는 대구 우륵동에 정착했다. 하지만 북쪽 변방이 시끄러웠다. 그는 변방 근무를 자원했고, 10년 동안 국경 수비를 맡았다. 덕분에 1613년에는 정헌대부(정2품)에 제수되었다. 같은 정2품

〈부산진 순절도〉. 일본의 선봉 부대가 부산포에 쳐들어왔을 당시의 전투 상황을 묘사한 그림이다. 김충선은 부산에 상륙하자마자 휘하 병사들을 이끌고 조선에 귀순했다.

기억해야 할 이름

이지만 정헌대부의 서열이 자헌대부보다 높다.

1624년(인조 2년) 이괄의 난이 일어나자 김충선은 정부 진압군으로 활약했다. 1636년(인조 14년) 병자호란이 터졌을 때도 전쟁터로 달려갔다. 사람들은 임진왜란, 이괄의 난, 병자호란에서 그가 세운 공이 크다 하여 '삼난 공신(三亂功臣)'이라 불렀다.

1643년 청의 칙사가 조선에 왔다. 칙사는 변방 수비를 맡고 있는 김충선의 죄를 추궁하며 처형을 요구했다. 일종의 엄포였다. 칙사는 은혜를 베푼다면서 해직하는 수준에서 문제를 봉합했다. 어느새 백발이 성성한 김충선은 우륵동에서 여생을 보냈다.

정의를 택한 이름

『모하당 문집』에는 애달픈 시가 몇 개 수록되어 있다. 그중에서도 「남풍유감」이란 시가 가슴을 먹먹하게 한다. 남풍이 막사 안으로 들이친다. 혹시나 고향 소식이 묻어왔을까 기대하지만, 이내 그럴 리가 없다는 사실을 깨닫고 회한에 젖는다. 스스로 선택한 조선인의 삶이지만 피붙이에 대한 그리움까지 떨칠 수는 없었을 것이다.

그는 일본에서 7남매 중 막내로 태어났고, 전쟁에 뛰어들 무렵에는 이미 결혼해 가정을 꾸린 상태였다. 이 정도 말고는 김충선의 일본 행적에 대해 알려진 게 별로 없다. 일본에서 그의 기록을 찾을 수 없기 때문이다. 이 때문에 1910년대 이후 일본 학자들은 김충선의 존재를 인정하지 않거나 『모하당 문집』이 위서라 주장했다.

1990년대 들어 이런 분위기가 바뀌었다. 사실 이미 1970년대부터 일본 작가들이 김충선의 삶을 역사 소설로 쓰기도 했다. 하지만 큰

일본인 사야가는 평소에 동방예의지국 조선을 흠모해왔기에 임진왜란을 틈타 조선인 김충선으로 변신했다.

주목을 받지 못하고 20여 년이 흘러버렸다. 그러다가 1992년 일본 방송국 NHK가 임진왜란 400돌을 맞아 그의 이야기를 다큐멘터리로 제작했다. 〈히데요시에 반역한 일본 장수〉라는 제목의 이 다큐멘터리가 큰 화제가 되면서 일본에서도 김충선에 대한 관심이 폭발적으로 커졌다.

아직도 김충선을 둘러싼 논란이 한국에서는 끊이지 않는다. 하지만 불필요한 논란을 만들 필요는 없다. 전쟁에서는 아군과 적군이 명백하게 나뉜다. 아군과 적군 사이에 회색 지대는 없다. 아무런 명분을 찾을 수 없는 전쟁이라 해도 달라질 것은 없다. 적에게 총구를 겨눠야 한다. 그게 병사의 얄궂은 운명이다. 김충선은 이 운명을 거부하고, 명분 없는 전쟁을 일으킨 조국을 규탄했다. 김충선이 조선에 귀순했기에 영웅 대접을 받은 게 아니라 정의를 택했기에 역사가 그를 기억하는 것이다.

앞으로도 일본과 우호적인 관계를 유지하기를 진심으로 바란다. 그러기 위해서는 일본의 반성과 사과가 꼭 필요하다. 이미 일본의 양심

기억해야 할 이름

적인 지식인들도 이 점을 촉구하고 있다. 동시에 우리 내부의 친일파들에게 묻고 싶다. "당신들은 왜 우리를 등지고 일본을 택했는가?" 우리 내부적으로도 친일 역사를 청산해야 일본과의 우호적 관계가 만들어지지 않을까? 새 포대에 새 술을 담그듯이 말이다.

천민 출신으로
형조 판서에 오른 반석평

신분의 장벽을 극복한 조선 시대 오뚝이

☯ 야사와 실록은 각각 반석평을 어떻게 그리고 있는가?
☯ 고위 관료를 임명할 때 서경의 과정을 거치는 까닭은?

반기문 전 유엔 사무총장의 15대 조상이 화제가 된 적이 있다. 그의 이름은 반석평. 조선 시대에 전국 도지사(관찰사)를 두루 역임하고, 서울 시장(한성부 판윤)에 장관(판서)까지 한 인물이다.

반석평이 화제가 된 까닭이 있다. 그의 신분 때문이다. 그는 노비 출신으로 알려져 있다. 신분 질서가 무쇠만큼이나 단단하던 조선 시대에 천출로 정2품 고위직까지 올랐다. 이런 사례가 아주 없는 건 아니다. 17세기 초반에 유몽인이 쓴 야사집 『어우야담』에는 미천한 신분으로 입신양명을 이룬 사례가 여러 편 실려 있다. 노비가 신분 상승의 대박을 얻는 것이 완전히 불가능하지는 않았던 모양이다.

몇몇 사례를 들어보자. 평민 신분이었던 박인수는 학문을 연마해

기억해야 할 이름

조선 중기의 문신 유몽인이 시중에 떠도는 이야기를 모아서 펴낸 『어우야담』. 반석평에 관한 '야담'도 실려 있으나, 역사적 사실과는 다소 차이가 있다. 그러나 반석평에 관한 야담은 신분을 타파하고자 했던 조선 민중의 바람이 담겨 있다는 의미를 갖는다. 사진은 1960년대에 만들어진 영인본이다.

수많은 양반 제자들을 거느렸다. 새벽마다 문안 인사를 드리는 양반 제자들로 그의 집은 문전성시를 이루었다. 박인수가 식사를 하고 나서야 양반 제자들은 제 집으로 돌아갔다. 김의동 또한 천민이었다. 주인에게서 벗어난 후에 신분을 세탁했다. 공직 생활을 시작했고, 오늘날의 지방자치 단체장에 해당하는 부사의 자리에 올랐다. 10년이란 짧은 시간에!

이 『어우야담』에는 반석평 이야기도 수록되어 있다. 야사집이다 보니 다른 두 사람과 마찬가지로 반석평 이야기에도 과장이 섞여 있을 터. 그래도 내용을 한번 보고 가는 게 좋을 듯하다.

『어우야담』에 그려진 반석평의 훈훈한 이야기

영특한 어린 노비가 있었다. 그의 주인은 아이가 장차 큰일을 할 재목이라 여겼다. 하지만 신분 장벽에 막혀 공부할 수 없는 현실이었다. 이를 안타깝게 여기던 주인은 고민 끝에 아이를 아들이 없는 부자 양반집에 양자로 보냈다. 그 양반집이 반씨 성이었으니 그 아이도 반씨 성을 가지게 되었다. 그 아이가 바로 반석평이었다.

반석평은 1507년(중종 2년) 대과에 급제해 벼슬길에 올랐다. 반석평은 여러 곳의 관찰사, 즉 도지사를 지냈다. 공조 판서와 형조 판서, 즉 국토교통부 장관과 법무부 장관에까지 올랐다. 오늘날의 서울 시장에 해당하는 한성부 판윤도 지냈다.

고위 관료가 된 반석평은 고급 수레를 타고 출퇴근했다. 어떤 연유에선지는 모르겠지만 그는 과거의 주인집 가족과 종종 마주쳤다. 반석평의 마음은 꽤나 불편했을 것이다. 그 집 아들은 과거에 급제하지 못해 변변한 관직도 얻지 못했고, 재산도 바닥을 드러낸 상태였다. 그랬다. 은인의 가문은 그 사이에 몰락해 있었다.

반석평은 주인집 가족들을 만날 때마다 수레에서 내려 절을 올렸다. 바닥이 질퍽거릴 때도 예를 다했다. 지체 높은 대감이 몰락한 양반에게 과도한 예를 갖추는 풍경이 낯설다. 지나가는 이들이 이상한 표정으로 바라볼 수밖에. 이 소문이 퍼져 곧 조정에도 들어갔다. 반석평이 난처해졌다. 하지만 곧 마음을 다잡고 왕에게 이실직고했다. "저는 노비 출신입니다. 그동안 이 사실을 숨겼으니 제 관직을 삭탈하십시오. 그 대신 주인집 아들에게 관직을 내려주시기를 청하나이다."

당시 왕인 중종은 관용을 베풀었다. 이미 지난 일인 데다 반석평이 재주가 많으니 다시 문제 삼지 말라 명했다. 주인집 아들에게도 관직을 주라 했다. 야사는 이처럼 모두가 행복한, 훈훈한 결말로 끝을 맺는다.

『실록』에 나타난 반석평의 진면목

실제로는 어땠을까? 반석평이란 사람이 존재하기는 했을까? 『조선

왕조실록』에 그의 이름이 여러 차례 등장하는 걸 보면 명백히 실존 인물이다. 과거에 급제한 것도 역사적 사실이다. 다만 『어우야담』에 수록된 반석평의 이야기는 상당히 미화된 것 같다. 특히 결말 부분은 사실로 믿기 어렵다.

1514년(중종 9년) 2월 3일의 실록을 보자. 반석평의 신분을 둘러싸고 조정에서 한바탕 논쟁이 벌어졌다. 반석평이 과거에 급제하고 7년이 지난 시점이었다. 당시 그는 함경도 여진족의 동태를 살피기 위한 경차관(정5품)의 임무를 막 끝낸 후였다.

왕은 공을 치하하며 홍문관에 자리를 만들어주려 했다. 이게 웬걸. 간원(사간원)이 죽기 살기로 말리는 게 아닌가. 사실상 탄핵이다. 간원은 나름대로 근거까지 댔다. "경연 업무를 담당하는 홍문관은 인물은 물론 문벌까지 봐야 합니다. 반석평은 문벌이 미천해 서경하지도 않았습니다."

정4품 이하의 벼슬 후보자가 되면 사헌부와 사간원은 그 사람이 적임인지를 규명한다. 이 절차가 바로 서경이다. 반석평은 미천한 출신이기 때문에 서경을 통과하지 못했다는 이야기다. 이 기록을 보면 조정대신들은 반석평의 출신을 이미 알고 있었다는 추측이 가능하다. 『어우야담』과는 다른 이야기 전개다. 실제로 바로 다음에 반석평의 출신에 대한 내용이 이어져 있다. 요약하면 이렇다.

"반석평은 천얼(賤孼) 출신으로 시골에 살았다. 그가 학문에 뜻이 있음을 할머니가 알아차렸다. 할머니는 손자의 입신양명과 가문의 부흥을 위해 서울로 이사 왔다. 신분을 철저히 숨긴 채 셋집에 살면서 길쌈과 바느질로 손자를 가르쳤다."

실록에는 반석평이 노비가 아닌 첩의 자식으로 소개되어 있다. 『어우야담』의 내용과 달리 양반집 양자로 들어간 게 아니라 할머니의 지극정성 보살핌을 받았다. 비록 노비 출신이 아니었다고는 하나 삶은 험난했다. 서얼이나 노비나……. 사실 그의 관직 생활은 험난했다. 고비 때마다 '천한 신분'이라는 꼬리표가 그를 괴롭혔다.

신분의 격차를 이겨낸 입지전적 인물

그래도 묵묵히 관직 생활을 한 덕분에 1536년 10월, 공조 판서에 임명되었다. 오늘날의 국토교통부 장관에 해당하는 정2품 벼슬. 그가 드디어 가문을 일으키는 걸까? 아쉽게도 이번에도 신분 꼬리표가 꿈틀댔다. 공조 판서 임명장의 먹물도 마르기 전이었다. 바로 이틀 후 사헌부가 그의 신분이 미천하고 물망(物望, 여러 사람이 우러러봄)이 가볍다며 임명을 반대했다. 대신들이 이토록 난리를 치니 중종도 임명을 취소할 수밖에 없었다. 20여 일 후 중종은 그를 공조 참판에 임명했다. 단 며칠 사이에 장관에서 차관으로 떨어진 것이다.

그래도 굴하지 않았다. 결국 인간 승리를 이루어냈다. 반석평은 1539년 한성부 판윤이 되었다가 곧 형조 판서가 되었다. 오늘날의 법무부 장관이다. 1년 후 그가 사망했을 때 중종은 부의를 표하라는 지시를 직접 내렸다. 이때 중종의 지시에는 '천한 서얼'이란 표현이 없었다. 반석평은 죽어서야 비로소 신분의 꼬리표를 뗐다!

21세기 대한민국을 돌아본다. 당연히 신분제는 사라진 지 오래다. 그런데도 가끔은 여전히 신분 사회에 살고 있는 게 아닌가 하는 착각이 든다. 가진 자는 더 가지고, 가난한 자는 더 가난해지는 구조가 고

기억해야 할 이름

착되어가는 느낌이다. 사회 고위층이란 단어가 버젓이 사용되고 있는 걸 보면 이런 생각이 전혀 터무니없는 건 아닌 듯하다. 뒷골이 서늘해진다.

조선의 역관
홍순언이 이룬 외교적 쾌거

한 번의 선행이 두 번의 기적을 일으키다

🌀 종계변무란 무엇인가?
🌀 조선 시대 역관의 지위와 역할을 알아보자.

갓 걸음마를 뗀 아이가 우물가로 걸어간다. 위태롭다. 이 모습을 여러분이 본다면 어떻게 하겠는가? 당장 달려가서 아이부터 붙잡을 것이다. 이 단순한 행동에 동양 철학의 진수가 들어 있다. 바로 '측은지심(惻隱之心)'이다.

측은지심은 다른 사람의 마음을 헤아리는 마음이다. 연민과는 다르다. 측은지심은 본능으로 숨어 있는 어진 마음이다. 아이를 살리는 게 좋은 일이라 생각해서 우물가로 달려가는 게 아니잖은가. 맹자는 이 측은지심이 '인(仁)'의 본질이라 했다.

서울 중구에 있는 롯데 호텔 주변은 늘 북적댄다. 인파를 벗어나 호텔 앞 도로변으로 가면 작은 표지석 하나가 서 있는 걸 볼 수 있다.

193

이곳을 지나치면서도 그런 표지석이 있다는 사실조차 몰랐던 이들도 많았으리라. 어디 이곳뿐이겠는가. 역사적 의미가 알려져 있지 않은 작은 유적들이 이 나라엔 아주 많다.

표지석의 맨 위를 보니 '고운담골'이라고 쓰여 있다. 그 밑에 적힌 내용이다. '임진왜란 때 역관 홍순언이 명나라에 갔을 때 여인을 도와준 일로 보은단(報恩緞)이란 글씨를 수놓은 비단을 받았다 하여 보은단골이 고운담골로 변음되었다고 한다.'

비석의 내용을 바탕으로 추론하자면, 조선인 역관 홍순언이 명의 여인을 크게 도와주었고 그 여인은 은혜를 갚기 위해 비단 선물을 준 것 같다. 어떤 스토리가 숨어 있기에 비석까지 세웠을까? 홍순언이 어떤 인물인지부터 알아봐야 할 듯하다.

역관 홍순언의 선행

조선은 명에 매년 여러 차례 사신을 보냈다. 이를 사행이라 하는데, 당연히 통역 업무를 담당하는 역관들이 합류했다. 홍순언도 그런 역관 중 한 명이었다. 역관들은 종종 중국인이 좋아하는 인삼 같은 것을 몰래 팔기도 했다. 거기서 얻는 수익이 꽤 짭짤했나 보다. 종종 기생들을 끼고 질펀한 술판이 벌어졌다. 홍순언도 중국 관리들과 함께 그런 술집에 가게 되었다.

그곳에서 홍순언은 한 여인을 만났다. 그 여인의 사연이 꽤나 절절했다. 전염병이 돌아 부모님이 모두 돌아가셨는데, 장례 치를 돈이 없어 어쩔 수 없이 술집에서 일하게 되었단다. 남자들 앞에서 미소를 흘리며 춤과 노래를 하지만 속은 타들어간단다. 측은지심이 발동했다.

일본에 도착한 조선 통신사의 행렬을 묘사한 그림. 역관은 사신과 동행하여 통역 업무를 담당했으나, 조정은 역관들에게 임금을 지불하지 않았다. 하지만 역관들은 두 나라를 오가며 밀무역을 통해 많은 부를 쌓았다. ⓒ국립중앙박물관

홍순언은 가지고 있던 돈을 모두 여인에게 주었다. 덕분에 그 여인은 자유의 몸이 되어 부모의 장례를 치를 수 있었다. 하지만 홍순언은 조선에 돌아와 잠시 옥고를 치렀다. 그 돈이 공금이었던 것이다. 어쨌거나 횡령이니.

얼마 후 조선 정부는 '종계변무'를 위해 사신을 명에 보냈다. 종계변무는 종가의 혈통에 대해 옳고 그름을 가려 억울함을 밝혀낸다는 뜻이다. 명에 이와 관련해 사신까지 보낼 정도로 조선 왕실이 억울한 점이 있다는 이야기인데, 실제로 그랬다.

명의 『태조실록』과 『대명회전』에는 이성계가 이인임의 아들이며, 이 부자가 고려의 왕 4명을 죽였다고 기록되어 있었다. 이인임은 고려 말기의 권문세족이었고, 이성계는 신흥 무인 세력을 대표했다. 그러니

기억해야 할 이름

두 사람이 부자일 확률은 제로였다. 명백한 오류이니 고쳐달라 요구하는 게 지극히 당연하다. 하지만 명은 조선이 개국하고 200여 년이 지났음에도 이 요구를 묵살하고 있었다. 명이 몽니를 부리는 이유는 명확했다. 조선 건국의 정당성을 약화시켜 맘대로 주무르겠다는 생각에서다. 조선의 항의가 있으면 "명 태조의 유훈이니 수정이 불가능하다."라고 답변하면서 시간만 끌었다.

기막힌 인연으로 종계변무에 공을 세우다

선조는 결판을 내겠다고 마음먹었다. 1584년(선조 17년) 정정 약속을 받아내라는 특명을 받은 사신들이 출발했다. 역관 홍순언도 이 사행에 합류했다. 모두 비장한 각오로 베이징에 입성했는데, 뜻밖의 일이 벌어졌다. 예부 시랑, 우리로 치면 외교부 차관에 해당하는 고위 관료 석성이 홍순언을 따로 불러 반갑게 맞아주는 게 아닌가.

어리둥절해하는 홍순언 앞으로 한 여인이 와서 절을 올렸다. 낯이 익었다. 바로 기생집의 그녀였다. 빚을 모두 갚아 기생집을 나온 후 석성의 첩이 되었던 모양이다. 석성은 그 첩을 상당히 총애했나 보다. 홍순언에게 고마움을 표시하며 최선을 다해 돕겠노라고 했다. 조선으로서는 든든한 지원군을 얻은 셈이다.

기적이라고 해야 할까, 정말로 명이 『대명회전』의 기록을 수정하겠다고 약조했다. 사신들은 의기양양 귀국길에 올랐다. 정말로 석성이 청 황실을 움직였을까? 확인할 길은 없다. 다만 까마귀 날자 배 떨어진다는 속담처럼 우연의 일치라고만 할 수는 없을 것 같다. 크든 작든 석성이 '힘'을 썼을 거라는 게 대체적인 학자들의 견해다.

귀국길에 오르기 전에 석성의 첩이 홍순언을 찾아왔다. 그녀는 자신이 손수 짠 비단을 선물로 주었다. 롯데 호텔 앞 도로변의 표지석 스토리가 이렇게 만들어진 것이다.

한 번의 선행이 만든 두 번의 기적 같은 보은

이후 종계변무 후속 작업이 속성으로 진행되었다. 1588년에는 유홍이 명으로 건너가 수정된 『대명회전』의 일부를, 1589년(선조 22년)에는 윤근수가 수정된 『대명회전』 전부를 가지고 왔다. 이로써 종계변무 문제는 200여 년 만에 해결되었다.

1590년 8월, 종계변무에 성공한 19명의 대신들에게 광국공신 지위가 제수되었다. 그들에게는 노비와 전답이 선물로 하사되었다. 이 공신 목록에 홍순언도 이름을 올렸다. 서자이자 중인에 불과한 역관이었지만 홍순언은 당당히 2등 공신에 제수되었다. 신분도 상승했다. 우림위장이 되었고 당릉군이란 군호까지 받았다.

왕실의 큰 숙제를 해결했으니 축제 분위기일 터. 하지만 축제는 오래가지 못했다. 얼마 후 임진왜란이 터졌기 때문이다. 조선은 명에 지원군을 요청하기 위해 사신을 파견했다. 이번에도 홍순언이 합류했다.

파견 병력과 조건 등에 대해 힘겨루기가 시작되었다. 명은 병력이 부족하다는 이유를 대며 망설였다. 우연의 일치인 걸까, 아니면 홍순언의 측은지심에 하늘이 감동이라도 한 것일까. 또다시 기적이 일어났다. 명의 국방 장관, 즉 병부 상서가 바로 석성이었던 것이다. 이번에도 석성은 조선을 두둔하면서 파병을 적극 주장했다. 최종적으로 명은 5만 명의 원군을 조선에 보냈다. 홍순언은 사후에 정2품 자헌대부

임진왜란 당시 명의 원군이 평양성을 수복하는 장면을 묘사한 그림. 당시 명의 장수 이여송과 홍순언이 동행했으며, 이여송이 선조를 만날 때 홍순언은 통역을 담당했다.

에 추증되었다.

홍순언의 이야기가 어디까지 사실인지는 확실하지 않다. 야사라는 게 으레 그렇듯 약간은 과장되었을 것이다. 하지만 그의 측은지심이 두 나라 앞에 놓인 외교 문제를 해결하는 데 어느 정도 기여했다는 점 또한 사실이리라.

맹자는 '사단(四端)'이라 하여 인간 본성 넷을 제시했다. 측은지심 외에도 악을 부끄러워하는 수오지심, 양보하는 마음인 사양지심, 옳고 그름을 가리는 시비지심이 여기에 포함된다. 이 중의 으뜸은? 역시 측은지심이다. 측은지심이 있으면 만사형통이다.

고구려 왕후 우씨 이야기

우리 역사에 두 번 왕후를 지낸 여성이 있었다

🌀 측천무후는 어떻게 중국 역사의 유일한 여황제가 되었는가?
🌀 고국천왕의 왕후 우씨가 두 번 왕후에 오른 까닭은?
🌀 고국천왕의 동생 발기가 고구려를 친 이유는 무엇인가?
🌀 산상왕은 어떻게 왕위에 올랐는가?

측천무후는 중국 전체 역사를 통틀어 단 한 명뿐인 여황제다. 그녀는 원래 당 2대 황제 태종의 후궁이었다. 후궁의 운명은 왕의 존망에 따라 결정되는 법이다. 실제로 태종이 사망하자 그녀는 바닥에 뒹구는 낙엽 신세가 되어버렸다. 25세의 창창한 나이에 궁궐을 떠나야 했다. 그녀는 절에 들어가 비구니의 삶을 살았다.

그녀를 몰래 바라보던 이가 있었다. 태종의 아들인 3대 황제 고종이다. 고종은 어렸을 때부터 다섯 살 연상인 그녀를 짝사랑했다. 그때는 아버지의 여자이니 속만 태웠다. 이제 아버지가 없다. 고종은 곧바로 그녀를 궁으로 불러들였다.

태종의 후궁이었듯이 이번에는 고종의 후궁이 되었다. 얼마 후에는

중국 역사의 유일한 여황제인 측천무후

황후에까지 올랐다. 이후 빠른 속도로 권력을 장악해나갔다. 고종이 살아 있을 때는 공동 통치를 했고, 고종이 죽고 나서는 1인 독재를 했다. 급기야 690년에는 당의 간판을 내리고 주를 세웠으며 스스로 황제에 올랐다. 하지만 주의 역사는 15년 만에 끝났다. 그녀가 사망하자 귀족들이 당의 간판을 다시 올렸기 때문이다. 물론 주의 역사도 깔끔하게 지웠다.

측천무후가 천하 여걸임은 분명하다. 그런데 그 사실을 아는가? 우리 역사에도 측천무후 같은 여성이 존재했다. 당보다 500여 년 앞서 살았던 고구려의 여성 우씨가 바로 그랬다. 게다가 왕후 우씨는 측천무후만큼이나 대담했다!

고국천왕의 왕권 강화

고구려는 당초 다섯 개의 부족으로 구성되어 있었다. 이 가운데 주로 절노부에서 왕비를 배출했다. 왕후 우씨는 절노부 귀족 가문에서 태어났다. 그러니 무난히 왕후가 될 수 있었을 터. 180년 그녀는 9대 고국천왕의 왕후가 되었다.

고구려 초기만 해도 왕권이 그리 강하지 않았다. 귀족들은 멋대로 권력을 남용하며 백성을 괴롭혔다. 고국천왕은 왕권 강화에 공을 들였다. 그러니 귀족과의 충돌을 피할 수 없었다. 끝내 사건이 터지고 말았다. 190년 어비류와 좌가려라는 절노부의 귀족들이 반란을 일으켰다. 여러 부족의 귀족들이 반란에 참여했다. 왕후의 가문 역시 절노부에 속했으니, 이 반란에 주도적으로 참여했을 가능성이 있다.

고국천왕은 반란을 진압한 후 귀족들을 권력에서 배제했다. 을파소와 같은 참신한 인물을 기용하면서 정계 개혁을 단행했다. 조정이 왕에 충성하는 대신들로 채워지니 왕권은 비약적으로 강화되었다. 하지만 이런 모양새가 역모 가문이라는 꼬리표를 달고 살아야 하는 왕후에게는 독이 되었을 것이다. 게다가 왕후는 후계자를 생산하지 못했으니 고립무원이었다. 그래도 죽으란 법은 없었다. 갑자기 돌파구가 생겼다.

197년 5월, 고국천왕이 재위 19년 만에 세상을 떠났다. 당연히 후계자를 선정하고 왕위를 넘겨주는 작업을 진행해야 한다. 문제는 왕후가 아들을 낳지 못했기에 발언권이 없다는 데 있었다. 왕위는 고국천왕의 바로 아래 동생인 발기에게 계승될 게 거의 확실시되었다. 그 경우 왕후 자신은 내쳐질 가능성이 아주 컸다.

왕위 계승 서열 2위였던 연우가 산상왕에 오른 이유

왕후는 침착하게 주판알을 튕겨보았다. 왕위 계승 서열을 따져보니 발기에 이어 2위는 그 아래 동생인 연우였다. 연우와 손을 잡는다면 내쳐지지 않을 수 있고, 심지어 재기의 기회도 잡을 수 있었다. '두 사람의 의중부터 확인하자!' 고국천왕이 사망한 바로 그날 밤, 왕후는 주변 사람들에게 이 사실을 발설하지 말라고 입단속을 시킨

기억해야 할 이름

뒤 발기의 집으로 향했다.

왕후는 고국천왕이 죽었다는 사실을 숨긴 채 발기에게 왕위를 계승하라는 제안을 던졌다. 발기는 형수가 왜 이러나 싶었을 것이다. 어차피 자신이 왕위 계승 서열 1위인데 말이다. 또한 왕이 생존해 있는 상황에서 왕위 계승 이야기를 하는 것은 역모나 다름없었다. 역모를 감행할 아무런 이유가 없는 발기는 당연히 제안을 거절했다. 오히려 야밤에 시동생의 집을 방문하는 것은 왕후의 예의가 아니라며 타박했다.

왕후는 곧바로 연우의 집으로 향했다. 연우는 형과 달리 왕후를 반갑게 맞았다. 늦은 밤인데도 술과 음식을 내어주며 극진히 대접했다. 심지어 직접 고기를 썰어주겠다며 칼을 잡았다가 손가락을 베이기도 했다. 『삼국사기』에는 이때 왕후가 상처를 치료하라며 직접 치마끈을 풀어서 내어주었고, 두 사람이 함께 궁으로 돌아왔다고 기록되어 있다. 정치적 협상이 성공했음을 에둘러 표현한 게 아닐까.

다음 날 왕후는 고국천왕이 사망했으며 연우에게 왕위를 넘기라 유언했다고 공표했다. 발기는 당황했지만 어찌할 도리가 없었다. 이미 왕후가 대신들을 모조리 구워삶은 탓에 연우의 왕위 계승을 반대하는 이들이 없었다. 결국 모든 것이 왕후의 작전대로 되었다. 연우가 왕에 올랐으니 바로 10대 산상왕이다.

고구려의 형사취수 풍습

낙동강 오리알 신세가 되어버린 발기는 외국의 도움을 받을 수밖에 없었다. 발기는 한의 요동 태수에게 3만 병사를 빌린 뒤 조국인 고구려를 쳤다. 하지만 고구려 백성은 발기로부터 등을 돌렸다. 발기는 역적으로 전락했다. 그 발기를, 고국천왕의 막냇동생인 계수가 진압했다. 발기는 치욕을 느끼며 스스로 목숨을 끊었다.

산상왕은 왕후 우씨를 부인으로 맞아들였다. 이로써 우씨는 우리 역사상 처음이자 유일하게 2대에 걸쳐 왕후 지위를 누린 여성이 되었다. 형과 동생을 모두 남편으로 두었으니 요즘의 도덕 기준으로는 불편할 수도 있다. 하지만 당시 기준으로는 아무런 문제가 없었다. 고구려에서는 형이 죽으면 동생이 형수와 결혼하는 풍습이 있었다. 형사취수다.

왕후는 산상왕과의 사이에서도 후계자를 낳지 못했다. 결국 후궁이 낳은 왕자가 후계자가 되었다. 왕후는 주통부인이라 불리는 그 후궁과 왕자를 지독히도 괴롭혔다. 그럼에도 불구하고 왕자는 끝까지 효심으로 대했다. 이 인물이 11대 동천왕이다.

오늘날까지 전하는 고구려의 기록과 유물이 많지 않다. 그림은 황해도의 고구려 시대 무덤인 안악 3호분의 벽화로, 무덤 주인 내외로 추정된다. 안악 3호분에서는 고구려의 생활상을 파악할 수 있는 다수의 벽화가 발견되었다.

기억해야 할 이름

왕후는 두 번째 남편과 함께 묻히길 원했고, 실제로 그렇게 되었다.

이후의 이야기가 일화처럼 전해지는데 흥미롭다. 한 무당이 왕실에 자신이 꾼 꿈의 내용을 들려주었다. 고국천왕이 나타나서는 "아내가 동생과 함께 묻히는 걸 보니 부끄러워 못 견디겠다. 내 무덤을 가려 달라."고 했다는 것이다.

왕실은 이 이야기를 듣고 고국천왕과 왕후의 무덤 사이에 소나무를 겹겹이 심었다. 고국천왕이 바라던 대로 서로 보지 못하게 하려는 조치였다. 이 일화가 사실인지는 분명치 않다. 아마도 고국천왕과 왕후의 사이가 썩 좋지 않았다는 점을 반영한 일화이리라. 도대체 얼마나 사이가 나빴으면 죽어서까지 서로의 무덤도 보기 싫을 정도였을까. 살아 있을 때의 이야기보다 죽은 후의 이야기가 더 애처롭다. 이런데 권력이 무슨 소용일까? 인생무상이요, 권력 무상이다.

계유정난과 신숙주의 선택

변절자인가, 현실주의자인가?

🌀 학자로서의 신숙주가 남긴 업적은 무엇인가?
🌀 단종 복위 운동에 신숙주는 왜 동참하지 않았는가?
🌀 계유정난 이후 신숙주는 어떤 일을 했는가?

녹두를 물에 씻어 냄비에 넣는다. 열흘 정도가 지나면 녹두에서 싹이
나온다. 이것이 비타민과 무기질이 풍부한 숙주나물이다. 녹두의 싹이
니 녹두나물이라 부르는 게 맞을 것 같은데, 안 그런다. 사람들은 이
를 숙주나물이라 부른다.

야사에 그 답이 있다. 조선 세조는 1453년 조카인 단종을 끌어내리
고 왕에 올랐다. 이 계유정난 때 신숙주는 세조의 편에 섰다. 단종에
대한 충성 맹세를 철회하고, 단종 복위를 도모하는 동료들을 밀고했
다. 이처럼 권력을 좇는 변절자로 전락했으니 백성들이 저주했다. 숙
주나물은 가장 빨리 상하는 음식 중 하나다. 백성들은 신숙주의 사람
됨됨이가 숙주나물을 닮았다고 빈정거렸다. 숙주나물을 만두소로 만

들 때는 신숙주를 뭉개는 기분으로 짓이겼다. 녹두나물이 숙주나물이 된 사연이다.

이 야사를 사실로 믿는 이들이 적잖다. 여기에 신숙주의 부인이 남편의 변절을 부끄러워하며 자결했다는 이야기까지 전해진다. 이 또한 그럴싸하지만 사실이 아니다. 그의 부인은 사육신이 처형되기 5개월 전에 이미 사망했다. 왜 이렇게 가짜 이야기들이 많을까? 그만큼 신숙주의 변절을 못마땅해 하는 사람이 많다는 증거다.

신숙주에 대한 현대 학계의 평가

최근 학계의 분위기가 바뀌고 있다. 신숙주를 옹호하는 목소리가 커지고 있다. 2017년 서울 국립 한글 박물관에서 열린 신숙주 탄생 600주년 기념 학술 대회에서도 이런 흐름이 느껴졌다. 이 행사를 주최한 한글학회는 신숙주를 제대로 조명해야 한다고 주장했다. 학회는 신숙주의 변절자 이미지는 문학 작품이나 야사에서 만들어졌을 뿐이며 역사적 사실과는 무관하다고 했다. 숙주나물의 유래에 대해서도 터무니없다는 반응을 보였다. 신숙주를 조롱하기 위해 꾸며낸 이야기라는 것이다.

한글학회는 신숙주를 이렇게 평했다. "훈민정음의 반포와 보급을 비롯해 여러 분야에서 큰 발자취를 남긴 위인!" 이 평가에 동의하지 않는 독자도 있을 듯하다. 하지만 이미 말한 대로 학계 평가는 꽤 긍정적이다. 사실 학자로서의 업적만 따진다면 이 평가가 아깝지 않다. 특히 훈민정음 창제와 반포 과정에 많은 공을 세웠다.

문자를 창제하려면 음운 공부가 필수적이다. 그는 왕명에 따라 성

삼문과 요동 지방까지 건너가 명
의 저명한 학자에게 음운학을 배
웠다. 집현전 학사들과 함께 『훈
민정음 해례본』을 썼고, 우리나
라 최초의 음운서인 『동국정운』
편찬을 주도했다. 『동국정운』은
한자음을 훈민정음으로 표현할
때의 표준을 정한 책이다. 이 책
이 있었기에 백성은 한글을 수
월하게 쓸 수 있었다. 신숙주는
언어 감각도 탁월했다고 알려져
있다. 중국의 여러 민족 언어와

신숙주 초상

일본어를 포함해 7개국의 언어에 능통했다.

　하지만 신숙주의 변절이 정말로 극악무도한 수준이라면 이런 업적
이 면죄부가 될 수는 없을 터. 그에 대한 평가가 여전히 극과 극을 오
가는 이유다. 아무래도 계유정난에서부터 이야기를 다시 시작해야 할
것 같다.

사육신과 생육신 그리고 신숙주

　계유정난은 명백한 반란이었다. 아마도 신숙주는 반란의 조짐을 읽
었을 것이다. 계유정난이 발생하기 1년 전 수양 대군(세조)이 사은사로
명에 다녀왔는데, 신숙주가 동행했기 때문이다. 두 사람은 긴 대화를
나누었다. 신숙주가 반란에 대해 몰랐을 리 없다.

조선에 돌아온 후 신숙주는 정3품 승정원 동부승지에 올랐다. 병색이 완연한 문종은 신숙주, 성삼문, 박팽년 등 집현전 학사를 지낸 젊은 대신들을 불렀다. "어린 세자를 잘 돌봐주오." 동생인 수양 대군의 야심을 누구보다 잘 아는 문종이었으니 어린 아들이 걱정이 되었으리라. 슬프게도 그 예감은 현실이 되었다.

계유정난이 터지자 문종의 유지를 받들던 대신들은 고개를 숙인 채 흐느꼈다. 얼마 후 그들이 단종을 복위시키기 위한 거사를 모의했다. 성삼문은 신숙주에게도 동참을 제의했다. 하지만 그는 냉정하게 거절했고, 나아가 거사 자체를 반대했다. 그래도 우정이 남아 있었던 걸까? 신숙주는 이 사실을 수양 대군에게 알리지는 않았다.

1456년(세조 2년) 성삼문이 주도한 이 계획이 발각되었다. 이들에게 잔인한 고문이 자행되었다. 그래도 성삼문은 초연했고, 끝까지 세조를 '전하'가 아닌 '나리'라 부르며 조롱했다. 신숙주에게도 독설을 퍼부었다. 이렇게 6명의 신하는 처형되어 사육신이 되었다. 김시습을 포함한 여섯 사람은 정계를 떠나 재야에 묻혀 살아 생육신이란 이름을 얻었다. 신숙주만이 승승장구했다. 더불어 변절자라는 오명을 덮어썼다.

김시습 초상

비정한 정치인, 그 이상도 이하도 아닌

무릇 세상사는 두부를 칼로 자르듯 흑과 백으로 명쾌하게 나뉘지는 않는다. 때로 진실은 감추어져 보이지 않는 법이다. 진실을 말하자면, 신숙주는 계유정난에 참여하지 않았다. 반란이 일어났을 때 신숙주는 명에 가 있었다. 물론 반란의 조짐을 읽고 있었으니, 굳이 죄를 따진다면 내란 방조죄다. 신숙주는 회색주의자에 가깝다.

신숙주가 세조의 총애를 받게 된 결정적 계기는 따로 있다. 세조가 직면한 가장 큰 숙제를 신숙주가 해결했다. 조선은 명에 사대하던 나라다. 그러니 반정의 정당성을 명 황제에게 설명해 인정을 받아내야 한다. 이 임무를 신숙주가 맡아 훌륭히 해냈다. 명 황제는 세조를 왕에 책봉했고, 신숙주는 귀국하자마자 정2품 병조 판서에 임명되었다.

신숙주는 이후로도 승승장구했다. 41세에 우의정에 임명되었다. 40대에 재상 반열에 오른 것이다. 세조는 죽음을 앞두고 "당 태종에게 위징(당 태종이 자주 조언을 구했던 정치인)이 있었다면 내게는 신숙주가 있었다."라고 말했다. 신숙주의 정치적 역량이 그만큼 뛰어났다는 증거이리라.

신숙주의 정치 철학을 조금만 들여다보자. 거사를 일으키자는 성삼문에게 신숙주는 이렇게 말했다. "명분만 가지고 세상을 바꿀 수 없다." 그랬다. 신숙주는 지극히 현실주의자였다. 세상이 달라졌음을 받아들이고 새 군왕 밑에서 올바른 정치를 하리라고 마음먹었다. 한때의 충성 맹세를 어기는 것쯤이야 중요하지 않았다!

신숙주는 독하기까지 했다. 단종을 노산군으로 강등시킬 것을 주장했고, 끝내 관철시켰다. 세조의 동생인 금성 대군이 단종 복위 운동

기억해야 할 이름

을 시도하다 적발되었을 때는 "불씨를 없애기 위해 노산군을 처형해야 한다."고 주장했다. 이 주장 또한 관철시켰다. 신숙주는 나아가 노산군의 부인을 자신의 노비로 내어달라 청했다. 독하기로 둘째가라면 서러울 세조도 차마 그럴 수는 없었나 보다. 그것만큼은 불가하다 했다. 이쯤 되면 혀가 절로 차진다. 변절이라면, 화끈한 변절이다. 냉철한 판단이었다면, 송곳으로 찔러도 피 한 방울 나지 않을 것 같은 냉혈한이다.

신숙주의 사람 됨됨이를 알 수는 없다. 다만 그의 인생을 짚어가다 보면 타고난 정치인임에는 분명한 것 같다. 피도 눈물도 없는 게 정치라는 말이 딱 맞지 않는가.

공녀로 갔다가 명 황제의 후궁이 된 한씨 가문의 자매

여비 한씨와 공신부인 한씨 이야기

- 한씨 가문의 자매가 중국의 공녀가 된 까닭은 무엇인가?
- 세조 때 정승을 지낸 한확의 집안은 어떻게 세도가가 되었는가?

2015년, 프랑스 대통령 프랑수아 올랑드가 한국을 찾았다. 한국과 프랑스의 수교 130주년을 기념하는 방한이었다. 국내 언론의 시선은 그와 동행한 플뢰르 펠르랭 문화부 장관에 쏠렸다. 그녀가 입양아 출신이었기 때문이다. 한국에서 태어나 6개월 만에 버려져 프랑스 가정에 입양되었다. 다행히 좋은 양부모를 만나 훌륭히 성장했다.

운명은 알 수 없다. 비극이 희극이 되기도 하고 위기가 기회로 바뀌기도 한다. 조국으로부터 버림받았지만 펠르랭처럼 나중에 금의환향할 수도 있다. 역사에서도 이런 상황이 적잖다. 공녀로 중국에 갔다가 황제의 총애를 받게 되어 한순간에 권력자로 부상한 이들도 있었다. 고려 시대 때 원에 공녀로 갔다가 후궁이 되었고 나중에는 황후에 오

기억해야 할 이름

른 기황후가 대표적이다. 그녀는 공녀로서 중국의 황후에 오른 유일한 인물이다.

공녀로 중국에 갔다가 명 황제의 후궁이 된 여비 한씨

기황후까지는 아니지만 조선 시대에도 명 황제의 후궁에 오른 궁녀들이 꽤 있다. 그중에는 자매가 모두 공녀로 가서 후궁이 된 사례도 있다. 바로 한씨 자매다. 성종의 어머니로서, 평생 권력을 누렸던 인수 대비(소혜 왕후)가 바로 이 한씨 자매의 조카였다. 물론 인수 대비는 두 고모의 얼굴도 못 봤을 가능성이 크다. 두 고모 모두 인수 대비가 태어나기 훨씬 전에 공녀로 중국에 갔으니까 말이다.

사후에 왕으로 추존된 덕종(위)과 부인인 인수 대비(아래)의 묘다. 남편인 덕종의 묘는 대군의 형식을 취해 간소한 편이지만, 인수 대비의 묘는 왕릉의 형식으로 만들어졌다.

언니 한씨, 그러니까 인수 대비의 큰 고모는 1417년(태종 17년) 공녀로 명에 가서 성조 영락제의 후궁이 되었다. 여비라는 직위를 받았기에 여비 한씨라 불렸다. 황궁 생활은 위태위태했다. 황궁만큼 권력을 둘러싼 암투와 음모가 횡행하는 곳이 또 있겠는가. 언니 한씨는 자신과 관련 없는 사건에 연루되어 처형될 위기를 맞기도 했다.

영락제는 조선이 처음 보낸 5명의 공녀 중에서 권씨라는 여성을 총애했다. 권씨에게 후궁 중에서 가장 높은 작위인 현비 작위까지 내릴 정도였다. 그랬던 그녀가 급사했다. 문제는 몇 년 후 발생했다. 권씨가 다른 조선인 후궁들에게 독살되었다는 소문이 돌았다. 영락제가 분노하니 황궁에는 피바람이 휘몰아쳤다. 한참 후에 사건의 전모가 밝혀졌는데, 중국인 궁녀들의 조작이었다.

이 피의 숙청 때 3,000여 명이 처형되었다. 당시 중국에 있던 조선 공녀 출신 후궁 7명 중 5명이 죽었다. 온몸을 불로 지지는 단근질이라는 고문을 받다가 죽은 이가 있는가 하면 칼로 목을 베는 참형으로 죽은 이들도 있었다. 또 다른 후궁은 충격을 받고 스스로 목숨을 끊었다. 살아남은 두 명의 후궁 중 한 명이 여비 한씨였다. 그녀에게도 식량을 금하는 처벌이 내려졌다. 만약 그녀를 애처롭게 여긴 환관이 몰래 식량을 넣어주지 않았더라면 그녀 또한 굶어 죽었을지도 모른다.

이렇게 죽음의 위기를 넘겼지만 여비 한씨는 그로부터 오래지 않아 억울하게 생을 마감했다. 영락제가 사망하자 명 황실이 그녀에게 순장을 강요한 것이다. 그녀는 고향으로 보내달라고 애원했지만, 그 소원은 받아들여지지 않았다. 1424년(세종 6년) 끝내 그녀는 다른 궁녀 30여 명과 함께 죽임을 당했다.

여비 한씨의 동생 공신부인 한씨

새로 명 황제에 오른 선종 선덕제가 3년 후 조선에 다시 궁녀를 요구했다. 여비 한씨의 여동생이 뛰어난 미인이라는 소문 때문이었을까, 명 황실은 여비 한씨의 동생을 궁녀로 보내라 했다. 명은 나름대로 명분이란 것도 제시했다. 순장된 여비 한씨의 절개를 높이 사는 의미에서 그 동생도 후궁으로 맞아들인다는 것이다. 결국 1427년 동생 한씨가 공녀로 선발되어 중국에 갔다. 동생 한씨는 선덕제의 후궁이 되었다.

권력을 쥐면 오만해지기 쉽다. 동생 한씨가 그랬다. 그녀는 조국이었던 조선을 '봉'으로 여겼다. 툭하면 환관을 조선에 보내 선물을 요구했다. 황제 이름으로 칙령을 내려 한씨 가문 사람들을 자주 중국에 불러들였다. 그들은 가벼운 마음으로 중국에 다녀왔고, 막대한 선물을 받았으며, 벼슬까지 얻었다.

동생 한씨는 언니와 달리 선덕제가 사망했을 때 순장되지 않았다. 이후로도 3명의 황제가 이어지는 현장을 지켜보았고, 73세까지 살다 세상을 떠났다. 그녀가 죽자 명 황제는 공신이란 시호를 하사했다. 그래서 동생은 공신부인 한씨라 불렸다.

한씨 가문은 두 딸의 희생으로 단숨에 명문 가문으로 떠올랐다. 장손인 한확은 누나와 동생 덕분에 권력자가 되었다. 누나를 명에 바래다주던 그때, 명에서 광록시소경이란 벼슬을 얻었다. 조선으로 돌아온 후에는 과거 시험도 치르지 않고 판한성부사가 되었다. 판한성부사는 나중에 한성부 판윤으로 이름이 바뀌는데, 오늘날의 서울 시장이다.

자매를 공녀로 보내고 세도가가 되다

1425년 한확이 사대부 첩의 딸과 간통하다 적발되었다. 대신들은 한확의 죄질이 나쁘다며 처벌을 촉구했다. 하지만 당시 세종은 "내가 벌줄 수 없는 사람"이라며 고개를 저었다. 한씨 가문의 위세를 짐작할 수 있는 대목이다. 누나를 공녀로 보낸 이득이 이 정도로 크다면 동생을 공녀로 보내는 게 뭐 대수겠는가. 어쩌면 한확은 동생을 공녀로 보내라는 명의 요청에 감읍했을지도 모른다.

한확은 계유정난 때 수양 대군의 편에 섰다. 반정이 성공한 후에는 공신 지위를 받았고, 나아가 최고 지위인 정승에 올랐다. 한확은 1456년 신숙주 등과 함께 세조가 왕위를 찬탈한 게 아니라 왕위를 이양받은 것이라고 설득하기 위해 명 황실에 갔다. 이 업무를 무사히 끝내고 귀국하던 중 급사했다.

한확과 그의 딸 인수 대비가 죽을 때까지 권력자의 삶을 누린 것은 가문이라는 배경이 있었기 때문이다. 이 모든 권력의 시작은 인수 대비의 두 고모였다. 한씨 자매가 명 황제의 후궁이 되지 않았더라면 한씨 가문이 세도가가 되었을 확률은 낮다. 그토록 울면서 공녀로 가기 싫다던 자매가 결국에는 가문을 일으켜 세운 셈이다. 정말 알 수 없는 게 인생이고 운명이라 하더니 한씨 자매가 딱 그런 사례가 아닌가 싶다. 한씨 가문에게는 공녀 제도가 기회가 되었지만 기본적으로 공녀는 '인간 공물'이었다. 노예는 아니었지만 사실상 팔려가는 처지였다.

현대에도 공녀와 비슷한 제도가 있다. 공녀보다 더 어린 유아기에 낯선 이국으로 떠나는 아이들. 바로 해외 입양이다. 5세 때 미국으로 입양된 남자가 친부모를 찾기 위해 주한 미군에 자원한다. 그는 사형수로 복역 중인 친아버지를 만난다. 해외 입양아의 이야기를 담은 영화 〈마이 파더〉의 줄거리다. 실화를 바탕으로 만들어졌기에 많은 사람들의 심금을 울렸다.

펠르랭처럼 성공 사례도 있지만 이 영화처럼 정체성을 찾지 못해 방황하거나 양부모의 학대로 고달프게 살아가는 해외 입양아들도 많다. 낳아준 조국은 그들을 위해 무엇을 하고 있는가? 한 번쯤은 정말로 진지하게 우리 사회가 고민해야 할 숙제다.

조선 시대 팜므 파탈, 어우동의 비극

여성과 성 이야기

- ◑ 어우동은 왜 교형을 당해 죽었는가?
- ◑ 조선이 본보기로 삼은 열녀들의 삶은 어떠했는가?

1980년대 중반, 한 사극 영화가 극장가를 강타했다. 조선 시대 문제적 여성의 일대기를 다룬 영화인데, 일단 개봉부터가 쉽지 않았다. 가까스로 무대에 올려놓았더니 이번엔 상영 중단이란 암초를 만나기도 했다. 영화를 비판했던 이들은 모두 이렇게 말했다. "영화가 너무 음란해. 퇴폐적이야. 저런 게 무슨 사극이야? 에로 영화지!"

영화의 제목은 〈어우동〉이었다. 조선 시대의 대표적인 팜므 파탈 어우동의 삶을 다루었다. 그녀는 사대부 집안의 딸로 태어났지만 나중에는 기생으로 살았다. 문인이자 예술가이기도 했으나 작품은 남아 있지 않다. 그녀를 처형하면서 모두 없애버렸기 때문이다. 15세기 후반 조선 팔도를 발칵 뒤집어놓은 이 여성에 대해 이야기해보자.

기억해야 할 이름

조선의 막장 드라마

1480년(성종 11년) 6월, 좌승지가 왕에게 긴급 보고를 올렸다. "어우동이 자신의 죄가 중함을 알고 도망갔으니 반드시 붙잡아야 합니다." 성종은 끝까지 추포하라는 명을 내렸다. 실록에는 어우동과, 그녀의 어머니 정씨를 싸잡아 비난하는 글도 실려 있다. "어우동의 어미가 노비와 간통해 남편에게 버림받았다. 음풍이 있는 집안이다."

음풍은 음란한 풍조란 뜻. 당사자의 해명도 듣지 않고 음란의 낙인부터 찍었다. 참으로 편한 수사 방식이다. 수사 방향을 다 정해놓았으니 다음은 일사천리다. 유죄 확정, 죄명 확정! 모든 것을 꿰맞출 일만 남았다. 음란한 여인을 잡아 족치면 된다.

여인 한 명 붙잡기가 뭐 그리 어렵겠는가. 의금부는 곧바로 어우동을 체포했다. 이어 국문(鞫問)이 벌어졌다. 일방적인 취조였다. 형식적으로나마 해명을 듣는 척하더니 곧 판결이 내려졌다. 죽일 것이냐, 유배 보낼 것이냐. 이를 두고 대신들이 갑론을박했지만 왕은 처형을 명했다. 10월 18일, 어우동은 목을 졸라 죽이는 교형에 처해졌다.

어우동이 팜므 파탈인 건 알겠는데 도대체 무슨 죄를 지은 것일까? 그녀의 이야기는 야사와 민담에도 종종 등장한다. 하지만 과장이 많다. 정확한 사실을 알려면 실록을 보는 게 좋을 듯하다. 실록의 내용을 바탕으로 그녀의 삶을 재구성해보자.

어우동은 왕실의 종친인 이동에게 시집갔다. 결혼 생활은 순조롭지 않았다. 시집간 후로 행실이 바르지 못했다고 실록에는 기록되어 있다. 물론 그 기록을 온전히 믿을 수는 없다. 이미 음란의 낙인을 찍었으니까 말이다. 어쨌든 이동은 기생과 사랑놀이를 벌였다. 어우동도

은그릇을 만드는 장인(匠人)과 맞바람을 피웠다. 이쯤 되면 막장이지만 시대적 배경이 조선이다. 조선 남자는 꿀릴 게 없다. 이동은 어우동을 쫓아냈다.

어우동과 관계를 맺은 남자들

조선 시대에 지아비로부터 버림받은 여성은 갈 곳이 별로 없었다. 그녀는 기생의 길을 선택했다. 어우동의 계집종이 슬픔에 잠긴 그녀에게 사헌부의 말단 벼슬아치를 소개했다. 외간 남자와의 본격적인 만남. 이를 시작으로 그녀는 팜므 파탈의 길을 걸었다.

두 명의 왕실 종친이 그녀와 부적절한 관계를 맺었다. 세종 대왕의 손자뻘인 이난은 어우동을 보는 순간 첫눈에 빠져들었다. 두 사람의 애정 행각은 곧 잠자리로 이어졌다. 정종의 후손인 이기도 어우동과 관계를 가졌다. 전남편을 포함해 3명의 왕실 종친이 어우동이란 한 여자와 성적 관계를 맺은 것이다.

어우동은 사대부 선비들과도 숱하게 잠자리를 가졌다. 과거 시험에 합격한 자를 유혹하는 것은 식은 죽 먹기보다 쉬웠다. 어우동은 양반, 노비를 가리지

어우동의 본명은 박구마다. 승문원 지사를 지낸 박윤창의 딸로 태어났다. 사대부의 부인이었으나 남편의 일탈에 맞바람을 피우면서 기생의 길을 걸었다. 시와 서화에 능하여 여러 작품을 남겼으나 음탕한 여자의 작품이라 하여 대부분 소각되었다. 유금동, 황진이 등과 함께 부도덕한 여성의 대명사로 여겨졌으나, 1910년에 복권되었다.

기억해야 할 이름

않았다. 어우동이 남자를 더 좋아한 경우도 있었겠지만 대체로는 남자들이 안달복달했다. 어떤 남자는 팔뚝에, 어떤 남자는 등짝에 어우동의 이름을 새겼다. 충성 맹세를 하듯이 말이다.

얼마 후 조정에까지 어우동의 이야기가 전해졌다. 왕실 종친 남자들까지 개입되었다니 왕이 어찌 모른 척하겠는가. 당장 체포령이 떨어졌고 어우동을 비롯해 관련자들 대부분이 줄줄이 포박되었다. 그다음에는? 마녀사냥이 벌어졌다.

의금부는 장 100대를 치고 유배를 보내자고 제안했다. 하지만 대부분의 대신들은 이 정도의 처벌로는 성에 차지 않았다. "사대부 가문의 여인이 노비와 관계를 맺다니, 이는 강상(綱常, 삼강과 오상을 이르는 말로 사람이 지켜야 할 도리를 일컫는다)의 법도를 무너뜨리는 극악무도한 일입니다. 극형에 처해야 합니다." 왕도 다르지 않았다. "어우동은 음란하다. 처형하지 않으면 후세에 경계(警戒)를 삼을 수 없다!"

사대부들은 비겁했다. 끌려온 남자들은 모두 어우동과의 관계를 부인했다. 자신은 어우동이란 여성을 알지도 못한다는 식의 변명이 이어졌다. 어우동이 처형되고 나니 더욱더 모르쇠로 일관했다. 증거 불충분! 모든 사대부들이 무죄로 풀려났다. 웃기고 황당한 노릇이 아닌가. 남자들이 무죄라면 도대체 어우동은 누구를 상대로 부적절한 애정 행각을 벌인 것일까? 알다가도 모를 일이다. 다만 단 한 남자, 이난은 끝까지 어우동을 지지했다. 다만 이난도 왕실 종친이기에 처벌은 받지 않았다.

『삼강행실도』 속 열녀의 진실
어우동의 비극은 어우동이 죽어서도 끝나지 않았다. 그녀가 세상을 떠나고 8년이 지난 1488년의 일이다. 8월의 어느 날, 어우동의 오라비인 박성근이 모친을 살해한 죄로 처형되었다. 그는 왜 어머니를 죽였을까? 그는 이렇게 말했다. "어머니가 성적으로 문란했다. 또한 어렸을 때부터 나를 학대했다. 그러니 죽였다."

결국 어우동의 집안 전체가 몰락해버렸다. 음란한 풍조가 비극의 원인이었다. 그런데 정말로 어우동이 지독히도 음란해서 이런 일이 벌어진 것일까? 어우동이 그렇게 될 수밖에 없었던 이유가 있지 않았을까? 요컨대 현상만 보지 말고 그 너머에 있는 본질을 봐야 한다. 명분을 중요하게 여기는 유교적 가치관이 원흉이었다.

조선 사회는 여성에게 한 남자만 섬길 것을 강요했다. 남편이 사망할 경우 사실상 재혼을 용납하지 않았다. 여성의 삶이 다할 때까지 죽은 남편을 기리며 살라고 했다. 그런 삶이 '절개 곧은 삶'이라며 부추겼고, 그런 여성을 '열녀'라 부르며 칭송했다.

조선 전기에 왕명에 따라 『삼강행실도』라는 책이 편찬되었다. 모범이 될 만한 충신, 효자, 열녀 등의 이야기들을 수록했다. 문제는, 여기에 수록된 열녀 대부분이 요즘 말로 하자면 희생자요, 피해자라는 것이다. 가령 남편을 잃어 홀로된 여성이 동네 남정네에게 성폭행을 당했다면? 그 남자를 붙잡아 죄를 묻는 게 순리다. 하지만 이 경우 절개를 지키기 위해 자결하는 것이 열녀의 도리다. 물론 이 책에서도 그런 여성을 열녀로 소개한다. 「열녀」 편에 실린 110명의 사례 중 80명의 사례가 이런 식의 자살 이야기다. 명백히 사회가 강요한 희생이며 반인권적 폭력인 셈이다.

21세기다. 행실을 가르치겠다며 『삼강행실도』 같은 책을 읽으라고

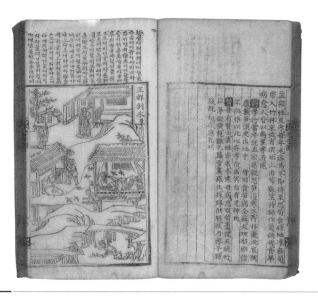

『삼강행실도』. 세종의 명으로 발간한 백성을 위한 윤리 교과서라 할 수 있다. 내용을 쉽게 알아볼 수 있도록 삽화를 곁들였다. 충신, 효자, 열녀 등에 관하여 소개하고 있다. 열녀에 관해서는 가부장적이고 성차별적인 시각이 강하다.
ⓒ국립중앙박물관

국가가 강요하지는 않는다. 하지만 암묵적으로 성차별이 존재하는 곳이 아직도 적지 않다. 습관이란 무섭다. 무릇 남자란, 무릇 여자란……, 이런 식의 화법부터 고쳐야 할 것이다.

과거 시험 보지 않고도
정승에 오른 인물들

정승이 되는 또 다른 길

◉ 명재상 황희의 아들 황수신은 어떻게 정승이 되었는가?
◉ 벼슬을 마다하고도 정승이라 불린 윤증의 사연은?
◉ 사후 추증을 통해 정승에 오른 인물들을 알아보자.

초등학생이 서너 개의 학원에 다니는 게 예사로운 시대다. 영어와 수학은 기본이다. 음악이나 미술 중 하나는 해야 하고, 운동도 한 종목은 익혀두어야 한다. 도대체 왜 이토록 열성일까? 좋은 대학에 가기 위해서다. 그러기 위해서는 좋은 고등학교에 가야 하고, 좋은 고등학교에 가려면 몇 년 치를 선행 학습해야 한다고 생각하기 때문이다. 시작은 이를수록 좋다고 믿는다. 그러니 초등학생 때부터 학원 뺑뺑이를 도는 것이다.

좋은 대학을 나와 남들이 부러워하는 직업을 가졌다 치자. 검사, 판사, 의사, 공무원……. 그다음엔 어떻게 할까? 권력 욕심이 생긴다면 정계로 뛰어든다. 출세 가도를 달린다 치자. 국회 의원에 당선되고, 장관도 된다. 더 나아가 관료의 최고 서열인 국무총리에도 오른다. 대통령은 민심에 따라 정해지니 예외다. 그러니 국무총리가 되는 것이 가장 큰 성공이다. 이것이 오늘날 최고의 성공에 이르는 정통 인텔리 코스다.

조선 시대도 비슷했다. 사대부 양반들은 최고 지위에 오르기 위해 정통 인텔리 코스를 밟았다. 목표는 정1품 정승. 시작은 과거 시험 급제였다. 과거 시험을 치르지 않고도 음서를 통해 벼슬을 얻을 수는 있었다. 그러나 정승이 될 수는 없었다. 물론 예외 없는 법칙은 없다. 과거 시험을 치르지 않고도 정승에 오른 인물이 드물게 있었다.

음서로 관직을 얻고 정승까지 오른 황수신

세종 때의 명재상 황희는 세 명의 아들을 두었다. 이 중 막내아들인 황수신이 음서로 관직 생활을 시작했다가 정승 자리에 올랐다. 황수신도 처음에는 정통 인텔리 코스를 밟으려 했다. 16세 때 생원과 진사를 뽑는 사마시(소과)에 응시했다. 이 시험에 통과하면 성균관에 입학할 수도 있고, 대과에 응시할 자격도 생긴다. 황수신은 바로 이 시험에서 굴욕을 당했다. 시험 감독관, 즉 시관으로부터 학문이 부족하다며 꾸지람을 들었다. 황수신은 정계로 나아가는 대신 학문으로 이름을 떨치리라 결심했다.

그래도 황수신은 벼슬을 얻었다. 정승 아버지를 둔 덕택에. 음서로 얻은 관직이니 말단 벼슬이었다. 그래도 쑥쑥 승진했고, 1446년에는 도승지에 올랐다. 도승지는 오늘날의 대통령 비서실장으로 정3품에 해당하는 고위직이다. 대과 시험에 급제하지 못했음에도 도승지를 맡은 이는 황수신이 처음이었다.

황수신은 1453년 계유정난 때 세조의 편에 섰다. 공신이 되었으니 출세가 보장되었다. 마침내 1462년 황수신은 우의정에 올랐다. 선비들이 누릴 수 있는 성공의 최종 목표인 정승이 된 것이다. 이어 좌의정을 거쳐 1467년 정승 중의 정승인 영의정에 올랐다. 아버지와 아들이 나란히 영의정이 되는 대기록을 세운 바로 그해에 황수신은 세상을 떠났다.

황희 초상화. 뛰어난 재상이자 청백리였던 그의 아들 황수신도 정승을 지냈다.
ⓒ국립중앙박물관

관직을 거절하고도 정승이라 불린 윤증

조상 덕에 정승에 오른 이가 있는가 하면 정치적 영향력만으로 정승이 된 인물도 있다. 붕당 간의 갈등이 가장 치열했던 17~18세기에 학문으로 이름을 떨친 윤증이다. 엄밀히 말하자면 윤증은 정승에 오른 적이 없다. 왕이 관직을 하사해도 받지 않았기 때문이다. 그러니 이름만 정승에 올려놓았을 뿐이다.

숙종이 통치하던 17세기에 붕당 간의 갈등이 극에 달했다. 서인과 남인은 상대 붕당을 초토화시키는 작전을 폈다. 피비린내 나는 사투가 벌어졌고, 집권 붕당이 순식간에 바뀌기도 했다. 이를 환국이라 한다. 숙종 때 이 환국이 세 차례나 일어났다.

송시열(위)과 윤증(아래)은 사제지간이었으나, 학문적 견해와 정치적 입장이 달라 서로 등졌다.
ⓒ국립중앙박물관

첫 번째가 1608년 발생한 경신환국이다. 서인이 승리했다. 패배한 남인은 된통 당했다. 남인 영수 윤휴가 사약을 받았을 정도다. 서인 강경파는 이참에 남인의 씨를 말리려 했다. 남인에 비교적 관대했던 서인 온건파는 강경파를 비판했다. 결국 강경파는 노론, 온건파는 소론으로 분열했다. 노론의 영수는 송시열이었다. 송시열의 제자 윤증이 소론의 영수로 추대되었다. 사제가 순식간에 정적이 되어버렸다.

윤증은 고위 관료가 아니었다. 재야 학자였을 뿐이다. 물론 벼슬을 하려면 할 수 있었다. 이미 효종 때부터 윤증을 조정에 천거하는 관료들이 많았다. 효종에 이어 현종은 실제로 윤증에게 벼슬을 하사했다. 주로 학문과 교육에 관련된 내시교관이나 사헌부 지평의 벼슬이었다. 윤증은 이 모든 벼슬을 사양했다.

경신환국 이후 윤증의 몸값은 천정부지로 치솟았다. 숙종은 윤증에게 사헌부 우두머리인 대사헌(종2품), 의정부 고위 관직인 우참찬(정2품)과 좌찬성(종1품)을 잇달아 제수했다. 그러나 윤증은 꿈쩍도 하지 않았다. 1709년 최고의 관직이 내려졌다. 바로 정1품 우의정 벼슬이다. 이번에도 윤증은 정중하게 거절했다. 결국 윤증은 정승이 아니면서도 정승이라 불리는 전설이 되었다.

사후 추증으로 정승에 오른 인물들

살아서는 정승에 오르지 못했지만 죽어서 정승에 추증된 인물도 많다. 이이, 이순신, 조광조 등이 대표적이다. 특히 이이는 당대에도 그랬고, 지금도 천재 소리를 듣는 인물이다. 과거 시험에 아홉 번 응시해 모두 장원 급제했다. 조선 시대 전체를 통틀어도 이런 기록을 가진 인물이 없다. 요즘으로 치면 모든 국가 고시에 합격한 셈이다.

이이는 관직 생활을 정6품 호조 좌랑으로 시작했다. 최종적으로 정2품인 이조 판서와 병조 판서까지 올랐다. 임진왜란을 예견해 양병설을 주장했다. 오늘날에는 십만양병설로 포장되어 있지만 이에 대해서는 논란이 분분하다. 당시 인구 규모로 보았을 때 십만 군사를 양성한다는 게 가능하냐는 반론이 있다. 실제로 이이가 십만양병설을 주장했다는 기록은 찾아보기 어렵다. 다만 군대 양성을 주장한 것만은 분명한 사실이다.

이이의 학문적 업적도 뛰어나다. 그러니 완벽한 현실 정치가이자 학자인 이이가 정승의 반열에 올랐더라면 어땠을까 하는 생각을 해본다. 안타깝게도 이이는 46세의 나이에 세상을 떴기에 정승이 될 기회를 잡지 못했다. 이이는 사후에 대광보국숭록대부 의정부 영의정 겸 영경연사 홍문관 춘추관 관상감사에 추증된다. 모두 정1품 벼슬이다.

이순신도 비슷한 사례다. 종2품 벼슬인 삼도 수군통제사로서 최후

광화문 광장에 있는 이순신 장군상. 이순신 장군은 세종 대왕과 함께 현대 한국인이 가장 존경하는 위인으로 꼽힌다. 조선 시대 당대에도 그는 후대의 존경을 받았는데, 사후에 우의정과 좌의정, 영의정에 차례로 추증되었다.

의 전투를 치렀다. 노량 해전에서 전사한 직후 우의정, 이어 좌의정으로 추증되었다. 훗날 정조 때 다시 영의정으로 추증되었다. 삼정승을 사후에 모두 지낸 셈이다. 요즘도 작전 중에 사망한 병사나 경찰이 특진하는 경우가 더러 있다. 명예로운 죽음을 택한 사람에게는 공식적으로 의인 칭호를 주고 포상한다. 사후 추증과 비슷한 맥락이다.

조선 시대의 정승은 왕을 위해 헌신했다. 국민보다 왕이 우위에 있었으니 그럴 수도 있겠다. 요즘의 최고 관료, 그러니까 장관이나 국무총리는 누구를 위해 헌신하고 있을까? 당연히 국민을 위해 헌신하고 있다는 대답을 듣고 싶다. 설마 아직도 조선 시대의 정승처럼 통치자만을 바라보지는 않을 것이라고 믿고 싶다. 대통령도 높지만 국민이 더 높고 귀하다. 이 진실을 단 한 순간도 잊지 마시기를.

일본에서 문화의 꽃을 피운 백제 왕자

아좌 태자 이야기

◈ 아스카 문화의 발전에 백제는 어떤 영향을 미쳤는가?
◈ 쇼토쿠 태자와 아좌 태자의 관계는 어떠했는가?
◈ 아좌 태자가 역사에서 종적을 감춘 이유는 무엇인가?

가깝고도 먼 나라. 일본을 두고 하는 말이다. 비행기로 한두 시간이면 일본 어느 곳이든 갈 수 있지만 심리적 거리감은 여전히 멀다. 우리나라와 일본의 역사가 복잡하게 얽힌 탓이리라. 과거 청산이 안 되니 갈등은 현재 진행형이다. 그러나 한반도의 역대 모든 나라가 일본과 적대적이었던 건 아니다. 특히 백제와 일본은 혈맹과도 같은 사이였다.

일본 규슈에 난고손이란 작은 마을이 있다. 이 마을은 속칭 '백제마을'이란 이름으로 널리 알려져 있다. 백제의 역사와 깊은 연관이 있기 때문이다. 이야기는 지금으로부터 1,300여 년 전, 백제가 멸망했을 때로 거슬러 올라간다. 당시 의자왕의 아들 정가왕과 손자 복지왕은 일본의 나라현으로 건너가 망명 생활을 시작했다.

얼마 후 나라현에서 내란이 일어났다. 두 사람은 난고손에서 만나기로 하고 각자 피신했다. 정가왕은 난고손에 무사히 도착했지만 복지왕은 그러지 못했다. 두 사람은 90킬로미터 떨어진 지점에서 각각 죽음을 맞았다.

이 이야기가 이 마을에 전설처럼 대대로 전해 내려와 현대에 이르렀다. 마을 주민들은 정가왕을 기리기 위해 미카도 신사를 만들었고, 복지왕이 죽은 곳에는 히키 신사를 만들었다. 매년 12월에는 부자의 영혼을 서로 만나게 한다며 90킬로미터 떨어진 두 신사 사이를 걷는다. 이 축제는 일본의 무형 민속 문화재로까지 지정되었다.

일본 아스카 문화에 새긴 백제의 손길

일본이 고대 국가의 반열에 오른 계기는 7세기 전반의 아스카 문화 시기였다. 아스카는 일본 나라현에 있는 마을 이름이다. 바로 이곳에서 태동한 문화이기에 아스카 문화라 부른다. 이 아스카 문화가 발전하는 데에도 백제의 역할이 상당히 컸다.

당시 일본을 통치한 인물은 스이코 천황으로, 일본 최초의 여왕이다. 다만 실제 통치는 섭정인 쇼토쿠 태자가 맡았다. 쇼토쿠 태자는 왕권을 강화하고 중앙 집권 체제를 구축하려 했다. 또한 국민의 정신을 하나로 결집시키기 위해 불교를 적극 장려했다. 그 결과 불교 관련 문화가 아스카 문화 시절에 비약적으로 발전할 수 있었다. 쇼토쿠 태자는 현재도 일본인들에게 가장 존경받는 위인 중 한 명이다.

아스카 마을에는 '아스카데라(飛鳥寺, 비조사)'라는 절이 있다. 처음 만들어질 당시에는 호코지(法興寺, 법흥사)라 불렀는데, 일본에서 가장

일본 나라현에 있는 아스카데라

오래된 사찰로 유명하다. 588년 첫 삽을 떴고, 8년 동안 공사를 벌인 끝에 596년 완공했다. 사찰의 설계에서부터 실제 건축에 이르는 전 과정, 그 이후에 불상과 불화 등 내부를 꾸미는 세부 과정에까지 백제 사람들이 대거 참여했다. 백제 왕실은 이 사찰의 완공을 돕기 위해 장인, 화공, 불상 전문가 등을 대거 파견했다. 이 사찰에 있는 아스카 대불은 일본에서 가장 오래된 금동 불상이다. 이 불상 또한 백제계 일본인이 만든 것으로 알려져 있다. 아스카데라의 초대 주지는 백제 고승 혜총과 고구려 고승 혜자가 맡았다. 이 중에서 고구려 승려 혜자는 쇼토쿠 태자의 스승이 되기도 했다.

백제의 아좌 태자와 일본의 쇼토쿠 태자

이듬해인 597년 4월, 백제 27대 위덕왕이 아스카데라 완공을 축하

231

하는 사절단을 일본에 보냈다. 이 사절단의 대표는 위덕왕의 장남인 아좌 태자였다. 사실 '아좌 태자를 보낸 것으로 추측된다'라는 게 더 정확한 표현일 것이다. 아좌 태자의 존재를 입증하는 국내 자료가 전혀 남아 있지 않으니 확인할 길이 없기 때문이다. 다만 일본 역사서인 『일본서기』에는 또렷하게 아좌 태자의 이름이 수록되어 있다.

아좌 태자가 실존했을까? 당시의 정치적 상황을 종합해 추측컨대 그랬을 가능성이 높다. 우선 백제의 위덕왕은 여러모로 수세에 몰려 있었다. 위덕왕의 아버지 성왕은 신라 진흥왕과 연합해 고구려를 쳤고 한강 일대의 영토를 얻었다. 하지만 곧 진흥왕의 배신으로 죽음을 맞았고 그 영토도 신라에 빼앗겼다. 백제 귀족들의 비난이 심했을 터. 위덕왕은 추락한 왕권을 강화하기 위해 여러 조치를 취해야 했다. 그 중 하나가 외교였다. 혈맹인 일본과의 관계를 더욱 강화하기 위해 사절단을 파견했을 것이고, 이 축하 행사의 중요도를 따져보면 장남인 태자를 사절단의 단장으로 보냈을 가능성이 크다.

아좌 태자는 쇼토쿠 태자와 여러 차례 만났을 것이다. 당시 일본은 백제의 문화를 우러러보고 있었다. 아스카데라 완공을 축하하는 행사에 일본 호족들이 참석하면서 백제 전통 복장을 했다는 이야기가 전해질 정도다. 그러니 쇼토쿠 태자가 아좌 태자에 배움을 청한다 해도 이상할 게 없다. 게다가 아좌 태자는 그림 솜씨가 뛰어났다.

아좌 태자는 왜 역사에서 사라졌는가?

현재 일본 궁내청에는 쇼토쿠 태자의 초상이 보관되어 있다. 중앙에 쇼토쿠 태자가 있고, 그의 양쪽에 쇼토쿠 태자의 동생과 장남이

서 있다. 이 초상화는 일본에서 가장 오래된 작품인데, 아좌 태자가 그린 것으로 전해진다.

쇼토쿠 태자는 아좌 태자를 스승으로 모셨던 것으로 알려지고 있다. 그렇다면 쇼토쿠 태자의 스승은 고구려 승려 혜자와 아좌 태자 두 사람이 되는 셈이다.

이쯤에서 궁금해진다. 아좌 태자에 관한 국내 기록이 왜 남아 있지 않은 걸까? 일본에서도 더 이상의 기록은 없다. 어느 날 갑자기 '펑' 하고 사라진 사람처럼

쇼토쿠 태자(가운데)와 동생(왼쪽), 그리고 장남(태자)을 그린 그림. 이 그림을 그린 이가 아좌 태자로 추정되고 있다.

말이다. 어쩌면 백제의 긴박한 정치사와 깊은 연관이 있을지도 모른다. 아좌 태자가 존재했다는 전제하에 백제 왕실의 이야기를 추정할 필요가 있을 것 같다.

아좌 태자를 일본에 보낸 이듬해, 70대의 위덕왕이 사망했다. 순리대로라면 얼른 아좌 태자가 백제로 돌아와 왕위에 올라야 한다. 하지만 왕위는 위덕왕의 동생에게 넘어갔다. 그 왕이 28대 혜왕이다. 일본 역사책에서 아좌 태자의 기록이 사라지는 시점이 바로 여기, 즉 혜왕이 등극한 이후다. 혹시 혜왕 측에서 사람을 보내 아좌 태자를 암살한 건 아닐까? 혜왕에게 아좌 태자야말로 눈엣가시였을 테니 말이다.

660년 백제가 멸망했다. 일본은 백제에 대한 의리를 지켰다. 백제의

기억해야 할 이름

왕자인 부여풍에게 1차로 5,000여 명, 2차와 3차로 3만여 명의 병사를 지원했다. 하지만 663년 금강 전투에서 패하면서 백제는 다시는 부활하지 못했다.

오늘날의 한일 관계를 생각해본다. 우리는 서로 의리를 지키고 있을까? 그렇다고 대답하기에는 현실이 영 만족스럽지 않다. 양심적인 일본인들은 일본이 저지른 과오를 사과하려 한다. 하지만 일본 현 정부는 전혀 그럴 뜻이 없는 것 같다.

혹시 우리도 그런 건 아닐까? 다른 나라엔 다 져도 좋지만 한일전 만큼은 이겨야 한다고 집착하는 것은 아닌지, 일본인이라면 일단 색안경을 끼고 대하는 건 아닌지……. 우리 마음부터 여는 건 어떨까? 백제의 승려, 장인들이 피땀 흘려 문화를 전파했던 당시의 심정을 상상해보자. 서로를 이해하려는 마음이 교류의 시작이 아니었을까?

흥선 대원군은
원래 쇄국주의자가 아니었다

대원군 개혁의 본질

🌀 흥선 대원군이 쇄국 정책을 편 까닭은 무엇인가?
🌀 흥선 대원군이 병인박해를 일으킨 이유는 무엇인가?

1419년(세종 1년) 6월, 이종무의 함대가 대마도를 쳤다. 병선 227척에 병사만 1만 7,000여 명. 이 대마도 정벌은 우리 역사상 최초의 대규모 해외 원정이었다. 출발은 순조로웠다. 첫날 상륙전에서 왜선 129척을 나포했고 1,939채의 가옥을 불살랐으며 114명의 왜구를 사살했다. 포로 131명도 구출했다.

압도적인 전력 우세에서 비롯된 승리였다. 그런데도 이 대마도 정벌이 실패한 전쟁이라는 평가가 적지 않다. 우선 바로 이어진 전투에서부터 삐걱거렸다. 조선군 180여 명이 죽거나 다쳤고, 왜구들은 항복하지 않았으며, 태풍까지 들이닥치면서 철군할 수밖에 없었다. 아군이 그토록 많이 희생된 이유를 조사하는 과정에서 상륙할 병사를 제비

뽑기로 선발했다는 사실까지 밝혀졌다. 게다가 그들의 지원 요청도 묵살되었다.

정벌 이후의 정치적 해법도 상당히 미흡했다. 대마도주는 조선에 항복하면서 군신의 예를 갖추었고, 나아가 조선에 합병되는 것까지 받아들일 준비를 하고 있었다. 하지만 조선은 더 이상의 정벌도, 합병 준비도 하지 않았다. 그러니 왜구의 불씨는 꺼지지 않았다. 얼마 후 삼포왜란이 터졌고, 더 훗날 임진왜란이 발발했다.

대마도 정벌은 많이 아쉽다. 일본이 독도를 자국 영토라고 우길 때 "원래 대마도도 한국 땅이야!"라고 말하는 한국인들이 있다. 대마도 정벌이 '실패'하지 않았다면 정말 그랬을지도 모른다. 물론 지금 와서 대마도를 우리 땅이라 주장하면 곤란하다.

신미양요는 승리한 전투인가?

대마도 정벌처럼, 승리했지만 실제로는 패한 전쟁이 흥선 대원군 통치 시절에도 있었다. 1871년(고종 8년) 발생한 신미양요가 대표적이다. 이 전쟁이 터지기 3년 전, 미국 상선 제너럴셔먼호가 통상을 요구하러 왔다가 조선 관군의 공격을 받고 침몰하는 사건이 발생했다. 신미양요는 미국이 이 사건에 보복하기 위해 일으킨 전쟁이었다. 동시에 미국이 동아시아에서 일으킨 첫 전쟁이기도 했다.

미 군함이 먼저 강화도 초지진에 함포 사격을 했다. 이어 650여 명의 미군이 상륙했다. 조선군은 단 하루도 막아내지 못하고 초지진을 내주었다. 전력 차이가 너무 컸다. 조선군은 광성보에서 최후의 전투를 치렀다. 지휘관 어재연을 비롯해 240여 명의 병사가 전사했고, 100

신미양요 당시 조선을 공격한 USS 콜로라도호의 장교들을 찍은 기념사진

여 명은 스스로 목숨을 끊었다. 살아서 포로로 잡힌 이는 20여 명에 불과했다. 반면 미국은 3명이 전사하고 10여 명이 부상을 입었다. 참패도 이런 참패가 없다. 나중에 미국은 통상 요구가 수용되지 않자 철수했다.

　신미양요의 승전국은 어디일까? 희생자의 수를 기준으로 한다면 명백한 조선의 참패다. 하지만 미군이 철수했다는 점에 초점을 맞춘다면 조선의 승리다. 일단 흥선 대원군은 호기롭게 외쳤다. "우리가 양이를 몰아냈다!" 이어 기세등등하게 전국에 척화비를 세웠다. "서양 오랑캐와 화친을 하자는 것은 나라를 파는 것이다!"

이제 서양과 소통하면 매국노가 된다. 어쩌면 흥선 대원군은 척화만이 조선이 살 길이라 여겼을 것 같다. 하지만 그가 처음부터 척화에 목숨을 걸었는지는 확실치 않다. 심지어 이 결정이 순수한 애국심의 발로인지조차 불분명하다. 신미양요가 일어나기 7년 전에 그가 보여준 이중적 태도가 이런 판단의 근거가 된다.

천주교 신도를 아내로 둔 흥선 대원군의 두 얼굴

흥선 대원군의 부인 여흥부대부인 민씨는 이미 1860년대에 천주교 신도가 되었다. 부대부인은 왕의 어머니를 부르는 작위다. 본관이 여흥이라 여흥부대부인이라고 한다. 민씨는 훗날 프랑스 주교로부터 세례를 받고 마리아라는 세례명도 얻었다. 이 정도라면 독실한 신도인 셈인데, 척화를 부르짖는 남편 몰래 종교 활동이 가능했을까? 그럴 수는 없을 터. 흥선 대원군은 아내의 종교 생활을 묵인했다. 나아가 조선에서 천주교의 활동을 허용하려고까지 했다. 그랬던 대원군이 불과 몇 년 사이에 뼛속 깊이까지 쇄국주의자로 돌변한 것이다. 무슨 일이 일어났던 것일까?

당시 러시아는 남하 정책을 추진하고 있었다. 1864년 러시아 선박이 두만강을 건너와 통상을 요구했다. 32년 전에도 영국 상선이 조선 근해에 나타나 통상 요구를 한 적이 있었지만 당시 파장은 그리 크지 않았다. 그사이에 일본이 개항했고, 중국에선 아편 전쟁이 터졌다. 열강에 대한 조선 조정의 공포는 극에 이르렀다.

그때 왕의 비서 역할을 했던 승지 남종삼이 나섰다. 남종삼은 프랑스의 힘을 빌리면 러시아를 견제할 수 있다고 주장했다. 흥선 대원군은 이 전략이 성공한다면 조선에서 천주교 신앙의 자유를 주겠다고 약속했다. 남종삼은 프랑스인 베르뇌 주교와의 만남을 주선하기 위해 백방으로 뛰어다녔다. 하지만 이 만남은 끝내 성사되지 않았다. 남종삼이 수소문 끝에 평양에 있던 베르뇌 주교를 찾아 한양에 데려가려 할 무렵 러시아가 철수했다. 게다가 흥선 대원군이 기거하는 운현궁에 천주학쟁이들이 드나든다는 소문이 나돌았다. 흥선 대원군이 자칫 탄핵될 수도 있는 상황이 된 것이다.

흥선 대원군은 안면을 바꿔 천주교를 탄압하기 시작했다. 1866년 베르뇌 주교를 포함한 프랑스 선교사 7명, 평신도 등 9,000여 명을 처형했다. 남종삼 또한 프랑스 선교사를 숨겨주었다는 이유로 처형되었다. 명백한 흥선 대원군의 배신이다. 이 병인박해를 빌미로 프랑스 군대가 쳐들어온 전쟁이 병인양요다. 이 전쟁에서도 우리가 승리했지만 프랑스 군대는 외규장각 도서와 각종 문화재를 약탈해 갔다. 이를 승리라 해야 할까?

흥선 대원군 쇄국 정책의 실체

1868년에는 흥선 대원군 부친인 남연군의 묘를 독일 상인 오페르트가 도굴하는 사건이 발생했다. 흥선 대원군이 척화를 부르짖을 도덕적 명분까지 생겼다. 쇄국의 깃발은 더 높이 올랐고, 마침 신미양요가 터졌다. 그러니 지더라도 끝까지 싸워야 했던 것이다.

대원군은 이후 실각과 재기를 반복했다. 여전히 쇄국을 외쳤지만 외세에 의존하는 모습도 여러 차례 보였다. 권력을 되찾기 위해 일본과 손을 잡기도 했다. 공교롭게도 맨 마지막에 강제로 정계 은퇴를 하

청에 의해 납치되어 톈진에 억류 중일 때의 흥선 대원군

도록 만든 세력이 일본이었다.

이 모든 점을 감안하면 흥선 대원군을 진정한 개혁가라 부를 수는 없을 것 같다. 세도가문을 타도하고 서원을 철폐하고 국가 재정을 튼튼히 하는 등 부국강병의 이름으로 추진된 이 모든 개혁의 최종 목표는 조선의 근대화가 아니었다. 왕실과 왕의 권위를 높이려는 미봉적 개혁에 불과했다. 그러니 쇄국 정책은 필연적이었다.

이 전쟁의 명분이란 것을 따져보니 결국에는 왕실의 기득권 지키기였다. 그렇다면 신미양요는 통치자의 욕심과 아집이 부른 전쟁일 뿐이다. 승전과 패전을 떠나 그토록 큰 희생을 치를 필요가 없었던 전쟁이란 뜻이다. 시대가 흘렀다고는 하나 정치의 본질은 바뀌지 않는다. 통치자의 아집과 욕심을 경계해야 할 이유다.

무녀바라기 명성 황후와 미국바라기 고종

무당과 미국에 의존했던 지도자들의 후회

❂ 무녀 진령군이 등장한 배경은 무엇인가?
❂ 가쓰라-태프트 밀약은 어떤 내용이었는가?

가끔 천륜이란 게 정말 실종되었다고 느낄 때가 있다. 돈 때문에 젊은 자식이 노부모를 살해했다거나 부모가 자녀를 학대하다 끝내 죽였다는 기사를 접하면 치가 떨린다. 모든 부모 자식 사이가 이렇겠는가마는 그래도 섬뜩한 기분을 떨치기가 쉽지 않다.

부모와 자식은 가까우면서도 멀다. 권력이 개입하면? 부모를 몰라보고 자식을 떨쳐낸다. 피보다 권력이 진하다는 말은 단언컨대 사실이다. 흥선 대원군과 고종이 그랬다. 고종은 아버지와 등졌고 아내와 손을 잡았다. 1873년(고종 10년) 부부는 흥선 대원군을 권좌에서 끌어내렸다. 이후 왕후 민씨가 권력을 틀어쥐었다.

고종이 대한 제국을 천명함으로써(1897년) 훗날 황후로 추존되는 왕

일본인 삽화가가 그린 명성 황후

후 민씨에 대해 우리는 얼마나 알고 있을까? 강대국의 틈바구니에서 조선을 살려보겠다며 애를 쓴 국모? 절묘한 줄다리기로 외교의 균형을 맞춘 외교관? 다 맞다. 하지만 애써 외면하고 싶은 사실도 있다. 왕후 민씨는 무녀에 홀려 나라를 혼란에 빠뜨렸다. 참으로 불편한 진실이다.

임오군란과
무녀 진령군의 등장

왕후 민씨와 민씨 일족은 권력을 잡은 뒤 개항을 밀어붙였다. 준비되지 않은 개항이니 혼란스러웠다. 게다가 민씨 일족의 횡포는 안동 김씨나 풍양 조씨 못지않았다. 홀대받던 구식 군대는 1882년(고종 19년) 임오군란을 일으켰고, 왕후를 죽이겠다며 궁궐로 달려갔다. 왕후는 궁녀로 변복해 궁궐을 탈출했다. 고종은 사태 해결을 위해 아버지를 다시 호출했다. 흥선 대원군은 9년 만에 권좌를 되찾았다.

왕비는 충주로 달아났다. 은신처에 무녀가 오더니 50일 이내에 환궁할 것이라 예언했다. 힘을 얻은 왕비는 고종과 비밀리에 접촉했다. 청의 힘을 빌려 대원군을 축출하는 계획을 세웠다. 이 계획대로 청은 군대를 파견해 난을 진압하고는 대원군을 끌고 갔다. 시아버지를 중국에 볼모로 보낸 며느리는 남편과 축배를 들었다.

무녀에게 신통력이 있었던 것일까? 그렇지는 않으리라. 아마도 무녀는 정치판을 정확하게 읽어낸 지략가에 가까웠던 것 같다. 무녀는 도박에 성공했고, 개선장군처럼 왕후와 함께 입궁했다. 이후 왕후는 무녀를 끔찍이 총애했다. 벼슬도 꽉꽉, 돈도 꽉꽉. 공신이나 왕자들에게 주는 군호까지 하사했다. 무녀는 진실로 영험하다는 뜻의 '진령군'의 군호를 받았다. 무녀는 조선 역사상 유일하게 군호를 받은 여성이 되었다.

무녀와 왕비는 찰떡궁합을 자랑했다. 수시로 굿과 제사를 지냈다. 세자가 아프면 병을 낫게 하려고 굿을 했고, 나라에 위기가 닥치면 위기를 극복하겠다고 굿을 했다. 궁궐에 징 소리, 꽹과리 소리가 그칠 날이 없었다. 나라 곳간은 점점 비어갔다.

무녀는 날아가는 새도 떨어뜨릴 권력자가 되었다. 무녀의 아들까지 당상관 대접을 받았다. 벼슬을 얻으려는 자들이 뇌물을 싸들고 무녀에게 달려갔다. 충신들이 진령군의 처벌을 주장했지만, 오히려 벌을 받았다. 무녀가 국가 기둥을 갉아먹고 있었다.

1894년 청일 전쟁에서 일본이 승리했다. 이어 일본은 눈엣가시 같은 왕후를 잔인하게 시해했다. 1895년에 일어난 을미사변이다.

영국 왕립 지리학회 회원으로서 조선을 방문하여 명성 황후를 만났던 이사벨라 버드 비숍. 훗날 그녀는 명성 황후에 대해 우아하고 지성미 넘치면서도 카리스마를 갖춘 여인으로 기억했다.

기억해야 할 이름

잇몸이 사라졌으니 이가 시릴 수밖에 없다. 무녀의 '12년 권력'도 추락했다. 이후 처형당했다거나 숨어 살다가 죽었다는 식의 이야기가 나왔지만 실제 행보는 묘연하다. 무녀는 역사에서 사라졌다.

미국바라기 고종의 실패

명성 황후가 무당바라기였다면 고종은 미국바라기였다. 이 또한 불편한 진실이다.

임오군란이 일어난 바로 그해, 조선은 미국과 조미 수호 통상 조약을 체결했다. 이 무렵의 모든 조약이 그랬듯 이 또한 불평등 조약이었다. 통치자라면 조약의 본질을 꿰뚫고 있어야 하리라. 고종은 그러지 못했고, 정말로 미국이 도와줄 것이라 여겼다.

1905년 러일 전쟁이 일본의 승리로 끝나갈 무렵이었다. 고종의 속이 타들어갔다. 일본이 어떻게 나올지 빤하기 때문이다. 바로 대한 제국을 집어삼키는 것! 고종은 미국에 도와달라는 밀서를 보냈다. 미국 대통령은 밀서 수령을 거부했다. 이미 다른 계획을 은밀하게 착착 진행하고 있었기 때문이다.

이 무렵 미국의 외교 사절단이 태평양 일대를 순회하고 있었다. 7월, 이 사절단이 일본에 도착했다. 곧바로 미국 육군 장관 윌리엄 하워드 태프트와 일본 총리 가쓰라 다로가 비밀 회담을 가졌다. 미국이 필리핀을, 일본이 한반도와 만주를 나눠 갖기로 합의했다. 바로 가쓰라-태프트 밀약이다. 이런 음모를 꾸몄으니 미국이 대한 제국을 도울 턱이 없다. 하지만 고종은 미국이 도와줄 것이란 미련을 끝까지 버리지 못했다.

미국 사절단의 공식 일정은 원래 홍콩까지였다. 한국까지 오게 된 것은 순전히 미국 시어도어 루스벨트 대통령의 딸 앨리스 때문이었다. 그녀가 한국 여행을 고집했던 것이다. 고종은 앨리스를 미국의 공주로 여겼다. 공주에게 다시 매달려보기로 했다.

미국 사절단이 인천에 도착하자 황실 악단이 미국 국가를 연주했다. 고종은 황실 가마를 내주었다. 길가에는 태극기와 성조기가 휘날렸다. 고종은 성대한 오찬을 베풀었다. 앨리스는 무례했다. 고종이 주최한 만찬장에 지각했다. 그것도 승마복을 입고 나타났다. 회담장에서는 술 마시며 큰 소리로 웃고 떠들었다. 명성 황후의 묘인 홍릉에서는 수호신 석상에 올라가 사진을 찍는 등 난리법석을 피웠다. 약소국에 대한 조롱 그 자체였다. 고종은 사절단이 출국하는 날까지 정성을 다했다. 훗날 앨리스는 회고록에 이렇게 썼다. '대한 제국의 황제는 존재감이 거의 없었다. 애처롭고 둔감한 모습이었다.'

아, 굴욕이다. 모두가 알고 있듯이 미국은 아무런 도움을 주지 않았다. 사절단이 출국하고 2개월 정도가 지난 후 을사늑약이 체결되었다. 미국은 마치 기다렸다는 듯이 가장 먼저 외교 공관을 철수시켰다. 철석같이 미국을 믿었던 고종의 마음이 어땠을까?

당시 출국 행사장에서 고종이 앨리스에게 준 초상 사진이 2015년 미국 뉴어크 박물관에서 발견되었다. 사진 속의 고종은 황제 복식인 노란색 황룡포를 입고 있다. 근엄해야 할 텐데, 그러지 못했다. 오히려 처연하다는 느낌이 훨씬 짙게 풍겼다.

고종과 명성 황후 모두 이 나라를 지키려 최선을 다했으니 비난만 해서는 안 된다고 주장할 사람도 있을 듯하다. 하지만 두 사람이 훌륭한 정치 지도자가 아니었다는 주장도 강하다. 순진했다는 것은 사실상 무능력하거나 아둔하다는 뜻이기도 하다.

120여 년이 지난 지금은 어떨까? 미국은 우리의 확고한 우방이라 한다. 무뢰배들의 국정 농단을 경험했으니 국민이 오욕의 역사를 다시는 허용하지 않을 것이라 믿는다. 분명 대한민국의 정치·외교가 발전한 것 같은데, 아직도 안심이 되지 않는 것은 왜일까? 혹시 여전히 사리사욕에 눈먼 정치인이 있고, 인기에 영합해 나라를 망칠지 모르는 정치인이 있어서 그런 걸까? 이러니 두 눈 시퍼렇게 뜨고 감시할 수밖에.

독립운동가 김상옥 이야기

400 대 1의 총격전은 실화였다

☯ 청년 상인 김상옥이 독립운동가로 변신한 역사적 배경은 무엇인가?
☯ 국가 보훈처가 선정한 1호 독립운동가는 누구인가?

2016년 개봉한 〈밀정〉은 일제 강점기 의열단 단원들의 활약을 담은 영화였다. 도입부부터 상당히 긴박하다. 독립운동가인 김장옥이 지붕과 지붕 사이를 날아다니며 일본 경찰들과 총격전을 벌인다. 일경은 수백 명이나 되면서도 김장옥이 두려워 감히 나서지 못한다. 하지만 중과부적이다. 김장옥은 더 이상 피할 곳이 없자 자결한다.

이 영화는 허구다. 하지만 도입부의 이 총격 신은 실제로 일어난 일이다. 영화 속 김장옥과 똑같은 삶을 살다 간 독립투사가 있다. 그의 이름은 김상옥. 영화 속 김장옥은 실제 인물 김상옥에서 모티브를 따온 인물이다. 이름에서 글자 하나만 살짝 바꾸었다.

유능한 상인에서 독립운동가로 변신하다

김상옥은 가난한 집에서 태어났지만 공장도 다니고 장사도 하면서 돈을 꽤나 모았던 것 같다. 처음에는 철물점을 열었고, 나중에는 말총 모자 회사를 세웠다. 1920년대 초반 전국적으로 일었던 물산 장려 운동의 조짐이 1910년대 후반부터 나타났는데, 이때 김상옥은 전국을 돌며 말총 모자, 농기구, 장갑 등 우리 물품을 팔기도 했다.

1919년 3·1 운동이 그의 삶을 확 바꾸어놓았다. 바로 그해에 비밀 결사 혁신단을 만들었다. 혁신단의 활동 중 가장 두드러진 것이 지하 신문 〈혁신공보〉의 발행이었다. 김상옥이 사실상 모든 제작비를 대고 배포를 맡았다. 처음에는 일간지 형태였지만 일제의 감시 때문에 주간 지 형태로 전환했다. 당시 독립 정신을 고취하는 여러 종의 지하신문 중 으뜸이었다. 발행 부수만 3,000부에 이르렀다.

이러니 일제가 그냥 내버려두겠는가. 일경은 곧바로 김상옥을 체포 해 가담자 이름을 대라며 모진 고문을 가했다. 김상옥은 고문을 이겨 내며 끝까지 자신의 단독 행동이라고 주장했다. 일제는 증거 불충분 으로 그를 풀어줄 수밖에 없었다.

이 사건 이후 김상옥은 선전 활동보다는 일본인 고관과 일제 앞잡 이를 처단하고 적의 기관을 폭파하는 쪽으로 투쟁 노선을 바꾸었다. 1920년 4월 곧바로 암살단을 조직한 뒤 일부 민족 반역자를 처단하 고 헌병대를 습격해 무기를 탈취했다. 암살단은 이어 더 큰 계획을 세 웠다. 그해 8월 24일 미국 의원단 방한 시 조선 총독인 사이토 마코토 가 환영식에 나오는 틈을 노려 암살하기로 했다. 하지만 거사를 일으 키기 전에 동지들이 체포되고 말았다. 김상옥은 중국 상하이로 망명을 떠났고, 의열단에 가입했다.

400 대 1의 전설적인 투쟁

이후 김상옥은 한국과 중국을
오가며 독립운동을 이어갔다. 그
러다 1922년 12월 1일 서울에 잠
입했다. 총과 탄환이 든 무기 상
자를 몰래 반입하는 게 쉽지 않
았다. 허름한 농부로 변장해 잠
입했다. 서울에 이르는 동안 검
문소 경찰이나 경비병들과 충돌
하기도 했다. 그러면서도 그는 오
로지 임무만 떠올렸다. 김상옥은

조선총독부 총독을 지낸 사이토 마코토. 그는 김상
옥 열사의 주요 표적 중 한 사람이었다. 1923년 종
로 경찰서 폭탄 투척 사건으로 피신하던 중에도 김
상옥 열사는 사이토 마코토를 처단하기 위해 기회
를 엿보았다.

중국을 떠나기 전에 동지들에게 이렇게 말했다. "나의 생사가 이번 거
사에 달렸소. 만약 실패하면 내세에 만납시다. 나는 자결하여 뜻을 지
킬지언정 적의 포로가 되지는 않겠소."

이토록 비장함이 흐르는 까닭이 있다. 조선 총독을 암살하고, 독립
운동 탄압의 상징인 종로 경찰서를 폭파하는 게 임무였기 때문이다.
성공하는 것도 어렵지만, 성공하더라도 살아 돌아가지 못할 확률이
높았다.

40일 정도가 흘렀다. 1923년 1월 12일 밤, 종로 경찰서에서 폭탄이
폭발하는 굉음이 터져 나왔다. 지진이 일어난 것처럼 땅이 흔들렸고
건물의 일부가 파손되었다. 종로 일대는 순식간에 아수라장으로 변했

다. 김상옥이 종로 경찰서에 폭탄을 투척했던 것이다.

김상옥은 오늘날의 용산구 후암동에 있는 매부 고봉근의 집으로 피신했다. 당시 의열단의 정보에 따르면 조선 총독은 1월 17일 일본 제국 의회에 참석하기 위해 도쿄로 돌아가기로 되어 있었다. 그가 서울역에서 기차를 탈 때를 노려 제거하려는 계획이었다. 원래부터 쉽지 않은 계획이지만 총독 암살 계획이 어느 정도 노출된 바람에 더욱 어려워졌다. 일제의 경계가 그 어느 때보다 삼엄해졌다.

결국 그의 은신처가 노출되고 말았다. 1월 17일 새벽 무장 경찰들이 고봉근의 집을 포위했다. 하지만 김상옥은 신출귀몰했다. 그는 일경들과 총격전을 벌였고, 일본인 간부를 비롯해 몇 명을 사살한 후 유유히 사라졌다. 김상옥은 오늘날의 종로구 효제동에 있는 동지 이혜수의 집에 다시 몸을 숨겼다.

일제는 눈에 불을 켜고 김상옥을 찾아 헤맸다. 며칠 만에 김상옥의 은신처가 또 발각되고 말았다. 1월 22일 새벽 400여 명의 일경이 이혜수의 집을 포위했다. 김상옥은 일단 벽장에 몸을 숨겼다. 곧 일경의 진입 작전이 시작되었다. 하지만 김상옥을 잡지는 못했다. 오히려 몇몇 경찰이 벽장문을 열었다가 김상옥에게 사살되었다.

김상옥은 양손에 권총을 들고 집을 나섰다. 옆집의 지붕, 그 옆집의 지붕을 넘나들며 일경들과 총격전을 벌였다. 이 총격전은 3시간 반 동안 계속되었다. 400여 명의 경찰이 단 한 명을 제압하지 못하고 쩔쩔 맸다. 김상옥은 16명의 일경을 사살하거나 중상을 입혔다. 하지만 탄환이 떨어져 더 이상 총격전을 이어갈 수 없었다. 마지막 남은 탄환. 김상옥은 자신의 머리에 권총을 대고 방아쇠를 당겼다. 그의 나이 34

세였다. 나중에 시신이 가족에 인계될 때 보니 몸에 11개의 총상이 있었다고 한다. 당시 〈동아일보〉는 이렇게 보도했다. "오른손을 이미 못 쓰는 상태에서 죽는 순간까지 둘째손가락을 방아쇠에 걸고 권총을 힘 있게 잡고 있었다."

1930년대 이후 한국의 대표적 모더니즘 화가로 불렸던 구본웅 화백은 당시 경신중학교 학생이었다. 등교하다가 우연히 이 사건을 목격했는데, 그 기억을 잊지 못했다. 구 화백은 1930년에 시화로 당시 감상을 남겼고, 그 시화는 그가 죽고 난 후인 1974년 발간된 시화집 『허둔기』에 수록되었다.

'아침 7시. 찬바람. 눈 쌓인 벌판. / 새로 지은 외딴집 세 채를 에워싸고 / 두 겹 세 겹 늘어선 왜적의 경관들. / 우리의 의열 김상옥 의사를 노리네. / 슬프다. 우리의 김 의사는 / 양손에 육혈포를 꽉 잡은 채, 그만-. / 아침 7시. 제비 길을 떠났더이다. / 새봄 되오니 제비시여 넋이라도 오소.'

보훈처는 1992년 1월부터 이 달의 독립운동가를 선정해 발표하고 있다. 당시 1호로 선정된 인

서울 마로니에 공원에 있는 김상옥 열사의 동상

기억해야 할 이름

물이 바로 김상옥이었다. 그가 순국한 효제초등학교 앞 도로는 '김상옥로'라는 이름을 얻었다. 종로구 마로니에 광장에는 그를 기리는 동상이 서 있고, 일제 종로 경찰서가 있던 보신각 근처에는 그의 폭탄 의거를 기리는 표석이 있다.

이런 사실을 여러분은 혹시 알고 있는가? 오늘날 우리가 가장 먼저 해야 할 일을 꼽는다면……. 그분들의 희생을 잊지 않고 업적을 기억하는 게 최우선 순위가 아닐까?

푸른 눈의 독립운동가 호머 헐버트

한글과 우리 민족을 사랑했던 외국인 선교사

◈ 미국인 선교사 호머 헐버트는 왜 한국을 사랑했는가?
◈ 호머 헐버트가 우리의 독립운동을 지지한 이유는 무엇인가?
◈ 우리의 독립을 위해 노력했던 푸른 눈의 독립운동가들을 알아보자.

영국 런던에 있는 웨스트민스터 사원은 성공회 성당 중에서 최고로 친다. 이 때문에 '수도원 중의 수도원'이라고 부른다. 웨스트민스터 사원 주변에는 영국 왕과 귀족, 성직자 등 위인들의 비석이 많다. 정치적 이유와 종교적 명성으로 인해 웨스트민스터 사원은 신교도들에게 가장 명예로운 무덤으로 꼽힌다.

물론 모든 종교인이 그렇게 생각하란 법은 없다. 대한 제국 시기에 우리 땅에서 활동했던 미국 감리교 선교사 호머 헐버트는 묘비명에 이런 말을 남겼다. "나는 웨스트민스터 사원보다 한국 땅에 묻히기를 원하노라." 헐버트에 대해 알아봐야겠다.

기억해야 할 이름

한글 사랑에 빠진 선교사

1886년(고종 23년) 첫 근대식 공립 학교 육영공원이 설립되었다. 개화파 관료들의 자제가 주로 입학했다. 육영공원이 특히 신경을 쓴 과목이 영어였다. 대한 제국 정부는 영어를 가르쳐줄 교사를 보내달라고 미국 정부에 요청했다. 그해 7월, 23세의 헐버트는 초빙 교사 자격으로 한국을 방문했다. 한국과의 인연은 이렇게 시작되었다.

헐버트는 한글을 접한 뒤 깜짝 놀랐다. 영어보다도 훨씬 과학적인데다 배우기가 아주 쉬웠기 때문이다. 실제 그는 4일 만에 한글을 깨우쳤다고 한다. 그는 훗날 회고록에서 이렇게 밝혔다. '200개 이상의 문자와 한글을 비교했지만 그 어느 것도 한글을 뛰어넘을 수 없었다.' 이렇게 말한 적도 있다. "한글보다 위대한 문자는 없다."

한글에 대한 사랑이 컸기에 안타까움도 컸다. 한글로 된 교과서 한 권이 없던 시절이었다. 헐버트는 해법을 스스로 만들기로 했다. 한글 교과서를 만들자!

3년의 작업 끝에 1889년 책을 출간했다. 바로 『사민필지』다. 양반과 백성 모두 꼭 알아야 하는 지식이라는 뜻. 일종의 세계 지리다. 한국이 국제 사회의 일원이 되기 위해 꼭 알아두어야 할 상식, 예컨대 각국의 풍습이나 기후, 산업, 문화 등을 담았다.

육영공원 교사로 있던 시절 호머 헐버트가 만든 한글 교과서 『사민필지』

이 책은 육영공원 교과서로서만이 아니라 일반인의 교양서로도 널리 읽혔다.

이 책은 한글로 만들어진 최초의 교과서로 기록되었다. 그랬다. 최초의 한글 교과서를 한국인이 아니라 미국인이 만들었다! 헐버트의 한글 사랑에 감사할 따름이다. 게다가 헐버트는 『사민필지』를 한국인의 눈높이에 맞추어 정리했다. 이를테면 다른 나라의 경제 상황을 다룰 때도 달러나 파운드 같은 현지 통화를 그대로 표기하지 않았다. 원화로 환산해서 표기함으로써 한국인의 이해를 도왔다. 풍습과 기후 또한 한국을 기준으로 정리했다. 그곳은 한국보다 춥다 혹은 덥다, 이렇게 말이다.

『사민필지』는 19세기 말에 한글이 어떻게 쓰였는지 알 수 있는 훌륭한 사료이기도 하다. 당시 사이시옷을 글자와 글자 사이에 넣어 된소리를 표현했다는 사실을 알 수 있다. 가령 '글자'를 발음대로 하면 '글짜'가 되는데, 이 책에서는 이를 '글ㅅ자'로 표기했다.

한국의 독립운동에 발 벗고 나서다

놀라지 마시라. 헐버트는 『사민필지』를 포함해 무려 15권의 한글 교과서를 출간했다. 한글의 띄어쓰기나 점찍기도 헐버트가 도입했다. 헐버트는 한글학자 주시경과 함께 한글을 로마자로 표기하는 방법도 고안했다. 구전으로만 전해 내려오던 아리랑을 가장 먼저 기록한 인물 또한 헐버트였다. 그는 한글의 우수성을 영어 논문으로 발표하기도 했다. 여기에서 그치지 않았다. 또 하나의 사실. 헐버트는 일제에 맞서 싸운 투사이기도 했다. 한국이 독립을 쟁취할 때까지 끝까지 우리를

기억해야 할 이름

지지해준 독립운동가였다.

　1895년(고종 32년) 을미사변이 발생해 조선의 국모(명성 황후)가 처참하게 시해되었다. 헐버트는 직접 무기를 들고 고종을 지켰다. 1905년(고종 42년) 을사조약이 체결되었다. 고종은 조약의 부당함을 국제 사회에 알리려 했다. 헐버트는 고종의 밀서를 들고 미국으로 건너갔다. 안타깝게도 밀서를 미국 대통령에게 전달하지는 못했다.

　하지만 조선 독립의 희망을 포기하지 않았다. 1907년 네덜란드 헤이그 만국 평화 회의 특사 파견을 헐버트가 주도했다. 헐버트는 자금을 모으는 일을 맡았다. 이어 특사들을 안전하게 헤이그로 보냈다. 또한 자신이 직접 건너가 특사들과 공동 행동에 돌입했다. 특사들이 회담장에 들어가지 못하자 헐버트가 미국 언론과 접촉해 연설 기회를

헤이그 특사. 왼쪽부터 이준, 이상설, 이위종

만들어냈다. 헐버트는 3명의 특사 뒤에서 모든 일을 처리한 제4의 특사였다. 안타깝게도 이번에도 뜻을 이루지는 못했다. 일제는 이 사건을 빌미로 고종을 폐위시켰다. 헐버트도 추방했다.

우리가 기억해야 할 푸른 눈의 독립운동가들

강제 추방된 헐버트는 우리 민족이 조국을 되찾기 전까지 한국 땅을 밟지 못했다. 『사민필지』 또한 1909년에 금서로 지정되었다. 헐버트는 해외에서 줄곧 일제를 비판했다. 1909년 포틀랜드 강연회에서는 "나는 죽을 때까지 한국을 지지하고 한국인을 대변할 것이다."라고 선언했다. 우리의 국권이 빼앗긴 후에도 그는 "정의는 반드시 승리할 것이며 한국도 나라를 꼭 되찾을 것이다."라고 했다. 그는 또 『대한 제국 멸망사(The Passing of Korea)』라는 책을 영문으로 출간해 일제를 규탄했다.

헐버트는 1949년 8월 한국을 찾았다. 그리던 제2의 고향을 찾았으니 평생의 소원을 이룬 심정이었을까. 헐버트는 일주일 만에 한국에서 세상을 떠났다. 그의 시신은 그의 소원에 따라 서울 마포 양화진 선교사 묘역에 묻혔다. 1950년 대한민국 정부는 헐버트에게 건국 훈장 독립장을 추서했다. 헐버트는 건국 훈장을 받은 첫 외국인이 되었다. 2014년에는 한글 발전에 기여한 공로로 금관 문화 훈장도 추서되었다.

앞서 밝혔듯, 국가 보훈처는 1992년부터 매달 '이달의 독립운동가'를 발표한다. 2013년 7월 헐버트가 외국인으로는 처음으로 선정되었다. 2018년 12월 현재까지 독립운동가로 지정된 외국인은 헐버트를 포함해 모두 4명이다. 푸른 눈의 독립운동가들은 한국의 독립을 절실

호머 헐버트와 서울 양화진 선교사 묘역에 있는 그의 묘

하게 원했다. 그게 보편적 인류애이며 동시에 정의라 믿었기 때문이다.

그분들의 이름 정도는 알아두자. 2014년 8월의 독립운동가로는 〈대한매일신보〉를 창간한 영국 출신의 언론인 어니스트 베델이 선정되었다. 2016년 3월에는 3·1 운동 당시 일제의 학살을 촬영해 국제 사회에 고발한 프랭크 스코필드가, 2018년 1월에는 김구, 안창호 등 독립운동가를 도운 미국 선교사 조지 피치가 각각 선정되었다.

시대가 많이 바뀌었다. 대한민국의 위상이 높아졌다. 우리의 도움을 필요로 하는 저개발 국가를 돕거나, 기아로 고생하는 아이에게 성금을 보내거나, 혹은 인권 사각지대에 있는 난민에 관심을 가지는 것⋯⋯. 여러분이 이렇게 하고 있다면 자부심을 가져도 될 듯하다. 그들에게 여러분은 보편적 인류애를 실천하는 한국인으로 기억될 테니까. 나아가 우리를 도왔던 푸른 눈의 독립운동가들에게 은혜를 갚는 길일 수도⋯⋯.

정여립과 대동계의 천하공물 사상

16세기 조선에 나타난 민주주의 이념의 실체

- ◈ 홍경래의 난이 이전의 난과 다른 점은 무엇인가?
- ◈ 정여립과 대동계에 대해서 알아보자.
- ◈ 정여립과 대동계가 추구한 천하공물 사상이란 어떤 것인가?

〈구르미 그린 달빛〉은 2016년 제작된 퓨전 사극이다. 박보검, 김유정 등 최고의 청춘스타가 출연해서 그런지 20~30대가 특히 열광했다. 두 스타는 각각 순조의 장남 효명 세자와 홍경래의 딸 홍라온 역할을 맡았다. 왕세자와 반역자 딸의 달달한 연애 이야기인데, 실제 역사와 일치할까? 글쎄다. 그럴 확률은 제로에 가깝다.

효명 세자는 10세 때 혼례를 치렀고, 꽃다운 나이인 21세에 사망했다. 대리청정을 일찍 시작했으니 연애할 시간조차 없었다. 홍라온이란 여성이 실존했을 가능성도 희박하다. 홍경래의 난은 1811년(순조 11년)에 발생했다. 반란군은 정주성에서 농성하며 버텼지만 5개월여 만에 처참하게 진압되었다. 진압군은 성에 남아 있던 3,000여 명 중에서 남자는 처형하고 아이와 여성은 조사 후에 풀어주었다. 홍경래의 딸이 있었다면 이때 성을 빠져나갔으리라. 물론 상상일 뿐이다. 결론적으로 드라마는 허구다.

거의 모든 신분이 참여한 홍경래의 난

역사를 공부하는 사람에게 홍경래는 상당히 매력적인 인물이다. 없는 딸까지 만들어낼 정도로 존재감이 강하다. 실제 홍경래의 난은 기존의 민란과 달리 독특한 점이 많다. 무엇보다 '욱' 해서 일어난 게 아니다. 10년 동안 동지를 규합하고 병사를 훈련시키면서 치밀하게 봉기를 준비했다. 양반, 서자, 상인, 노동자, 농민, 빈민……. 모든 신분이 봉기에 참여한 것도 놀라운 점이다. 게다가 전국에서 민란이 터지는 기폭제 역할을 했다. 홍경래의 난은 봉건 체제를 끝장내는 근대적 봉기의 효시였다.

『정감록』. 조선 시대 민간에 퍼져 있던 예언서다. 누가, 언제, 왜 지었는지는 알 수 없으나 시간이 흐름에 따라 여러 사람의 견해가 덧붙여져 완성되었다고 추정된다. 한편에서는 조선의 개국 공신인 정도전이 역성혁명을 합리화하기 위해 민심을 조작할 목적으로 지었다고 주장하기도 한다. 민중에서 일어난 혁명들에 사상적 뿌리를 제공하고 있다는 점에서 의미를 갖는다.

물론 한계도 있었다. 무엇보다 평등 이념을 내세우지 않았다. 혁명 공약도 초라했다. 북서 지방에 대한 차별을 철폐하고 세도 정치를 끝장내자고 했다. 하지만 농민이 원하는 세상, 가령 농지 개혁의 방향이나 새로운 왕국의 청사진을 제시하지는 못했다. 게다가 『정감록』과 같은 예언서를 신봉했다. 이런 점에서 홍경래는 전근대적 영웅에 가깝다.

홍경래는 이처럼 근대와 전근대의 경계선에 서 있었던 인물이다. 그러니 민주주의 이념을 접하지 못했다. 그런데 그 사실을 아는가? 서양이 근대화를 이루기 전인 16세기에 이 땅에서 민주주의를 부르짖은 사람이 있었다. 그 이야기를 해보자.

정여립과 대동계

1575년(선조 8년) 동인과 서인으로 사대부가 나뉘면서 붕당 정치가 시작되었다. 동인은 이황, 서인은 이이의 학풍을 따랐다. 붕당은 오늘날로 치면 정당에 가깝다. 물론 그렇다고 해서 붕당이 민주주의 이념을 따랐을 리는 없다. 그래도 처음에는 생산적 토론이 오가는 등 민주적 요소가 있었다. 물이 고이면 썩는 법. 붕당들은 권력을 차지하려고 야비한 수를 쓰기 시작했다. 그러다 첫 사달이 일어났다.

천재 소리를 듣던 청년이 있었다. 24세에 과거에 급제해 예조 좌랑, 홍문관 수찬 등을 거쳤다. 바로 정여립이다. 그는 대학자 이이의 제자였다. 그러니 정여립이 속한 붕당은 서인이어야 마땅할 것 같다. 하지만 그러지 않았다. 정여립은 동인과 가깝게 지냈고, 급기야 동인으로 당적을 옮겼다. 이후 스승인 이이를 비판하기 시작했다. 이이도 질세라 "정여립은 박학하지만 과격하다."고 비판했다. 선조 또한 그가 붕당을 갈아탄 게 줏대가 없는 행위라며 마뜩찮아 했다.

결국 정여립은 고향인 전라도 진안 죽도로 내려갔다. 그곳에서 대동계라는 사모임을 만들었다. 대동계는 매달 활쏘기 대회를 열었다. 때로는 정치 이슈를 놓고 토론을 벌였다. 대동계 세력이 급속도로 커졌

조선 시대의 붕당인 서인의 수장이었던 율곡 이이. 정여립은 이이의 제자였으나, 당적을 동인으로 옮기면서 스승과 대립하였다.

다. 왜구가 침범하자 전주 부윤이 대동계에 도움을 요청할 정도였다. 대동계는 곧바로 출동해 섬에 상륙한 왜구들을 격퇴했다.

어느덧 대동계는 전국적으로 명성을 떨치는 조직으로 성장했다. 황해도까지 지부가 생겼다. 아뿔싸, 이게 화근이 될 줄이야. 황해도 관찰사가 급히 조정에 보고서를 올렸다. "황해도와 전라도의 대동계 대원들이 한강을 건너 한성으로 진격하려 한다." 이 보고서가 사실이라면 역모다. 조정은 즉각 진압군을 보냈다. 정여립은 죽도로 피신했다가 그

곳에서 자결했다. 이로써 '정여립의 난'이라 부르는 역모 사건은 종결되었다.

정여립과 대동계가 추구한 천하공물 사상

끝났는데, 끝나지 않았다! 서인이 잔혹한 보복을 시작했다. 서인의 정철이 조사 책임자에 임명되었다. 정철은 탁월한 문인이었지만 동시에 잔인한 정치가였다. 정철은 사건을 확대했다. 이참에 동인을 무참히 짓밟으려는 심산이었다. 뜻대로 되었다. 동인의 영수 이발을 비롯

해 1,000여 명이 처형되거나 유배를 떠났다. 이것이 기축옥사다.

정여립이 정말로 역모를 도모했는지를 두고 오래전부터 논란이 많았다. 최근에는 조작된 사건이었다는 주장이 더 힘을 얻고 있다. 정여립은 반역을 꿈꾼 적이 없다는 뜻이다. 그랬을 가능성이 꽤 높다. 우선 정여립은 중요한 문서들을 방치한 채 달아났다. 그 문서가 조정에 들어가면 동지들의 목이 달아날 텐데도 말이다. 또한 왜구 격퇴를 요청했던 전주 부윤은 서인이었다. 정여립이 반란을 일으킬 작정이었다면 서인의 요구를 들어주었을 리 없다. 이런 점만 놓고 보면 그는 억울한 피해자다.

실제 반란으로 이어지지는 않았지만 반역의 뜻을 품었을 거라는 주장도 만만찮다. 무엇보다 그의 사상이 조선 중기의 것이라고 하기에는 너무나 혁명적이기 때문이다. 대표적인 것이 천하공물(天下公物) 사상이다. 이 사상에 따르면 천하에는 주인이 없다. 모두가 공유할 수 있다. 왕의 나라보다 민중의 나라가 올바른 나라다. 왕실과 조정 입장에서는 대동계 또한 불손한 조직임에 분명했다. 사대부, 노비 등 신분을 가리지 않고 회원으로 받아들인 열린 조직이었다. 신분 질서가 엄격하던 조선 사회에서 이런 파격은 받아들이기 힘들다.

민주주의 본산인 서양에서도 민주주의 이념은 17~18세기에 가서야 등장했다. 영국의 시민 혁명을 그 출발점으로 본다. 정여립은 이보다 이른 16세기에 혁명적 사상을 주장했다. 그가 추구했던 이념은 서양의 민주주의와 크게 다르지 않았다. 이 점을 훗날의 역사학자들도 높이 평가했다. 대표적인 학자가 일제 강점기 민족주의 사학의 거두 신채호다. 신채호는 이렇게 극찬했다. "정여립은 동양 최초의 공화주의

자다!"

　고려 중기였던 1198년, 만적은 자신과 같은 신분인 노비들을 산으로 불러 모아 이렇게 외쳤다. "왕후장상의 씨가 따로 있겠는가!" 만적은 봉기도 하기 전에 붙잡혀 처형되었지만 최초로 신분 해방을 외쳤던 그의 정신은 기록으로 남았다.

　물론 만적의 이념이 정여립의 이념과 같을 수는 없을 터. 다만 민중이 나라의 주체가 되어야 한다는 기본 원칙은 두 사람이 다르지 않다. 발상을 전환해보자. 서양식 용어만 사용하지 않았을 뿐 우리가 먼저 민주주의 이념을 추구했다! 지나친 과장이라고? 글쎄, 민주주의가 뭐 별거 있을까? 사람을 중히 여긴다면 민주주의가 아닐까? 물론 이 간단하고도 단순한 진리를 모르는 이들이 있는 게 문제이지만……

실학, 진짜 정체를 알고 싶다

실학을 둘러싼 논쟁

☯ 성리학과 실학에 대해서 알아보자.
☯ 실학자들이 현실 개혁에 실패한 근본적인 원인은 무엇인가?

우리나라가 근대로 접어드는 시점이 언제일까? 보통은 강화도 조약이 체결되는 1876년으로 본다. 이것이 불평등 조약이긴 하지만 최초의 근대적 조약이기 때문이다.

갑자기 중세 혹은 근세에서 근대로 점프한 것은 아닐 터. 근대의 시 발점이 강화도 조약이라지만 이미 그전부터 근대화 징후가 포착되었으리라. 17~18세기에 발전했던 실학을 그런 징후로 평가하는 이들이 많다.

조선은 개국 당시부터 성리학을 통치 이념으로 삼았다. 성리학은 12세기 중국 송 왕조 때 주자가 집대성한 유학의 한 갈래로 고려 시대에 수입되었다. 반면에 실학은 성리학이 지나치게 명분에 사로잡히

성리학을 집대성한 남송 시대의 유학자 주희. 주희가 집대성했기에 성리학을 주자학이라고도 한다.

는 바람에 현실 개혁에 걸림돌이 된다고 보았다. 실학은 실사구시(實事求是)를 앞세워 고루한 성리학을 비판했다. 이 때문에 실학이 근대의 문을 여는 데 큰 보탬이 되었다는 것이다.

존경하는 역사적 인물에 대한 세간의 평가가 바뀔 때가 있다. 이를테면 애국자가 친일파로 밝혀지는 식인데, 상당히 혼란스러울 것이다. 상식으로 알고 있던 역사 지식이 사실과 다르다는 평가가 나올 때도 마찬가지다. 실학이 딱 그렇다.

실학에 대한 평가가 달라지고 있다. 20세기 후반부터 특히 역사학계와 사회학계에서 비판이 쏟아지고 있다. 그 내용이 난감하다. 실학은 개혁적 학문이 아니었으며 실학자들도 진보적이지 않았다는 것이다. 극소수의 학자만 이렇게 주장하는 게 아니다. 공감대가 상당히 넓게 퍼진 듯하다. 아무래도 논란을 들여다봐야 할 것 같다.

실학의 개념

우선 역사 교과서에 나오는 실학의 개념부터 알아두어야 할 듯하다. 교과서에 나온 대로라면 실학은 성리학에 맞선 개혁적 유학이다.

크게 두 갈래로 발전했다. 농업 중심의 개혁을 촉구한 중농학파(경세치용학파)가 있었고, 상공업 중심의 개혁을 주장한 중상학파(이용후생학파)가 있었다. 중상학파는 청국을 다녀온 인재들이 추구했기에 북학파라고도 불렸다.

이들의 목표는 복잡하게 변하는 조선 후기 사회를 개혁하는 것이었다. 당시에는 상품 화폐 경제가 빠른 속도로 발전하고 있었고 신분제도 동요하고 있었다. 실학자들은 현실적 문제들을 개혁함으로써 부국강병을 이루려 했다. 이 정신이 근대 이후에 개화사상으로 발전했다. 그러니 실학을 근대화의 싹을 틔운 씨앗이라 한다.

자, 여기까지가 교과서에 수록된 실학에 관한 내용이다. 물론 상식으로 알려진 실학도 이와 내용이 비슷하다. 그런데 요즘 역사학자들은 실학이 이처럼 거창하지 않았으며 심지어 반개혁적이었다고 매몰차게 말한다. 좋다. 실학을 집대성한 학자, 실학자 중의 실학자인 정약용을 무대로 불러내 검증해보자. 그러면 실학이 정말로 별 볼 일 없는 학문이었는지, 요즘 학자들의 주장이 과한 것인지를 가늠할 수 있으리라.

실학을 향한 여러 가지 논란들

정약용은 정조의 측근으로 각종 개혁 정책을 제안했다. 신분 혹은 지역에 따른 차별을 강하게 비판했다. 한강에 배다리를 만들었고, 수원 화성을 쌓을 때 처음으로 거중기를 사용했다. 정조가 사망한 후 정치 생명이 끝났고, 1801년에는 천주교 박해 사건인 신유사옥에 연루되어 유배 생활을 시작했다. 18년의 유배 생활을 하면서 정약용은

다산 정약용. 조선 후기의 문신이자 실학자다. 천주교와 관련된 혐의로 오랫동안 유배 생활을 하며 엄청난 양의 저술을 남겼다.

500여 권의 책을 썼다. 정약용의 개혁 방안은 모두 이 책들 안에 담겨 있다.

정약용은 양반 지배층의 토지 싹쓸이를 막기 위해 집단 농장 시스템을 제안했다. '여전제'라는 것인데, 마을 단위로 토지를 공동 경작하고 수확물을 공동 분배하는 방식이었다. 훗날의 사회주의 농업과 비슷하지만 당시로서는 현실성이 떨어졌다. 정약용도 그 점을 인정하면서 새로 '정전제'를 내놓았다. 고대 중국에서 시행되었다는 토지 제도인데, 실제 시행되었는지는 확실치 않다. 이 또한 이상주의에 가깝다.

정약용이 원하는 대로 되지는 않았지만 그래도 시대를 앞서간 혜안으로 개혁 방향을 제시했다는 게 기존의 평가였다. 최근에는 다른 평가들이 나오고 있다. 우선 정약용이 성리학을 부정하지 않았다는 이야기가 있다. 따져보니 이 말은 사실이었다. 정약용은 가장 존경하는 학자로 주자를 꼽았다. 정약용이 성리학을 버린 적이 없었다고 해석되는 대목이다. 게다가 정약용의 토지 개혁 방안은 근대 자본주의와는 아무런 관련이 없었다. 유통 기한을 한참 넘긴 음식을 옹호하듯 과거로 회귀하는 것이었다.

정약용에게만 비판이 쏠린 건 아니다. 실학과 실학자 전반에 대해 재평가를 해야 한다는 주장도 나오고 있다. "실학자들의 주장은 근대화와 거리가 멀다. 과거로 돌아가려는 봉건주의적 시도였다." "조선 후기 양반 체제를 지키려는 교묘한 조작이었다."

혹시 상공업 발전을 주장한 북학파는 좀 다를까? 글쎄, 그들도 비판에서 자유롭지 않은 것 같다. 박제가를 제외한 대부분의 북학파 학자들이 상업의 발전을 오히려 막았다는 것이다. 이를테면 북학파의 대표적 학자인 박지원은 『허생전』을 통해 매점매석과 같은 자본주의의 부정적인 모습만 부각시켰다. 주인공 허생은 "이런 병폐가 나라를 병들게 할

북학파 실학자였던 박제가

것"이라 했다. 유토피아가 아닌 디스토피아의 모습을 보여주면서 상업

기억해야 할 이름

을 발전시키려 했다고 주장하는 것은 어불성설이다.

결국 실학이 성리학의 틀을 벗어나지도, 근대 세계를 지향하지도 않았다는 비판은 당분간 커질 것 같다. 사실 실학이란 명칭도 1930년 대 국학 운동이 활발해지면서 처음 사용되었다. 이보다 10여 년 앞선 1920년대에 일본 학자가 식민지 정책의 일환으로 조선의 실학을 강조 했다고 비판하는 학자도 있다. 이 모든 게 사실이라면……? 교과서를 새로 써야 할 상황이 생길 수도 있을 것 같다.

조선 실학자들의 한계

물론 실학의 긍정적 측면을 배제해서는 안 된다. 실학이 실천적 측면을 강조했고 변화를 모색한 것은 분명한 사실이다. 실학자들은 나름대로 당시의 구조 속에서 최선의 대안을 도출하려고 노력했다. 물론 현실적으로 쉽지 않았다. 실학자들 대부분이 정치권력에서 멀어진 정치인이었던 탓이다. 중농학파는 대부분 남인이었고, 북학파는 노론 벽파 계열이긴 했지만 서자 출신이 많았다. 정계를 휘저을 힘이 없는 이들이다. 안타깝게도 이들의 개혁안이 현실 정치에서 실현될 가능성은 애초에 없었다.

요즘도 실학을 둘러싼 논쟁이 계속되고 있다. 이 논쟁은 앞으로 더욱 거세질 것으로 보인다. 잘못 알려진 역사라면 기꺼이 바로잡아야 한다. 다만 비판을 위한 비판은 하지 말자. 역사학계가 진영으로 나뉘어 소모적 논쟁을 하는 모습은 보고 싶지 않다. 왠지 정치판을 연상케 하니까 말이다.

맹목적인 추종도 옳지 않지만 한쪽의 극단만 부각시키는 흑백 논리도 위험하다. 어느 한쪽으로 치우치지 않는 균형감. 지금 실학 논쟁에서 가장 필요한 덕목이다.

제 4 장

세상에 이런 일이?

주목해야 할 사건들 〉

 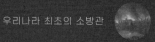

조선 역사에 기록된 UFO 목격담

미확인 비행 물체에 관한 『조선왕조실록』의 기록들

◉ 조선 시대의 천문학 수준은 어떠했는가?
◉ 조선 실록과 오늘날의 UFO 목격담은 어떻게 다른가?

UFO(unidentified flying object). 우리말로 미확인 비행 물체라 부른다. 말 그대로 정체를 알 수 없는 비행 물체란 뜻이다. UFO에 대한 호기심은 실로 대단하다. 전 세계에서 매년 셀 수 없을 정도로 많은 UFO 목격담이 보고된다. 심지어 외계인을 만났다는 사람도 있을 정도다.

사실 인류는 아직 지구 저 너머의 우주란 세계를 잘 모른다. UFO가 정말로 외계 비행체인지, 현대 과학으로 풀 수 없는 초자연 현상인지 명쾌하게 결론을 내리지 못한다. 그러니 앞으로도 UFO 목격담과 그를 둘러싼 논쟁은 끊이지 않을 것이다.

조선 시대의 천문학 수준

UFO는 시간과 공간을 초월하여 우리 앞에 나타난다. 그렇다면 아주 오래전에도 목격자가 있었으리라. 실제로 그랬다. 조선 시대에도 UFO를 목격한 사람들이 있었다. 목격담이 실록에 자세하게 기록되어 있다.

유성이나 혜성과 같은 자연 현상을 UFO로 착각했던 건 아닐까? 당시 과학 수준이 현재보다 떨어졌으니 그랬을 수도 있다. 하지만 다시 생각해보면 그랬을 확률은 낮다. 왕조 시대에 천문학은 상당히 발전한 학문이었다. 농사를 망치면 왕이 부덕한 탓이라 여겼기 때문에 천문학에 많은 투자를 했다. 덕분에 유성이나 혜성을 식별하는 것은 식은 죽 먹기였다. 해와 달 주변에 수증기가 뭉쳐 나타나는 현상도 햇무리, 달무리라 불렀을 만큼 천문학 지식이 떨어지지 않았다. 이를 알 수 있는 실록의 기록을 보자.

'사시(오전 9~11시)에 태백성(금성)이 나타났다. 오시(오전 11~오후 1시)에는 영두성(운석)이 나타나 이동했다. 운석의 크기는 3~4자(0.9~1.2미터) 정도로 항아리만 했고 황백색이었다. 빠르게 지나갔으며 요란한 소리가 났고 횃불과 같았다. 밤에는 유성이 나타났다. 모양은 주발과 같았고 적색이었으며 꼬리의 길이는 6~7척(1.8~2.1미터)이었다.'

1609년(광해군 1년) 8월 25일 실록에 실린 기사다. 행성과 운석, 유성을 명확하게 구분하고 있다.

『조선왕조실록』에 기록된 갖가지 기현상들

『조선왕조실록』에는 이런 식의 천문학 내용을 담은 기사가 숱하다.

275

특히 광해군 통치 시절의 실록이 더 그렇다. 당시 전국적으로 기상 이변이 속출했던 탓이다. 봄에 피던 배꽃이 여름에 피는가 하면 초가을에 거위 알 크기의 우박이 떨어지기도 했다. 이 모든 점을 종합해보면 이런 결론이 나온다. 조선 시대의 천문학 수준은 낮지 않았다! 이런 전제하에서 8월 25일에 실린 또 다른 기사를 보자.

'평안도 선천군에서 오시에 날이 맑게 개어 하늘엔 구름 한 점 없었다. 갑자기 동쪽 하늘 끝에서 포를 쏘는 소리가 나서 깜짝 놀라 올려다보니, 불덩어리가 나타났다 사라졌다. 불덩어리가 지나간 곳은 하늘의 문이 활짝 열려 폭포와 같은 형상이었다.'

이 불덩어리의 정체는 무엇이었을까? 기사 어디에도 이를 규명하는 내용은 없다. 행성은 아니었다. 혜성이나 유성도 아니었고, 운석도 아니었다. 그러니 이 불덩어리의 정체가 더 궁금해진다.

딱 한 달이 지난 9월 25일, 실록에 또다시 기이한 천문 현상에 대한 기사가 실렸다. 강원도 관찰사 이형욱이 강원도 간성(고성), 원주, 강릉, 춘천, 양양 등 5곳에서 올라온 내용을 종합해 만든

UFO의 존재는 조선은 물론 유럽에서도 논란이 되었다. 중세 이탈리아 화가 카를로 크리벨리의 그림 〈수태고지〉. 동그라미 속의 이미지가 UFO를 형상화한 것이라는 주장이 제기되고 있다.

보고서였다. 보고서를 요약하자면, 8월 25일 오전 9시부터 오후 3시 사이에 이상한 비행 물체가 다섯 곳에서 동시에 발견되었다.

실록에 기록된 비행 물체의 생김새는 지역마다 달랐다. 고성의 물체 는 연기처럼 생겼고, 원주의 물체는 붉은 옷감처럼 생겼다. 강릉에서 는 호리병, 춘천은 물동이, 양양은 세숫대야처럼 생겼다고 보고되어 있다.

5개 지역 모두에서 굉음이 포착되었다. 고성의 관리는 "비행 물체에 서 우렛소리가 들렸는데 북소리와 비슷했다."고 보고했다. 원주의 관 리는 "비행 물체가 이동할 때 천둥소리가 났다."고 했다. 강릉의 비행 물체는 출현할 때는 소리가 작았지만 사라진 후에 천지를 진동시킬 정도의 천둥소리가 울렸다. 춘천에서도 우레와 같은 북소리가 천지를 진동시키다 멈추었다.

정말 UFO를 목격한 것일까? 이날 5개 지역의 날씨는 모두 청명했 다. 음력 8월 25일이었으니 양력으로 환산하면 9월 말이다. 하늘이 높 고 파란 가을날이었다. 태양은 쨍쨍하게 비쳤다. 그러니 다른 천문학 적 현상일 가능성은 낮다.

100년의 간격을 두고 나타난 UFO 목격담

여러 가지 기현상이 목격된 1609년 음력 8월 25일에 올라온 보고 서 가운데 압권은 양양의 사례다. 양양 지방 관리인 전문위의 비행 물 체 목격담이 생생하게 실렸다. 비행 물체가 발견된 곳은 그의 집 처마 밑이었다. 땅에서 세숫대야처럼 생긴 물체가 갑자기 솟아올랐다. 그 물체는 둥글고 빛났다. 땅에 내릴 듯하다가 곧바로 하늘로 날아올랐

주목해야 할 사건들

다. 그 물체의 크기는 한 아름 정도였고, 길이는 베 반 필 정도였다. 동쪽은 백색, 서쪽은 적색이었으며 중앙은 푸르게 빛났다. 무지개가 둥그렇게 도는 것처럼 보였고, 깃발을 둘둘 만 것처럼도 보였다.

물체가 공중으로 올라가서는 온통 적색으로 변했다. 위의 머리는 뾰족하고 아래의 뿌리는 자른 듯했다. 물체는 북쪽으로 조금 날아가더니 흰 구름으로 변했다. 이어 하늘에 착 달라붙은 것처럼 날아다니다가 가운데가 갑자기 끊어져 두 조각이 되었다. 한 조각은 동남쪽으로 날아가다 사라졌고, 나머지 한 조각은 원래 있던 곳에 그대로 떠 있었다. 얼마 후에는 우렛소리가 몇 번 나고, 그 안에서 돌이 구르고 북을 치는 것 같은 소리가 한참 나더니 그쳤다.

그로부터 약 100년이 흘렀다. 1701년(숙종 27년) 11월 3일의 실록에 다시 미확인 비행 물체에 대한 기록이 나온다. 이번에는 경상도 동래(부산)에서였다.

'동래부에서 10월 18일 붉은 빛 한 덩어리가 나타났다. 별도 아니고 구름도 아니었으며 바리때 모양을 하고 있었다. 잠깐 사이에 흰 명주 모양으로 변했다. 길이가 50~60척 정도였고 일곱 마디의 굴곡을 이루었다. 머리와 발이 있어 용과도 같았다. 서쪽에서 동쪽으로 가다 얼마 후 사라졌다.'

외계인의 모습만 보이지 않았을 뿐이지, 현대의 UFO 목격담과 별반 다르지 않다. 아마 목격 지역에서는 난리가 났을 테지만 실록에는 관련 기록이 없다. 사실 외계인으로 추정되는 미확인 존재의 이야기를 담은 야사집도 있다.

고려 시대 인물이 UFO를 만났다는 설정의 소설이 2000년대 초반에 출간된 적이 있다. 상상에 의한 것이지만 혹시 아는가? 외계인의 이야기를 수록한 책이 어느 날 갑자기 발견되거나 조선 시대 이전의 UFO 목격담이 등장할지. 알아도 그만, 몰라도 그만인 역사 이야기 한 토막이었다.

임진왜란 때 용병 부대가 활약했다

조선 시대의 흑인 용병 이야기

● 임진왜란에 흑인 병사가 참전한 배경을 알아보자.
● 임진왜란을 '국제전'이라 평가하는 이유를 살펴보자.

2018년 6월 도널드 트럼프 미국 대통령과 김정은 북한 국무 위원장이 싱가포르에서 첫 정상 회담을 가졌다. 50년 넘게 대립했던 두 나라의 정상이 한 테이블에 앉다니. 세계가 정상 회담을 주목했다. 동아시아에 평화가 찾아오기를 바라면서 말이다.

당시 두 정상 외에 화젯거리가 된 사람들이 또 있었다. 바로 회담 경호팀이다. 그들은 싱가포르 경찰에 소속된 구르카 용병이었다. 구르카는 네팔 산악 지대에 사는 몽골계 소수 부족. 구르카 용병대는 19세기 초반부터 맹위를 떨쳤다. 당시 세계 최강인 영국까지 무릎 꿇릴 정도였다. 지금도 구르카 용병은 세계 최강의 용병으로 평가받고 있다. 그만큼 지원자도 많다. 매년 2만 명 안팎의 젊은이들이 구르카 용병대의 문을 두드린다. 물론 지옥을 연상케 하는 지독한 선발 시험을 거쳐야 한다.

한국인에게 용병은 먼 나라의 이야기처럼 느껴진다. 용병은 주로 중남미나 동남아시아, 아프리카에서나 볼 수 있다고 생각한다. 최근 용병이 되려는 한국 젊은이도 있다지만 극소수다. 이러니 용병 이야기에 관심이 없을 터. 그래도 한반도에서 치러진 전쟁에 용병이 참전했다는 사실은 알아두자. 임진왜란 때의 이야기다.

임진왜란에 용병이 투입되었을 정도로 용병의 역사는 깊다. 네팔의 용병을 묘사한 그림과 그들이 사용하는 검인 쿠크리다.

임진왜란에 참전한 흑인 용병들

1592년 일본이 '정명가도'를 내세워 조선을 침략했다. 명을 정벌할 테니 길을 빌려달라는 뜻이다. 명에 사대하는 조선으로서는 들어줄 수 없는 부탁이었다. 거절할 수밖에 없었다. 왜군이 부산에 상륙했다. 파죽지세였다. 채 20일도 지나지 않는데 한성이 함락될 위기를 맞았다. 선조는 개성으로 달아났다. 한성이 함락되자 다시 평양으로 피신했다. 왜군이 평안도와 함경도까지 올라오자 선조는 의주로 또 달아났다.

주목해야 할 사건들

다행히 의병과 이순신의 활약, 명의 지원군 파견으로 전세를 역전시킬 수 있었다. 왜군은 후퇴를 거듭했다. 일본이 휴전을 제안했다. 일본 오사카에 있는 도요토미 히데요시의 성에서 강화 회의가 열렸다. 일본은 조선 팔도 중 4개 도를 요구했다. 조선의 왕자와 신하를 인질로, 명 황실 여성을 일본 왕실의 후궁으로 달라 했다. 협상이 결렬되었다. 1597년 일본이 다시 조선을 침략했다. 임진왜란의 2탄인 정유재란이다. 바로 이때 용병이 전투에 참전했다. 그 기록이 고스란히 『선조실록』에 남아 있다.

1598년 5월 26일에 명의 장수 팽신고를 위한 연회가 열렸다. 선조가 친히 연회에 참석했다. 연회가 어느 정도 무르익자 명 장수 팽신고가 선조에게 말했다. "얼굴 모양이 색다른 신병(神兵)을 소개하겠습니다." 선조는 호기심이 발동했다. "어느 지방 사람이며 무슨 기술을 가졌소?" 팽신고가 대답했다. "호광 남쪽의 파랑국 사람입니다. 호광은 바다 셋을 건너야 이를 수 있으며 조선과의 거리가 15만여 리나 됩니다. 그 사람은 조총을 잘 쏘고 여러 가지 무예를 지녔습니다."

포르투갈의 한자어가 파랑국이다. 용병이 곧 모습을 드러냈다. 당시 현장에 있던 사관도 상당히 충격이 컸던 듯하다. 이례적으로 기사의 중간 부분에 용병의 모습을 스케치해놓았다. 스케치만 봐도 그 용병이 흑인임을 짐작할 수 있다.

'해귀, 즉 바다 귀신이다. 노란 눈동자에 얼굴빛이 검다. 사지와 온몸도 모두 검다. 곱슬머리와 턱수염은 검은 양털처럼 짧게 꼬부라졌다. 바다 밑에 잠수하여 적선을 공격할 수 있고 수일 동안 물속에 있으면서 바다 생물을 잡아먹을 줄 안다.'

흑인 용병의 능력을 과대평가한 듯하다. 어쨌거나 선조는 감탄했다. 껄껄 웃으며 화답했다. "대인의 덕택으로 이런 신병을 봤으니 황은이 아닐 수 없소이다. 감격스럽소이다. 이제 흉적을 섬멸하는 날을 꼽아 기대할 수 있겠소이다."

이틀 후에는 해귀 3명이 직접 선조를 알현했다. 선조는 그들의 재주를 보고 싶었다. 칼 솜씨를 시험했다. 맘에 들었던 것일까, 선조는 상으로 은자 한 냥을 하사했다.

이 흑인 용병은 아프리카 출신이었을 것이다. 포르투갈 상인이 아프리카에서 흑인을 포획한 뒤 본국으로 끌고 갔으리라. 일부는 노예로, 일부는 용병으로 살아야 했을 것이다. 명이 머나먼 포르투갈까지 가서 흑인 용병을 데리고 온 건 아니다. 포르투갈은 이미 16세기부터 마카오를 점령하고 있었다. 명은 그 포르투갈로부터 무기를 사들였다. 여러 번 접촉하다 흑인 용병까지 구한 것이다.

〈천조장사전별도〉에 남은 용병들의 흔적

흑인 용병들은 혁혁한 전공을 세웠을까? 일단 기선 제압에는 성공했다. 왜군도 흑인 용병의 등장에 잔뜩 긴장했다. 9월 5일의 『선조실록』에 따르면 전라도 관찰사 황신이 이렇게 보고했다. '명군이 40만 명인데, 해귀와 달자(몽골군)도 많다고 부풀렸더니 왜적들이 모두 사색이 되어 짐바리와 잡물을 죄다 배에 실었습니다.'

물론 실제로 왜군이 철수하지는 않았다. 흑인 용병이 기대처럼 큰 활약을 하지도 못했다. 흑인 용병이 혁혁한 전과를 세웠다면 우리 기록에 남았으리라. 하지만 그 어느 기록에서도 흑인 용병의 이야기를 찾을 수 없다. 그렇다면 그 후 흑인 용병은 어떻게 되었을까? 오래된 그림에서 흑인 용병의 행적이 발견되었다.

풍산 김씨 문중이 오래전부터 보관해오던 서화첩이 있다. 『세전서화첩』이란 것인데, 문중은 이를 국학진흥원에 기탁했다. 이 서화첩에는 32종의 그림이 들어 있다. 그중 하나에 〈천조장사전별도〉란 제목이 붙었다. 우리말로 풀어내면, 명 장수들을 배웅하는 행사를 담은 그림이란 뜻이다. 1599년 2월에 열린 환송회 장면을 담은 그림이다. 이 그림의 왼쪽 구석에 흑인 용병 네 명이 수레에 탄 모습이 보인다. 흑인 용병은 조선 땅에서 죽음을 맞지는 않았던 것 같다. 연회가 끝난 후에 돌아갔을 테니까.

사실 해귀는 흑인 용병만을 지칭하는 용어가 아니다. 『성호사설』을 비롯해 여러 기록에 따르면 명은 '수십 종류의' 해귀를 데려왔다. 이 해귀들은 주로 동남아시아 출신이었다. 명이 동남아시아를 정벌한 이후 그 지역의 장정들을 용병으로 쓴 것이다. 게다가 몽골 병사들도 참전했다. 그렇다면 임진왜란은 초대형 국제전이었던 셈이다.

6·25 전쟁 도중에 활약한 용병 부대도 있다. 제4863부대(HID) 소속의 SC부대다. SC는 'Seoul Chinese'의 약자다. 화교로 구성되었기에 이런 이름이 붙었다. 200여 명으로 구성된 부대였는데, 전쟁이 끝날 무렵 생존자는 20여 명에 불과했다.

현대로 접어들면서 용병 조직은 많이 사라졌다. 정치 상황이 불안하고 군벌이 막강한 중남미, 아프리카, 아시아 일부에서 명맥을 유지하고 있을 뿐이다. 요즘은 용병이란 단어를 스포츠 분야에서 더 자주 쓰는 듯하다. 축구, 농구, 야구, 배구 등 거의 모든 종목에서 맹활약하는 외국인 선수를 용병이라 부르잖은가. 경기에 활력을 불어넣고 보는 재미까지 늘려주니 이런 용병 선수는 언제든지 환영!

우리나라 최초의 소방 조직 이야기

한양 대화재 사건이 가르쳐주는 교훈

- 🔵 조선 세종 때 일어난 한양 대화재 사건에 대해서 알아보자.
- 🔵 금화도감과 멸화군은 어떻게 탄생했는가?

1666년 9월 2일 새벽 빵집에서 일어난 작은 불이 런던 시내 전체로 퍼졌다. 이른바 런던 대화재의 시작이다. 이 화재로 4일 만에 약 1만 3,000채의 집이 불에 탔다. 세인트폴 대성당도 잿더미가 되었다. 런던의 60~80%가 불에 타버렸다.

사실 신속하게 대처만 했더라면 화재 피해를 줄일 수 있었다. 당시 정부에 소속된 소방 기구는 없었지만 그 대신 조합 형태로 운영되는 민간 소방 기구가 있었다. 그 소방 기구는 빵집이 조합에 소속되지 않았다는 이유로 진화를 거부했다. 또 하나. 화재가 더 번지기 전에 낡은 건물을 해체했더라면 피해를 조금이나마 줄일 수 있었다. 하지만 런던 시장은 건물 주인에게 일일이 허가를 받기 귀찮다며 그대로 두라 했다.

런던 대화재를 묘사한 그림. 오늘날 런던의 중심구인 시티오브웨스트민스터 일대를 덮쳤다. 세계 3대 대화재 중 하나다. 나머지 두 화재 사건은 로마 대화재와 에도(도쿄) 대화재다.

런던 대화재는 골든타임을 놓쳐도 한참 놓쳤다. 그 결과 8만 시민 중 7만 명이 길거리에 나앉았다. 사망자 수는 집계조차 하지 않았다. 평민쯤이야 죽어도 상관없다는 귀족 중심의 행정이 낳은 결과다. 공식 집계된 사망자는 10명이 되지 않는다.

이처럼 아찔했던 경험이 우리 역사에도 있다. 런던 대화재만큼은 아니지만 서울의 20% 정도가 불에 타버렸다. 그래도 신속한 조치 덕분에 추가 피해를 막을 수 있었다. 나아가 전화위복의 계기로 삼아 곧바로 화재를 전담하는 소방 관청을 만들었다.

한양 대화재 사건의 전말

세종 8년, 그러니까 1426년 2월 15일이었다. 바람이 강하게 불었다. 점심 무렵 한양 남쪽의 한 노비 집 부엌 아궁이에서 불이 시작되었다.

주목해야 할 사건들

불씨는 북서풍을 타고 빠른 속도로 번졌다. 먼저 시장을 관리하는 관청인 경시서의 북쪽 행랑 116개가 탔다.

화마는 민가도 덮쳤다. 이날 하루에만 한양 중부 1,630호, 남부 350호, 동부 190호 등 모두 2,170호가 잿더미로 변했다. 사망자는 남자 9명, 여자 23명으로 집계되었다. 재산 피해에 비하면 인명 피해가 의외로 적다고? 진실은 이렇다. 식별되지 않는 시신은 집계에 넣지 않았다. 그러니 실제 사망자 수는 짐작 불가.

뭐, 그 전에도 화재가 없었던 것은 아니다. 1393년 2월에는 강릉도 양주(양양)에 큰불이 나 관청과 민가 여러 채가 탔다. 방화범도 극성을 부렸다. 오죽하면 1417년 2월, 태종이 금화령을 내렸겠는가. 말 그대로 불내는 사람을 처벌하는 법이었다. 실수로 자기 집에 불을 내면 곤장 40대, 이웃집까지 태우면 50대의 형벌을 받았다. 궁궐이나 종묘까지 태우면 사형!

세종 즉위 후에도 황해도 용천의 국고에 불이 나 쌀과 콩 2만여 석을 태워버렸다. 이처럼 화재가 자주 일어나 민감하던 차에 한양에 대화재가 발생했다. 불은 종묘와 창덕궁을 침범할 태세였다. 조선 건국 이후 최대 위기였다. 엎친 데 덮친 격이라 해야 할까, 마침 세종은 강원도로 출장을 떠나 있었다. 사령탑이 자리를 비운 상황.

소헌 왕후는 막내아들인 금성 대군을 임신한 몸이었다. 그것도 출산을 얼마 남기지 않은 만삭의 몸이었다. 그래도 방법이 없었다. 소헌 왕후가 지휘봉을 잡았다. "식량 창고는 구하지 못하더라도 종묘와 창덕궁은 힘을 다해 구하도록 하라." 불길은 밤이 되어서야 간신히 잡혔다. 소헌 왕후는 "오늘 재난은 이루 말할 수 없으나 종묘가 보전된 것만이라도 다행한 일이다."라며 가슴을 쓸어내렸다.

다음 날 다시 강풍이 불었다. 불씨가 살아났다. 종로 전옥서(교도소) 서쪽의 사대부 집에서 불이 시작되었다. 불은 전옥서로 번졌고 행랑 8 개를 태운 뒤 보신각 종루로 번졌다. 화재 진압에 성공해 종루는 보전 할 수 있었지만 민가 200여 호가 불에 탔다.

세종은 급히 환궁해 대책 마련에 나섰다. 2월 20일 행랑에 방화 장 벽을 쌓도록 했다. 성안의 도로를 넓히고 사방으로 통하도록 했다. 궁 궐과 관청 주변의 민가는 철거했다. 물을 확보하는 게 중요하니 행랑 은 10칸, 민가는 5칸마다 우물을 파도록 했다. 종루의 누문에는 불 끄 는 기계를 비치했다. 모든 사후 조치가 신속하게 이루어졌다.

이어 2월 26일 세종은 금화도감이라는 기구를 세우는 계획을 승인 했다. 금화도감은 우리 역사상 최초의 소방 조직이다. 소방청의 역사 를 거슬러 올라가면 이 금화도감에 닿아 있다. 그 전에도 소방 관련 업무를 맡은 관리가 있기는 했지만 정식 관청은 없었다. 단, 금화도감 이 상설 기관은 아니었다. 도감은 임시 기관을 뜻한다.

우리나라 최초의 소방관이 탄생하다

이후 금화도감은 화재 상황에서 컨트롤타워 역할을 제대로 수행했 다. 평상시에는 일반 백성들에게 화재 교육을 시켰고, 불이 나면 즉각 백성과 노비를 동원해 진압했다. 하지만 임시 기관으로서는 업무 이행 에 한계가 있을 수밖에 없다. 실제로 금화도감이 하는 일이 별로 없다 는 이야기까지 나왔다. 그러면 개혁해야 한다. 이 해 8월, 조정은 도성 성곽을 수리하는 성문도감과 금화도감을 합쳐 수성금화도감을 출범

1840년경의 서울(한양)을 표현한 지도인 〈수선전도〉

시켰다.

수성금화도감의 운명도 썩 밝지는 않았다. 세조는 1460년 수성금화도감을 폐지했다. 다시 역할을 쪼개 성문도감은 공조, 금화도감은 한성부에서 맡도록 했다. 이와 함께 상설 소방관을 처음으로 두었다. 그것이 바로 멸화군이다. 불을 전멸시키는 군인이란 뜻이다. 멸화군은 약 50명으로 편성되었다. 그들은 24시간 비상 대기를 하면서 순찰과 감시, 화재 진압의 업무를 수행했다. 오늘날의 소방관과 다를 바 없다.

1481년(성종 12년) 금화도감이 화려하게 부활했다. 새 명칭은 수성금화사. 이전의 기관과 다른 점이 있다. 눈치 챘는가? 맞다. 더 이상 도감이 아니다. 정식 관청이 된 것이다. 실제로 수성금화사는 조선의 헌법인 『경국대전』에도 정식 관청으로 기재되었다. 하지만 수성금화사의 운명도 얄궂다. 17세기에는 멸화군이 먼저 해체되었다. 더불어 수성금화사란 명칭도 사라졌다.

돌이켜보면 위기는 어떻게 대처하느냐에 따라 능히 극복할 수 있다. 런던 대화재 때는 관료와 조합의 무성의와 안일함이 사태를 더 키웠다. 한양 대화재 때는 왕이 직접 나서 신속하게 대처했기에 추가 피해가 발생하지 않았다. 또한 이 사건을 계기로 우리나라 최초의 소방 전문 조직까지 만들었다. 물론 최선은 위기가 생기지 않도록 사전에 외양간을 정비하는 것이다. 다만 사고가 터진 후라고 해서 넋만 놓고 있으면 안 된다. 사고에 대처할 타이밍을 놓쳐서는 안 된다. 달리 골든타임이라 하겠는가?

큰 사건이 터지면 정치판은 시끄럽다. 정치인들은 책임자를 가려내 잘잘못을 따져야 한다고 목소리를 높인다. 그러면서도 정작 자신은 책임이 없다고 발뺌한다. 분통이 터진다. 시대에 맞지 않고 상식에도 어긋나는 법령, 불필요한 정치인과 경제계의 유착 관계, 표만 의식하는 정책 결정……. 이런 부조리한 현실이 대형 사고의 단초가 된다는 사실을 그들만 모르는 것일까? 그래서 인재(人災)라 부르는 게 아닌가.

조선 시대에 일어난 최악의 기근 사태

우리 역사에 인육까지 먹던 참사가 있었다

◈ 경신 대기근과 을병 대기근이 일어난 이유는?
◈ 경신 대기근 때 피해가 커진 까닭을 생각해보자.

2010년 4월 아이슬란드에서 화산이 폭발했다. 화산재는 바람을 타고 유럽 남부로 확산되었다. 유럽 전역의 공항이 마비되었다. 다행히 사태는 더 이상 악화되지 않았다.

약 1,500년 전, 그러니까 536년에도 아이슬란드에서 화산이 폭발했다. 당시 후폭풍은 전 세계로 확산되었다. 화산재가 태양을 가려 전 세계의 기온이 급강하했다. 심지어 멀리 떨어진 중국에서는 한여름에도 눈이 내렸다. 전 세계적으로 작물이 말라비틀어졌고, 전염병이 창궐했으며, 굶어 죽는 이가 속출했다.

천재지변의 여파는 100여 년간 지속되었다. 2018년 세계적인 과학 저널 《사이언스》에 이와 관련된 논문이 실렸다. 그 논문은 536년을

아이슬란드의 에이야프얄라요쿨 화산이 폭발한 모습. 이 폭발로 인해 천문학적인 액수의 경제 피해를 입었다.

인류 역사상 최악의 해로 규정했다.

세계적 기상 이변이 발생하면 한반도에도 피해가 나타난다. 17세기 후반에 실제로 그랬다. 당시 전 세계적으로 기온이 떨어지고 빙하가 증가하는 '소빙하기'가 시작되었다. 그 여파로 한반도에는 기상이변과 대기근이 나타났다. 우리 역사상 최악의 기근. 바로 경신 대기근과 을병 대기근이다.

대기근이 닥치다

경신 대기근은 경술년(1670년)과 신해년(1671년), 을병 대기근은 을해년(1695년)과 병자년(1696년)에 발생했다. 사실 고대 이래로 수백수천

명, 심지어 수만 명 이상의 사망자가 발생한 기근 사태가 없었겠는가. 그렇지만 경신 대기근과 을병 대기근은 우리의 상상을 초월하는 수준이었다. 대기근은 하늘에 불길한 조짐이 나타나면서 시작되었다.

1670년(현종 11년) 1월, 햇무리와 달무리가 뜨고 지기를 반복했다. 햇빛이 대기 중의 수증기와 합쳐지면 태양 둘레에 둥그런 테두리가 나타난다. 이것이 햇무리다. 근대 이전에는 이런 자연 현상을 불길한 징조로 여겼다. 여기에 우레가 내려치고 유성이 떨어졌다. 하늘은 대낮에도 캄캄했다. 전국적으로 지진까지 일어났다. 참고로 당시 상황은 모두 음력으로 기록되었다. 그러니 1월이면 오늘날의 3월 정도로 보면 된다.

2월이 되자 전염병이 돈다는 보고가 조정에 올라왔다. 이때부터 매달 전국 각 도에서 수백 명에서 많게는 천 명이 넘는 사람이 역병으로 죽었다. 재앙의 시작이었다.

식량도 부족해졌다. 냉해 때문이었다. 꽃들이 만발하고 햇살이 따스해야 할 봄이건만 전국적으로 우박이 떨어졌다. 작물이 모두 얼어붙었다. 설상가상으로 살인적인 가뭄이 시작되었다. 기우제를 지냈지만 소용이 없었다. 사람들이 죽어나갔다.

5월이 되자 갑자기 큰비가 내렸다. 하늘도 무심하지, 가뭄을 버텨냈더니 홍수가 덮쳤다. 이번엔 비를 그치게 해달라며 기청제를 지냈다. 그러는 동안에 메뚜기와 참새 떼가 출몰했다. 빈약하게나마 자라던 곡식이며 나무 열매까지 모두 사라졌다. 기근은 더 심해졌다. 지체 높은 사대부와 부자들은 식량을 사재기했다. 일반 백성이 먹을 식량은 더욱 줄어들었다. 하루에 한 끼는 고사하고 이틀에 한 끼를 먹기도 힘들어졌다. 사람들이 더 많이 죽어나갔다.

수확의 계절 가을이 돌아왔다. 하지만 수확할 게 없었다. 서리와 눈, 우박이 뒤섞여 내렸다. 비가 왔다 하면 등골이 오싹할 정도로 차가웠다. 사람들은 관아로 몰려가 식량을 구걸했다. 도적들이 들끓었다. 국경을 넘어 청으로 도망가는 이들이 크게 늘었다. 풀뿌리는 다 캐 먹었고, 움직이는 동물은 모두 잡아먹었다. 악재가 계속되었다. 초대형 태풍이 찾아왔다. 제주가 가장 큰 피해를 입었다. 제주 목사는 '사람끼리 잡아먹는 변고가 일어났다.'는 보고서를 올렸다. 인간성마저 상실하기 시작했다.

경신 대기근의 피해가 컸던 이유

겨울이 되었다. 폭설이 내렸고, 기온이 급강하했다. 눈에 파묻혀서, 혹은 얼어서 죽는 이들이 속출했다. 실제로 제주에서 열매를 줍기 위해 산에 올라갔다가 눈 때문에 길이 막혀 91명이 한꺼번에 얼어 죽었다는 보고가 올라왔다.

해가 바뀌어 다시 꽃이 피었다. 상황은 달라지지 않았다. 전국에서 올라오는 보고서는 여전히 충격적이었다. 천재지변은 계속되고 있었고, 대기근은 해소되지 않았다. 3월에는 아들과 딸이 병으로 죽자 굶주린 엄마가 삶아 먹었다는 보고가 충청도에서 올라왔다. 살기 위해서 그랬겠지만, 엄마는 이미 미친 귀신의 꼴이었다고 했다.

국가적 비상사태다. 정부도 손만 놓고 있지는 않았을 터. 실제로 1671년부터는 정부가 적극적으로 구휼 활동을 벌였다. 하지만 효과는 별로 없었다. 더 적극적이어야 했지만 조정은 체면만 생각했다. 왕과 몇몇 대신이 청국으로부터 쌀을 수입해 백성에게 먹이자고 했다. 대부분의 대신은 이 제안에 고개를 저었다. 왜 그랬을까? 당시 조선 유학자들은 청을 상국으로 인정하지 않으려 했다. 오랑캐로부터 쌀을 지원받으면 조정의 위신이 떨어진다고 여겼다. 위신이라니! 백성이 매일 수천수만 명씩 죽어 나가는데. 그놈의 명분이 더 중요하단 말인가.

경신 대기근 당시 15만 명 정도가 사망한 것으로 추정된다. 하지만 실제 사망자 수는 훨씬 많았으리라. 1670년 12월 5일의 『현종개수실록』 기록에 추정치가 나와 있다. '기근과 역(장티푸스)으로 죽은 이를 모두 합치면 거의 100만 명에 이른다.'

경신 대기근으로부터 24년 후인 1695년(숙종 21년) 을병 대기근이 시작되었다. 지난날의 참상이 되풀이되었다. 더 많은 피해자가 발생했다.

가뭄과 홍수, 태풍, 지진 등의 자연재해로 인한 기근은 인간성이 말살되는 비극을 동반한다. 피해를 최소화하는 것은 정치의 몫이다.

주목해야 할 사건들

그나마 다행이라면, 이 무렵은 병자호란이 끝나고 꽤 시간이 흐른 시점이라는 것이다. 청국에 사대하는 것이 이상하지 않았다. 청에 곡식을 보내달라고 해서 사태를 조금은 수습할 수 있었다.

을병 대기근의 사망자는 공식적으로 25만 명으로 추정된다. 물론 실제 사망자 수는 더 많았을 터. 여러 학자들이 추정치를 내놓고 있다. 최대치를 기준으로 정리하면 경신 대기근 때 최대 140만 명, 을병 대기근 때 최대 400만 명이 기근과 역병으로 죽었다. 당시 조선 인구는 많아 봐야 1,400만~1,600만 명이었다. 그렇다면 두 기근으로 인구의 30% 이상이 줄었다는 추론이 가능하다. 상상조차 안 되는 수준이다.

경신 대기근과 을병 대기근은 오롯이 자연재해로 인해 발생했을까? 꼭 그렇지만은 않을 것이다. 사태가 발생하기 전의 역사적 사건과 밀접한 관련이 있다.

당시 조선은 임진왜란과 병자호란을 치렀다. 병자호란이 끝난 후에는 청국을 정벌하겠다며 국방에 재정을 쏟아부었다. 전쟁 후유증을 치유하면서 농업 생산력을 증대시키는 것이 정책의 으뜸 과제가 되었어야 했다. 하지만 조정은 그렇지 않았다. 결과적으로 조정은 무능했다.

그랬다. 자연을 이길 수는 없었겠지만 정치를 제대로 했다면 피해를 줄일 수 있었을 것이다. 자연재해로 인한 피해를 키우는 것이 인재라는 사실을 이 대기근 사태에서도 확인할 수 있다. 우리가 배워야 할 교훈이다.

세종이 실시한 세계 최초의
전국 단위 여론 조사

세종은 백성에게 물어 세금 제도를 결정했다

◈ 고려 말과 조선 초기의 조세 제도인 답험 손실법이 실효를 거두지 못한 이유는 무엇인가?
◈ 세종 대왕은 왜 전국 단위의 여론 조사를 실시했는가?
◈ 세종 대왕이 확정한 공법의 전분육등법과 연분구등법의 내용을 알아보자.

선거철만 되면 휴대 전화가 쉴 새 없이 울린다. 여론 조사를 하겠단다. 정치에 관심 없다며 퉁명스럽게 답하는 이들도 많다. 다른 사람들의 판단에 도움을 줄 수 있으니 성실하게 응하는 건 어떨까? 싫다면 정중하게 사양하시라. 조사관에게 화내지는 말자.

여론 조사는 서양, 특히 미국에서 가장 먼저 발달했다. 19세기경 선거 결과를 유추하기 위해 모의 투표를 실시했던 게 시초다. 따지고 보면 여론 조사의 역사가 불과 200여 년밖에 되지 않았다는 이야기다. 이후 여론 조사를 전문적으로 하는 글로벌 기업들이 탄생했다. 요즘 들어서는 국내에서도 여론 조사 시장과 기업이 크게 성장했다.

여론 조사 기업의 역사를 따지자면 아무래도 우리가 짧을 것이다.

광화문 광장의 세종 대왕상. 세종 대왕은 절대 군주이면서도 조세 정책을 시행하기에 앞서 백성의 뜻을 물었다.

하지만 여론 조사 자체의 역사는 우리가 더 길다는 사실을 아는가? 이미 15세기 초반에 세종이 전국 단위의 여론 조사를 처음으로 시행했다! 1430년(세종 12년)의 일이었다.

고려 말과 조선 초의 조세 제도, 답험 손실법

조선 시대 세금은 크게 전세(조세), 공납, 역 등 세 분야로 구분되었다. 전세는 토지에 부과하는 세금, 공납은 세금으로 내는 지역 특산물, 역은 군역(국방)과 요역(토목)을 뜻한다. 아무래도 농업 국가이니 전세의 비중이 가장 컸다.

고대 중국에서는 토지마다 정해진 액수의 전세를 받았다. 이런 방식의 토지 세금 제도를 공법이라고 했는데, 세종도 이 공법을 정착시키려 했다. 세종은 토지 1결당 얼마의 세금을 받을까를 고민했다. 이 '결'이란 단위가 조금 복잡하다. 결은 m^2나 km^2와 같은 면적 단위가 아니다. 수확량에 따라 정하는 단위였다. 곡식 400말을 생산할 수 있는 땅의 면적을 1결로 정하는 식이다. 척박한 토지라면 1결은 수천 m^2가 넘을 수도 있다. 반면 비옥한 토지라면 1결은 수백 m^2일 수도 있다.

당시에는 추수철이 되면 관리를 현장에 보내 수확량을 측정했다. 결과에 따라 때로는 세금을 깎아주기도 했기에 답험 손실법이라 했다. 말 그대로 관리가 직접 현장에 가서 손실을 체크한다는 뜻이다. 문제는, 지방 아전과 지주들이 입을 맞추는 데에 있었다. 돈 많은 지주들은 수확량을 줄여 신고했고 아전들은 눈을 감아주었다. 모자란 세금은 고스란히 농민의 부담이니 농민들의 삶만 팍팍해졌다. 이른바 세정 농단이다. 부정부패를 차단하고 세금을 늘리기 위해서는 답험 손실법도 손을 봐야 했다.

1427년 세종은 대과 시험장에 나가 친히 이런 문제를 출제했다. "공평한 조세 제도를 도입하기 위한 방안을 제시하라." 이로써 공법 개혁의 신호탄을 쏘아 올렸다.

1429년 호조가 실태 파악에 들어갔다. 토지 1결당 세금으로 쌀 15말을 받으면 얼마의 세금이 걷히는지, 10말로 줄여도 국가 재정에 문제가 없는지를 분석했다. 현장 조사도 시행했다. 그동안 보고서로만 접했던 부정부패의 민낯이 고스란히 드러났다.

1430년 호조가 답험 손실법을 폐지하고 토지 1결당 쌀 10말의 세금을 거두기로 확정했다. 그런데 세종이 시행을 앞두고 제동을 걸었다. 고통받는 백성이 생겨서는 안 된다면서 이렇게 말했다. "의정부, 육조, 서울의 관청, 지방의 감사와 수령, 백성에게 이 방안이 좋은지 나쁜지를 물어보라!"

세계 최초의 여론 조사를 통해 확정한 공법 제도

이후 전국적으로 5개월 동안 조사가 진행되었다. 조사에 응한 전국의 관료와 백성이 17만 2,648명으로 집계되었다. 한 가구당 2명 이상 조사한 적이 없으니 실질적으로 17만 2,648가구를 대상으로 한 초대형 여론 조사였다. 국내는 물론 서양에서도 이 정도 규모의 여론 조사를 시행한 적은 없었다. 그랬다. 세종은 어쩌면 세계에서 가장 먼저 전국 단위의 여론 조사를 단행한 군주일 수도 있다!

2011년 영국 세인트폴 대성당 앞에서 런던 증권 거래소의 부당 행위에 대해 시민들의 의견을 묻는 시위자. 이처럼 여론 조사는 광범위한 영역에서 진행되고 있을 뿐만 아니라 우리의 일상에 매우 가까이 접근해 있다.

최종 결과는 그해 8월 10일에 나왔다. 토지 1결당 쌀 10말을 거두는 방안에 대해 57퍼센트가 찬성했다. 반대 의견은 43퍼센트였다. 예상했던 대로 경상도, 전라도, 경기도 등 농지가 비옥한 지역은 압도적으로 찬성한 반면 땅이 척박한 평안도와 함경도는 반대 의견이 압도적이었다. 황해도, 충청도, 강원도는 반대 의견이 살짝 우세했다. 세종은 이번에도 43퍼센트의 반대 의견에 주목하며 섣불리 강행하지 않았다. "백성의 반대가 많다면 제도를 시행해서는 안 되니 공법 시행을 보류하라."

이어 수년 동안 시행착오가 반복되었다. 그러다가 1440년 찬성 여론이 높은 경상도와 전라도에서 시범적으로 공법을 시행했고, 이듬해 7월에는 충청도에서 추가로 시행했다. 이런 과정을 거친 끝에 1444년 공법을 최종 확정했다. 전국 여론 조사를 시행한 지 14년 만의 완성이다. 그것이 전분육등법과 연분구등법이다.

전분육등법과 연분구등법

전분육등법에 맞추어 토지가 비옥한 정도를 측정했다. 가장 비옥한 토지를 1등전, 가장 척박한 토지를 6등전으로 매겼다. 1결의 기준을 곡식 400말을 생산할 수 있는 면적으로 정했다. 그 결과 6등전의 면적은 1등전의 4배 정도가 되었다. 30,000m^2의 토지가 있다 치자. 만약 6등전이라면 1결의 세금만 낸다. 1등전이라면? 세금은 4배가 된다.

공평한 과세가 되려면 토지의 비옥도만 고려해서는 안 된다. 그해의 작황도 고려해야 한다. 이를 위해 도입한 것이 연분구등법이다. 최고의 풍년일 때를 상상년(上上年), 최악의 흉년일 때를 하하년(下下年)이라 했

주목해야 할 사건들

다. 이런 식으로 작황에 따라 9개 등급을 매겨 세금 액수를 정했다. 상상년을 기준으로 1결당 20말로 정하고는 한 등급 떨어질 때마다 2말의 세금을 줄였다. 그렇게 하면 최악의 흉년인 하하년일 때는 1결당 4말의 세금을 내게 된다.

복잡하다고? 사례를 들어보자. 30,000m^2의 토지를 가진 지주 2명이 있다. A의 토지는 1등전, B는 6등전이다. 최대의 풍작인 상상년이라면 A는 4결의 세금 80말을, B는 1결의 세금 20말을 낸다. 최악의 흉작인 하하년이라면 A는 16말, B는 4말만 낸다.

이 공법 제도는 이후 조선의 헌법인 『경국대전』에 수록되어 조선 토지 세금 제도의 골격이 되었다. 만약 세종이 여론 조사를 시행하지 않았더라면 풍·흉작, 토지의 비옥함 정도를 모두 고려한 공법이 완성될 수 있었을까? 다른 군주처럼 밀어붙였다면 또다시 그렇고 그런 조세 제도가 나왔으리라. 결국 세종의 포용적 리더십이 이 작품을 만든 셈이다.

하지만 이 제도 또한 조선 중기로 이어지면서 변질되어갔다. 똑같은 일이 반복되었다. 양반들은 자신의 토지를 5등전이나 6등전으로 낮추어 평가토록 했다. 농민의 5등전 토지는 2등전이나 3등전으로 책정되었다. 이러니 또다시 농민들의 시름만 깊어졌다.

결국 제도의 성공은 그 제도를 운영하는 관료들의 진심에 달려 있다. 제도가 아무리 좋다 한들 관료들이 허투루 운영하면 있으나 마나 한 제도가 된다. 내 밥그릇부터 챙기겠다는데 백 가지 약을 쓴다 한들 효과가 있겠는가.

영조와 금주령

술과의 전쟁에 모든 것을 건 왕

◐ 왕이 금주령을 내리는 이유는 무엇인가?
◐ 영조의 금주령은 앞선 왕들의 금주령과 무엇이 달랐는가?
◐ 사도 세자가 뒤주에 갇혀 죽은 까닭은 무엇인가?

미국의 1920년대를 두고 종종 광란의 시대라 부른다. 정부는 범죄를 줄이기 위해 금주법을 선포했다. 하지만 밀주가 공공연히 거래되었고, 갱단은 주류 밀거래로 큰돈을 벌었다. 갱단은 초대형 레스토랑을 운영했다. 재즈 밴드의 음악이 홀을 가득 채웠다. 당연히 메뉴판에 없는 술을 팔았다. 갱단은 영역을 확대하기 위해 전쟁을 벌였다.

격동의 시기였다. 마침 자동차 인구도 급증하고 있었다. 그러니 광란의 시대보다 적절한 표현이 없는 것 같다. 이 시절, 갱단은 더 커졌고 범죄는 더욱 심해졌다. 정치판으로 흘러 들어가는 검은돈도 늘었다. 금주법은 아무런 득이 되지 않았다. 오히려 평범한 주당들만 범죄자로 만들었다. 정부가 두 손을 들었다. 13년 만에 법을 폐지했다.

조선 왕들이 금주령을
내린 까닭은?

미국의 전설적인 갱단 두목 알 카포네. 그는 미국에서 금주법이 시행되자 밀주를 만들어 은밀히 거래하면서 막대한 부를 쌓았다.

술을 마시거나 만드는 행위를 금지한 사례는 우리 역사에서도 찾을 수 있다. 술은 곡물로 빚는다. 술을 많이 만들수록 사람이 먹어야 할 양식이 줄어든다. 그러니 조선 시대의 왕들은 즉위하면서 으레 금주령을 내렸다. 1920년대의 미국처럼 술과의 전면전을 선포하는 수준까지는 아니더라도 태조, 정종, 태종, 세종 등 대부분의 왕이 그랬다. 특히 가뭄이나 홍수와 같은 자연재해가 겹친다면 응당 금주령을 내렸다.

금주령이 발동되면 주당들은 분위기를 파악해야 할 테니 일단 몸을 사렸다. 시간이 조금 흐르면 금주령이 흐지부지되었다. 주당들은 그 틈을 타서 슬며시 술을 빚어 마셨다. 관리들도 얼렁뚱땅 넘어갔다. 법도를 따지는 지체 높은 양반 어르신들도 왕명을 어기고 술을 만들어 마셨다. 핑곗거리는 충분했다. "제사를 지내려 합니다." 유교 제사에서 술을 빼놓을 수는 없다. 제사를 빙자한 술판이 벌어지기도 했다.

조선의 21대 국왕 영조는 83세까지 장수하면서 53년간 조선을 통치한 최장수 왕이다. 업적도 많았을 터. 붕당 간의 싸움, 즉 당파 싸움을 막기 위해 탕평책을 시행했다는 정도는 웬만한 상식에 해당한다.

영조는 인권을 염두에 둔 군주이기도 했다. 잔인한 고문을 금지시켰다. 세도가가 힘없는 서민이나 천민에게 사적 형벌을 가하지 못하게 했다. 또 하나, 영조는 우리 역사상 가장 치열하게 술과 전쟁을 벌인 군주였다.

영조의 강력한 금주령

경종의 국상이 끝난 1726년(영조 2년) 영조는 국정 지침을 선포했다. 첫째, 붕당을 경계할 것! 이 지침에서 탕평책이 나왔다. 둘째, 사치를 경계할 것! 면으로도 충분하니 비단을 고집하지 말라고 경고했다. 흥미로운 게 셋째 지침이다. 술을 경계할 것! 영조는 이렇게 말했다. "술은 실로 미치게 만드는 약이다. 사람의 천성은 본래 착하다. 맑은 기질을 혼탁하게 만들고 아름다운 기질을 악하게 만드는 것이 술이다."

이처럼 영조가 통치 초기부터 술과의 전쟁에 돌입했기에 유독 『영조실록』에 금주령과 관련된 기사가 많다. 그 강도는 통치 후반으로 갈수록 셌다. 1755년(영조 31년) 큰 흉년이 들자 영조는 특단의 조치를 내놓았다. "내년 정월부터는 술을 빚지 말라. 제사 때도 술 대신 감주(단술)를 쓰라." 단술은 밥알에 누룩을 부어 삭힌 음식이니 엄밀히 말하면 술이 아니다. 제사 때도 술을 못 쓰도록 해 금주령을 관철시키겠다는 의도다.

이듬해인 1756년, 조선 역사상 가장 강력한 금주령이 발효되었다. 술을 마신 선비는 과거 시험 자격을 박탈하거나 유생 명부에서 삭제했다. 관료가 술을 마시다 들키면 옥에 가두었다. 서민과 천민이 금주령을 어기면 노비로 삼았다. 술을 빚은 자는 섬에 유배를 보냈고, 그

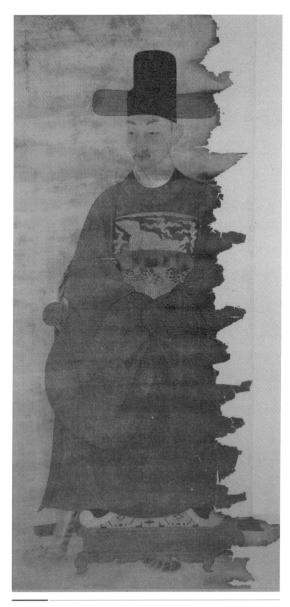

연잉군 시절이었던 21세 때의 영조 초상화

술을 마신 자는 노비로 만들었다.

이쯤 되면 술이 아니라 독극물이다. 하지만 술의 유혹은 집요하고 강하다. 금주령을 어기는 자가 속출했다. 영조는 『계주윤음』이란 책을 직접 써 경고했다. 풀어 말하자면, 술을 경계하라는 임금의 말씀이란 뜻이다. 마지막 경고다.

술과의 전쟁은 1762년(영조 38년) 정점에 이르렀다. 이 해 9월 17일, 병사 윤구연이 술을 빚었다는 이유로 붙잡혀 곧바로 남대문에서 참수되었다. 증거품은 술 냄새가 나는 빈 항아리가 전부였다. 더 조사해 봐야 할 사안이었다. 하지만 극도로 흥분한 영조는 당장 목을 쳐야 한다며 막무가내였다. 삼정승이 더 확실히 조사해봐야 한다고 말렸지만 오히려 파직되었다. 영조는 친히 참수 현장까지 갔다.

2개월 후 술을 빚은 이원상이란 인물이 다시 참수되었다. 그의 머리는 노량진 모래사장에 효시되었다. 아, 독하다. 술을 마신 게 목숨을 거둘 정도의 대역죄라니…….

영조와 사도 세자의 불행

사실 영조와 사도 세자의 관계가 나빠진 계기가 술이었다는 분석도 있다.

강력한 금주령이 시행 중인 1756년 5월 1일이었다. 영조가 사도 세자의 서재인 낙선당을 찾았다가 화를 내며 나와버렸다. 조금 있다 낙선당에 불이 났다. 영조는 날카롭게 쏘아붙였다. "치지(置之)!" 그냥 두라는 뜻이다. 무슨 일이 있었던 것일까?

정확한 경위는 알 수 없다. 이날의 기록은 훗날 정조의 부탁으로

『승정원일기』에서 삭제되었다. 다만 사도 세자의 부인 혜경궁 홍씨가 지은 『한중록』에 따르면 영조가 낙선당에 들이닥쳤을 때 사도 세자의 의관이 상당히 헝클어져 있었다고 한다. 술을 마신 거라 생각한 영조는 세자를 심하게 추궁했다. 품행이 왜 그러느냐, 금주령을 어기는 것이냐, 공부는 제대로 하는 것이냐……. 아마 이런 식의 꾸지람을 했을 것 같다.

우연인지 알 수는 없으나 바로 이 추궁이 있고 난 후에 낙선당에 불이 났다. 술에 취한 사도 세자가 방화한 것인지, 촛대가 넘어져 발생한 실화인지는 알 수 없다. 다만 영조는 세자가 방화를 했다고 생각한 듯하다. 그러니 "내버려두어라!"라고 말했을 터.

여러 기록에 따르면 사도 세자는 원래 술에 약했다. 그러나 낙선당 화재 사건 이후 폭음하기 시작했고, 육체적·정신적으로 망가지기 시작했다. 궁인을 닥치는 대로 죽였고, 심지어 아버지를 칼로 찔러 죽이고 싶다고 말하기도 했다. 부자는 점점 멀어졌다.

결국엔 비극으로 이어졌다. 영조가 금주령을 어긴 관리들을 처형한 바로 그해, 1762년 5월이었다. 사도 세자가 뒤주에서 목숨을 잃었다. 아버지에 대한 반항심, 아들에 대한 엄격한 훈육, 노론과 소론의 갈등이 복잡하게 얽혀 발생한 참극이었다. 물론 가장 큰 원인은 불통(不通)이었을 것이다. 1767년 영조는 죽어버린 아들에게 사도 세자라는 시호를 내렸다. 뒤늦은 후회다.

사도 세자의 아들 정조는 할아버지와 많이 달랐다. 즉위하자마자 금주령을 시원하게 폐기했다.

만약 오늘날에 대통령이 금주령을 내린다면 어떨까 하는 상상을 해본다. 음, 일단 대통령에겐 그럴 권리가 없다! 그래도 술을 마실 수 없게 된다면, 그다음엔? 건강해질 것 같다. 하지만 식당을 하는 자영업자들의 삶이 팍팍해질 것이고, 사람들과의 유쾌한 술자리가 없으니 삭막해질 것 같다. 그렇다면 해법은 정해졌다. 지나치지 않을 정도로 적당히, 그리고 즐겁게 마실 것!

단발령 때 누가 가장 먼저
머리를 깎았을까?

단발에 관한 추억

- ◈ 일제는 왜 단발령을 밀어붙였는가?
- ◈ 단발을 한 최초의 조선인은 누구인가?
- ◈ 단발령이 조선 사회에 미친 영향을 알아보자.
- ◈ 단발령이 시행될 때 여성은 여권 신장을 위해 어떻게 저항했는가?

1975년 개봉한 영화 〈바보들의 행진〉은 숱한 화제를 낳았다. 군부 독재의 시퍼런 서슬이 사회를 억누르고 있던 때였다. 젊음은 암울했다. '술 마시고 노래하고 춤을 춰봐도 가슴에는 하나 가득 슬픔'뿐이던 시절이었다. 이런 가사를 담은 영화 주제곡 〈고래 사냥〉은 곧바로 금지곡으로 지정되었다. 가사가 불건전하다는 것이 이유였다. 노래에 열광했던 수많은 젊은이들이 덩달아 불건전한 청춘이 되어버렸다.

영화 속 주인공은 장발이었다. 장발을 단속하던 경찰이 그를 붙들었다. 둘이 옥신각신하다 익살스런 추격전을 벌인다. 〈왜 불러〉란 노래가 배경 음악으로 흐른다. 이런 식으로나마 저항하며 억눌린 숨통을 틔었다. 이 또한 웃기면서도 슬픈 과거사다.

머리칼을 단속하는 사회

1980년대 초반에 중고교 두발 자유화 조치가 시행되었다. 하지만 자유화란 말이 무색했다. 학생 주임은 바리캉을 들고 다니면서 학생들의 머리에 '오솔길'을 만들어버리곤 했다. 돌이켜보니 말로만 자유화 조치였다. 그다지 자유가 있었던 것 같지는 않다.

더 과거로, 약 90년만 거슬러 올라가보자. 1895년 10월 8일, 일본 낭인들이 조선의 국모를 잔인하게 시해한 을미사변이 터졌다. 조선 전체가 충격에 빠졌다. 민중들 사이에 반일 감정이 거세게 일었다. 그러거나 말거나. 일본은 조선 조정을 협박해 개혁을 강요했다. 조선의 전통을 와장창 허물어 일본의 지배를 수월하게 하려는 의도에서였다.

약 3개월이 흘렀다. 12월 30일, 고종은 을미개혁을 선포했다. 핵심은 세 가지! 건양이란 연호 사용, 태양력 사용 그리고 단발령이었다. 앞의 두 가지는 그나마 국민을 설득할 수 있을 것 같았다. 문제는 단발령이었다. 거센 반발이 빤히 예상되는 상황이었다. 그러니 고종도 단발령을 시행하는 것은 곤란하다고 맞섰다. 하지만 일본의 협박을 이겨낼 수 없었다. 조선 조정 내부에서도 일본을 지지하는 세력이 있었다. 내부대신 유길준이 맨 선두에 섰다. 유길준은 일본의 힘을 믿고 단발령을 추진했다. 고종도 무릎을 꿇을 수밖에 없었다. 단발령은 1896년 1월 1일자로 전국에서 시행되었다.

명성 황후를 시해하여 을미사변을 일으킨 일본인 낭인들. 한성신보 사옥 앞에서 포즈를 취했다.

주목해야 할 사건들

단발을 하고 독일군 장교복을 입은 고종

단발령의 첫 희생자가 누구였을까? 뜻밖에도 고종이었다. 물론 고종이 원했을 리 없다. 왕이 솔선수범하라고 일본이 계속 압박을 넣으니 어쩔 수 없이 따랐던 것이다. 힘없는 왕이 모범을 보였고, 태자가 그 뒤를 따랐다.

두발을 단속하는
관리의 등장

국가의 최고 통치권자가 몸소 머리를 깎았으니 더 이상 어려울 게 없다. 일본을 등에 업은 개혁파 관료들은 더 강하게 단발령을 밀어붙였다. 경찰과 병사들 중에서 따로 체두관(剃頭官)을 선발했다. 머리를 깎는 관리라니, 별의별 관리가 다 있다. 체두관들은 멀리서도 상투머리만 보면 득달같이 달려가 가위로 싹둑 잘랐다. 민가로 들어가서 단발하지 않은 사람들을 찾아내 머리칼을 자르기도 했다.

유생들은 강하게 반발했다. "신체발부수지부모 불감훼상 효지시야(身體髮膚受之父母 不敢毀傷 孝之始也)." 이렇게 유림들은 외치며 저항했다. 우리 몸과 털, 살은 부모에게서 받은 것이니 손상시키지 않는 것이 효의 시작이란 뜻이다. 유생들의 지도자 최익현은 단발령에 반대하는 상소를 올렸다. "손발을 자를지언정 머리카락은 자를 수 없다!" 최익현은 끝까지 단발령을 거부하는 바람에 옥에 갇히기도 했다.

유길준은 최익현을 시대착오
적 인물로 여겼다. 참으로 답답
한 양반이라며 이렇게 충고했다.
"국왕의 조칙이 내렸고, 개혁이
필요한 시대입니다. 공자라도 단
발을 했을 것입니다." 최익현도
지지 않았다. "개혁이 필요하겠
지. 하지만 왕명이라 해도 따를
것이 있고, 따르지 못할 것이 있
다. 하물며 일본의 위협에 따른
것이 아닌가."

어느 쪽이 옳다고 생각하는

최익현 초상

가? 사실 당시 위생 상황을 감안
한다면 단발령이 꼭 나쁜 정책만은 아니었다. 하지만 민중은 따르지
않았다. 조선의 국모를 시해한 일본이 강요한 개혁이잖은가. 국민의 동
의를 얻지 못한 정책은 늘 저항을 부르는 법이다.

단발령이 일으킨 사회 충격

단발령의 파급 효과는 경제 분야에서도 나타났다. 한동안 조선 경
제가 추락했다. 이유는 이렇다. 체두관이 어디에서 업무를 수행했겠는
가. 사람들이 몰려드는 장터다. 멋모르고 장터에 갔다가 상투가 잘릴
판인데, 누가 장터로 가겠는가. 거래가 줄었다. 그러니 물가가 올랐다.
인플레이션이 생겼다.

갓과 망건을 만드는 수공업자들이 몰락했다. 모자와 양복을 만드는 일본 상인들이 돈을 벌었다. 단발령은 일본 상인에게 새 시장을 열어주었다. 이런 점에서 보면 단발령 또한 일본의 한반도 경제 수탈에 크게 도움을 준 셈이다.

단발령 시행 이후 반일 감정이 더욱 커졌다. 고종은 일본을 피해 러시아 공사관으로 달아났다. 이른바 아관 파천이다. 러시아 공사관에서 고종은 친일 내각을 해체했다. 그 대신 이완용의 친러 내각이 들어섰다. 맞다. 나중에 나라를 팔아먹는 그 이완용이다. 이 무렵에는 러시아에 착 달라붙어 있었다.

친일 내각이 붕괴하자 일본과 결탁했던 개화파 관료들이 된서리를 맞았다. 총리대신 김홍집, 고종의 머리카락을 잘랐던 정병하가 도망가다 백성들에게 맞아 죽었다. 순종의 머리카락을 자른 유길준은 일본으로 달아났다. 1897년 3월, 고종은 단발령을 철회했다. "단발 여부는 개인의 자유의사에 맡긴다!"

1900년 이후가 되자 사람들이 달라졌다. 자연스럽게 단발을 받아들였다. 정부가 단발령을 다시 시행했을 때 큰 저항은 없었다. 결국 국민적 동의를 구하지 않은 개혁이 문제였던 것이다.

여성은 오히려 단발을 하며 저항하다

하나 더 알아둘 게 있다. 단발령을 공포할 당시 여성은 대상이 아니었다. 여성은 머리카락이 깎일 걱정을 하지 않아도 되었다. 게다가 유교적 가치관이 팽배한 조선에서 여성이 머리를 짧게 커트한다는 것은 상상도 하지 못할 일이었다.

여성의 경우는 정반대의 형태로 단발 운동이 일어났다. 누가 강제로 머리를 깎은 것이 아니라 여성 스스로가 긴 머리를 싹둑 자르면서 여권 신장을 외쳤다. 여성들의 단발 운동은 일제 강점기인 1920년대에 본격화했다. 자유주의자이자 사회주의자였던 허정숙이 주도했다. 1920년 그녀는 사람들이 보는 앞에서 공개적으로 긴 머리카락을 짧게 커트했다. 사회적 충격이 컸다. 유림들은 "나라가 망했다!"라며 한탄하기까지 했다. 그러면 허정숙은 더 당돌하게 커트 퍼포먼스를 선보였다.

이처럼 머리카락 하나에도 거친 근대사가 숨 쉬고 있다. 흥미로운 게 있다. 예나 지금이나, 청소년들은 짧은 헤어스타일을 좋아하지 않는다는 점이다. 미용실에서 점원에게 "살짝만 쳐주세요."라고 말하는 이들을 보면 죄다 10대 청소년이거나 20대 청년이다. 예나 지금이나 단정함은 젊은이가 추구하는 덕목이 아니다.

악질 친일 경찰이
갑자기 만주로 떠난 까닭은?

3·1 운동 비사

◉ **친일 경찰 신철이 독립 선언서를 발견하고도 침묵한 이유는?**
◉ **독립 선언은 왜 3월 1일에 이루어졌는가?**
◉ **왜 대한민국 헌법은 3·1 운동 정신을 계승한다고 명시했는가?**

2019년은 3·1 운동 100주년을 맞는 해다. 그래서인지 유관순 열사의 삶을 다룬 영화도 만들어졌다. 이런 영화들이 너무 애국심에 호소한다거나 스토리가 빤하다는 비판이 없는 것은 아니다. 그래도 우리가 알아야 할 역사이니 일제 강점기를 배경으로 한 영화가 심심찮게 제작된다. 초대형 스타에 제작비도 화끈하게 투자한다.

성공의 모든 요소를 갖추었으니 이런 영화의 상당수가 대박 작품이 된다. 2015년 개봉한 영화 〈암살〉, 2016년의 〈밀정〉, 2017년의 〈군함도〉와 〈박열〉까지. 이 영화들 중에서 〈암살〉과 〈밀정〉은 친일 경찰의 이야기를 다루었다는 공통점이 있다.

3·1 운동을 전후해 종로 경찰서에서 근무했던 신철이란 인물이 있

다. 〈밀정〉 속 친일 경찰과 닮았다. 그는 신승희라는 이름으로도 알려져 있다. 신철은 상당히 악질이었다. 독립운동가를 붙잡아 고문하고, 독립운동 단체로부터 돈을 뜯어냈다. 일본 경찰보다 악랄했으니 모두 혀를 내둘렀다. 그랬던 그가 딱 한 번 눈을 감았다. 그랬기에 3·1 운동이 가능했다면 믿겠는가?

어느 악질 친일 경찰의 변심

1919년 2월이었다. 천도교 단체들의 움직임이 심상치 않았다. 악질 형사의 촉이 발동했다. 신철은 무언가가 은밀히 진행되고 있다고 직감했다. 실제로 천도교를 중심으로 3·1 독립 선언을 준비하고 있었으니, 신철의 촉이 정확했다는 점은 인정해야겠다.

당시 천도교는 서울 종로에서 보성사라는 인쇄소를 운영하고 있었다. 이 인쇄소의 사장 이종일은 천도교 간부였다. 신철은 그를 타깃으로 삼았다. 보성사에 대한 탐문 작업을 시작했다. 이 무렵 보성사는 독립 선언서를 인쇄하고 있었다. 목숨을 건 모험이었다. 실제로 이종일 그 자신이 독립 선언문에 이름을 올린 민족 대표 33인 중 한 명이었다. 이종일은 만일의 사태에 대비해 창고에 장총 10여 정을 숨겨놓기까지 했다.

이종일은 신철이 거슬렸다. 뭐라도 둘러대야 했다. 이종일은 종친인 성주 이씨 족보를 인쇄한다고 했다. 신철은 고개를 끄덕였지만 이종일의 말을 믿지 않았다. 기회를 틈타 2월 27일 밤 보성사를 급습했다. 이종일이 다급하게 무언가를 감추었다. 막 인쇄된 독립 선언서가 신철의 눈에 들어왔다. 신철이 묘한 미소를 지었다.

주목해야 할 사건들

일이 돌아가는 게 심상찮았다. 어떻게든 신철의 입을 막아야 했다. 이종일은 또 다른 민족 대표 최린에게 연락했다. 최린은 다시 천도교 교령(교주) 손병희에게 이 사실을 알렸다. 최종 결과, 신철에게 5,000원을 건넸다. 당시 쌀 한 가마니가 40원이었으니 팔자를 바꿀 수도 있는 거금이다. 의리였을까, 혹은 약속을 지키려는 최소한의 성의였을까. 신철은 독립 선언서를 발견한 사실을 상부에 보고하지 않고 만주로 떠났다.

신철이 입을 다문 덕분에 비밀이 유지되었다. 3·1 운동 직후 이 사실을 알게 된 일제는 곧바로 신철을 체포했다. 5월 22일 조선 총독부의 기관지 역할을 했던 〈매일신보〉에 신철의 자살 소식이 실렸다. 기사를 곧이곧대로 믿는다면, 신철이 천도교로부터 뇌물 150원을 받았다고 자백했다. 5,000원은 부풀려진 액수라는 건데, 사실 지금 이 시점에서 액수가 그리 중요해 보이지는 않는다. 왜 입을 다물었을까? 그

일본의 앞잡이였던 신철(신승희)이 왜 독립 선언서를 목격하고도 묵인했는지는 미스터리로 남아 있다.

이유가 궁금하다.

혹시 신철이 악질 경찰의 삶을 후회했던 것일까? 이 점 또한 알 수는 없다. 만약 그의 자백대로 150원의 뇌물만 받고 입을 다물었다면 영화 〈밀정〉의 주인공처럼 개과천선했을 거란 추측이 가능하다. 어쩌면 뒤늦게나마 우리 민족을 마음에 품었을지도 모른다. 물론 근거는 없다. 오롯이 상상에 의한 것이다.

3·3 운동이 될 뻔한 3·1 운동

2019년으로 3·1 운동 100주년을 맞았다. 이참에 3·1 운동에 얽힌 이야기를 조금 더 해보자. 먼저 독립 기념관에 보관되어 있는 독립 선언서의 첫 문장을 읽어보라.

'吾等(오등)은 慈(자)에 我(아) 鮮朝(선조)의 獨立國(독립국)임과 朝鮮人(조선인)의 自主民(자주민)임을 宣言(선언)하노라.'

눈치가 빠른 사람이라면 벌써 이 선언서에서 이상한 점을 발견했을 것 같다. 치명적이라고도 할 수 있는 실수! 우리나라 이름이 조선이 아니라 '선조'로 되어 있다. 그렇다고 해서 거대한 비밀이 숨어 있는 것은 아니다. 민족의 운명이 걸린 독립 선언이지만 인간인지라 실수를 범할 수도 있는 것 아닌가. 단순 오탈자다. 초판 인쇄를 끝낸 후에야 이 오류를 발견했고, 2판부터는 제대로 표기했다고 한다.

독립 선언서는 총 2만 5,000장이 인쇄되었다. 인쇄된 물량은 순차적으로 비밀리에 전국에 배포되었다. 이 과정에서도 위기가 있었다.

주목해야 할 사건들

무엇보다 독립 선언서를 보성사 밖으로 빼내 약 400미터 거리에 있는 숙소로 옮기는 게 가장 위험했다.

수레를 이용해 독립 선언서 뭉치를 옮겼다. 낮보다는 밤이 그나마 나을 터. 한밤중에 수레를 끄는데 경찰이 이상한 시선으로 쳐다보았다. 불심 검문에 걸렸다. 천우신조라 해야 할까, 마침 정전이 발생했다. 귀찮아진 경찰은 그냥 가라며 손사래를 쳤다.

3·1 운동은 3월 1일에 일어났기에 3·1 운동이다. 만약 다른 날짜에 거사가 일어났다면? 실제로 그랬다. 3·1 운동은 원래 3·3 운동이 될 뻔했다. 당초 거사 예정일이 3월 3일이었기 때문이다. 3월 3일은 고종의 인산일(장례일)이었다. 천도교 측은 "황제 장례가 치러지는 날에 거사하는 것은 불경스럽다."라는 의견을 냈다. 그러면 2일로 당기면 될까? 이번엔 기독교 측이 "2일은 안식일(일요일)이니 좋지 않다."라는 의견을 냈다. 3월 1일로 거사가 결정된 배경이다.

민족 대표가 아닌 민중들이 독립 선언을 하다

독립 선언서에는 민족 대표 33명이 서명했다. 하지만 실제로 독립 선언에 참여한 인원은 29명이다. 이런저런 이유로 4명은 모임 장소인 태화관에 나타나지 않았다. 민족 대표들은 오후 2시 태화관에 집결했고, 오후 3~4시에 독립 선언을 한 뒤 경찰에 연락했다. "우리를 잡아가시오." 옳은 결정인지 모르겠지만 어쨌든 그들은 스스로 체포되었다.

민족 대표들이 가장 먼저 독립 선언을 했다는 것도 사실과 다르다. 오후 2시에 탑골 공원에 모인 수많은 민중들은 독립 선언만을 기다렸다. 하지만 민족 대표들은 시간을 끌었다. 결국 민중들이 먼저 공원에서 독립 선언을 했다.

민족 대표들은 내란 혐의로 기소되었다. 최종적으로는 치안 방해와 출판법 위반 혐의로 재판을 받았다. 거의 경범죄 수준으로 낮아진 건데 이유가 있다. 큰 반발이 일어날까 봐 우려한 일제가 죄를 가벼이 처벌하는 시늉을 하면서 무마하려 했던 것이다.

3·1 운동은 우리 민족의 길라잡이 역할을 했다. 대한민국 임시 정부가 탄생하는 계기가 되었다. 우리 헌법에서도 '3·1 운동

3·1 운동 당시 종로 보신각 앞에서 만세를 외치고 있는 민중들

의 정신을 계승해 대한민국을 건립했다'고 밝히고 있다. 그렇다면 3·1 운동과 관련해서 최소한 이 정도는 알아두어야 하지 않을까?

주목해야 할 사건들

일제 강점기 무정부주의와 허무주의

허무당 선언

🌀 무정부주의와 허무주의 개념을 알아보자.
🌀 일제 강점기에 무정부주의와 허무주의가 탄생한 배경은 무엇인가?

2000년대 초반 허무 개그가 폭발적으로 유행했다. 말 그대로 허무하게 끝나버리는 개그다. 혹시나 하고 반전을 기대하지만 그런 것은 없다. 시청자들의 궁금증을 유발시켜놓고서는 "어, 그래." 하는 식으로 끝나버린다. 예를 들면 이런 식이다. 변 사또가 춘향에게 위협적으로 수청을 들라고 강요한다. 그러면 춘향은 "어, 그래."라고 하고 만다. 세련된 허무 개그는 재미있다. 하지만 썰렁할 때도 많다. 그때도 용서가 된다. 왜? 원래 허무한 개그니까!

사실 허무는 이처럼 유쾌한 단어가 아니다. 허무는 비었으며 없다는 뜻이다. 무의미하고 허전한 느낌이 강하다. 때로는 감상적이고 퇴폐적인 뉘앙스까지 풍긴다. 더 나가면 될 대로 되라는 식의 패배감이나

자포자기도 허무에 닿는다.

일제 강점기
무정부주의의 탄생

허무주의의 근원을 따지자면 고대 그리스로까지 거슬러 올라가야 한다. 그 종류도 상당히 많다. 다만 근현대의 허무주의로 범위를 좁히면 러시아의 니힐리즘(Nihilism)에서 근원을 찾을 수 있다. 1860년대 러시아는 차르가 통치하던 암흑의 시대였다. 니힐리스트들은 모든 제도와 권위를 부정했기에 탄압의 대상이 되었다. 시련을 겪으면서 니힐리스트들은 혁명가로 거듭났다. 그들은 국가를 부정했기에 무정부주의자(아나키스트)라 불렸다. 그들은 폭탄 테러로 맞섰고 결국 차르 알렉산드르 2세를 암살하는 데 성공했다.

허무 개그와는 확연히 다른 허무가 아닌가. 우리 역사에도

러시아의 소설가 투르게네프. 그는 『아버지와 아들』이라는 소설을 통해 허무주의자(nihilist)라는 용어를 대중화했다.

러시아 황제 알렉산드르 2세. 그는 농노 해방 등의 개혁적인 정책을 성공시켰으나 보수 귀족 진영의 편에 서는 등 불분명한 정치적 입장을 보이며, 줄곧 암살 기도에 시달렸다. 그러던 중 1881년에 결국 폭탄 테러로 사망했다.

주목해야 할 사건들

이처럼 살벌하다 싶은 허무주의가 맹위를 떨친 적이 있다. 일제 강점기인 1926년 1월, 서울에서 '허무당 선언'이 발표되었다. 내용이 상당히 과격하다. 요약하면 이런 내용이다.

'혁명을 앞둔 조선은 불안과 공포에 신음하고 있다. 우리에게는 희망도, 이상도, 미래도 없다. 우리는 폭파, 방화, 총살의 직접 행동을 통해 일체의 권력을 근본적으로 파괴할 것을 주장한다. 우리를 박해하는 적들을 향해 선전 포고를 하자. 우리는 죽음으로 맹세하는 바, 폭력으로써 조선 혁명을 완성할 것이다. 민중이여, 허무당의 기치 아래 집합하라. 최후의 승리는 우리에게 있다. 허무당 만세, 조선 혁명 만세.'

허무당의 정체가 분명하게 드러난다. 러시아 무정부주의를 벤치마킹한 한국의 무정부주의 단체였던 것이다. 선언은 상당히 과격하다. 요즘의 기준으로 보면 대놓고 테러를 하겠다는 이야기가 아닌가. 흥미로운 것은 이런 투쟁을 담은 선언이 처음이 아니란 점이다. 3년 전인 1923년, 의열단은 '조선 혁명 선언'을 발표했다.

조선 혁명 선언에서는 일본을 강도에 비유했다. 자치론을 옹호하는 사람들을 비롯해 일제와 타협하자는 자는 설령 민족주의자라도 모두 적으로 간주했다. 외교적으로 문제를 풀면 독립을 얻을 수 있다는 주장도 반대! 독립 전쟁을 준비하자는 주장에도 동의하지 않았다. 그렇다면 어떻게 하란 말인가. 오로지 무장 투쟁을 통한 민중 혁명이나 직접 혁명만이 방법이라 주장했다. 그러면서도 혁명을 통해 어떤 나라를 세우겠다는 대안은 보이지 않는다. 당장의 부당한 권력을 축출하는 게 목표였다.

그러니 의열단의 투쟁 수단도 암살과 파괴, 폭동이었다. 의열단과 허무당의 노선이 상당히 비슷하다. 그랬다. 1920년대, 무정부주의가 절정에 이르렀다. 왜 하필이 시기였을까? 사실 1919년에 일어난 3·1 운동과 관계가 있다.

거국적인 3·1 운동을 일으켰지만 우리 민족은 독립을 얻지 못했다. 반성과 비판이 이어졌다. 새로운 대안도 속속 등장했고 다양한 사상이 폭발했다. 일제 식민 통치를 받아들이되 우리 힘

아나키즘(무정부주의)을 바탕으로 한 의열단 단장을 지낸 김원봉

을 키우자는 자치론이 등장하는가 하면 비타협적 민족주의자들은 해외로 나가 무장 독립 투쟁을 벌이기 시작했다. 일부는 외교 운동에 전념했고, 러시아 혁명의 영향을 받은 지식인들은 사회주의로 노선을 바꾸었다.

무정부주의자들은 이 모든 노선을 거부했다. 썩어가는 자본주의 체제를 혐오했다. 사회주의자들이 노동자와 농민 정권을 세워야 한다고 주장하자 무정부주의자들은 "그 또한 억압이다."며 반대했다. 그들은 인간의 자유 의지에 입각한 사회를 세우고 싶어 했다. 그들에게 정부란 지배 세력일 뿐이었다.

무정부주의에서 허무주의로

다시 허무당 이야기로 돌아가자. 허무당 선언은 윤우열이란 인물이

주목해야 할 사건들

박열과 그의 일본인 연인 가네코 후미코. 두 사람은 일본 다이쇼 천황과 히로히토 황태자를 암살하려 했다는 혐의로 체포되었다. 이 사건으로 박열은 1923년 투옥되어 1945년까지 옥살이를 했다.

작성했다. 그의 과거를 좇아가보자. 그러면 1920년대 무정부주의의 계보를 읽을 수 있다.

1923년 2월, 서울에서 흑로회가 출범했다. 흑로회는 국내에서 출범한 첫 무정부주의 단체였다. 물론 윤우열이 관여했다. 당시 일본 도쿄에서 활동하던 무정부주의자 박열도 잠시 귀국해 흑로회를 함께 출범시켰다. 박열이 일본으로 돌아가자 이강하란 인물이 흑로회를 이끌었다. 이강하는 얼마 후 체포되어 옥사했다. 흑로회는 큰 성과를 남기지 못하고 해체되었다.

1923년 9월, 일본에서 관동 대지진이 발생했다. 일제는 민심을 달래려고 모든 책임을 한국인에 전가했다. 한국인에 대한 집단 학살이 일어났다. 일본 내부의 양심적 지식인은 일본 정부를 비난했다. 국제 사회의 비판도 거세졌다. 일제는 위기를 모면하기 위해 사건을 조작했다. "박열이 만든 무정부주의 단체 불령사가 일본 천황을 암살하려는 대역 사건을 일으켰다!"

이 사건으로 불령사는 해체되었다. 이 사건 이후 불령사 소속 무정부주의자들이 고국으로 돌아왔다. 그들은 다시 조직을 건설했다. 1925년 4월에 서울에서 흑기연맹이, 9월에 대구에서 진우연맹이 출범했다. 두 단체도 같은 운명을 맞았다. 흑기연맹은 한 달 만에, 진우연맹은 일 년 만에 핵심 회원들이 경찰에 검거되면서 문을 닫았다.

국내에서 세워진 무정부주의 단체들은 대부분 일찍 경찰에 발각되어 문을 닫았다. 워낙 과격한 탓이다. 일본 경찰들이 눈에 불을 켜고 달려들었으니 피할 방도가 없었다. 윤우열은 이 모든 과정을 지켜보았다. 그는 또 하나의 무정부주의 단체를 조직했다. 그게 바로 허무당이었다. 사실 허무당의 결말도 다르지 않았다. 허무당은 일제에 선전 포고를 하면서 이 선언서를 신문사와 관공서에 배포했다. 당연히 윤우열은 곧바로 체포되었다. 1년 2개월 만에 출소했지만 폐렴으로 사망했다. 허무당도 자연스레 소멸되었다.

이후로도 무정부주의 단체의 명맥이 이어졌다. 어쩌면 현재까지 그 명맥이 이어지고 있는지도 모른다. 애국심을 요구하는 것이 아니다. 다만 모든 것을 국가와 정부의 책임으로 돌리는 행태는 옳지 않다. 정부의 무능이라 규탄하는 내용을 보면 그저 정치적인 공세일 때도 적지 않다. 그러니 공감을 얻지 못한다.

허무 개그는 아재 개그로 부활했다. 아저씨들만 웃는다는 썰렁한 농담이 아재 개그다. 웃어주면서도 눈치를 준다. 이런 개그를 했다가는 꼰대 소리를 듣기 딱 좋다. 이 또한 공감을 얻지 못하기에 일어나는 현상이 아닐까? 허무주의는 이제 폐기하자.

38선 이전에 39선이 생길 뻔했다

분단선에 얽힌 이야기

◉ 휴전선이 그어지면서 남북한 소속이 달라진 지역을 알아보자.
◉ 미군정 이전에 러시아와 일제가 밀약한 39도선은 무엇인가?

7번 국도를 따라 차를 몰다 보면 작은 휴게소가 나온다. 강원 양양 38선 휴게소다. 말 그대로 북위 38도 지점에 있다. 38선이란 이름을 단 휴게소는 강원 인제, 경기 포천 등에도 있다. 어? 38선이면 휴전선 아닌가? 이렇게 물을 독자도 있을 것 같다. 특히 38선이란 단어가 친숙한 40대와 50대 이후 세대는 더욱 그럴 것이다. 하지만 틀렸다. 엄밀히 말하면 휴전선이 곧 38선은 아니다.

38선과 휴전선은 일치하지 않는다

38선은 1945년 광복 이후에 미국과 소련이 정한 임시 군사 분계선이다. 반면 휴전선은 1953년 7월 한국 전쟁의 정전 협정을 체결하면서 생긴 선이다. 두 선은 정확하게 일치하지 않는다. 휴전선의 서쪽은 북위 38도보다 낮은 위치, 동쪽은 높은 위치로 책정되었다. 38선을 축으로 비스듬하게 휴전선이 만들어진 것이다.

이 때문에 북한에 속했던 도시가 전쟁 후에 대한민국의 영토가 된 곳이 꽤 많다. 이를테면 강원도 속초는 북위 38도 12분에 있다. 강원도 최북단인 고성군은 북위 38도 30분에 위치해 있다. 이 지역을 포함해 강원도 철원, 화천, 양구, 인제가 모두 북위 38도 이북에 있다. 설악산도 처음에는 북한 영토였다가 대한민국의 영토가 되었다. 만약 정확히 북위 38도로 한반도를 나누었다면? 명산 설악산을 오르는 재미를 못 느낄 뻔했다!

한반도의 휴전선. 지형에 따라 물결치듯 경계가 나뉘면서 원래 남한의 영토가 북한에 속하기도 했고, 북한의 영토가 남한에 속하기도 했다.

주목해야 할 사건들

반대로 남한 영토였지만 휴전선이 그어지면서 북한 영토가 된 지역도 있다. 대표적인 곳이 개성이다. 개성은 북위 37도 58분에 위치해 있다. 개성을 포함해 북한 황해도의 여러 지역이 원래는 남한 영토였는데 북한 영토로 바뀌었다.

양양 38선 휴게소에는 또 다른 역사적 의미가 있다. 6·25 전쟁이 터지자 대한민국 정부는 남으로 남으로 후퇴했다. 인천 상륙 작전에 성공함으로써 반격의 기회를 잡았다. 국군은 강원 양양, 지금의 38선 휴게소가 있는 곳을 탈환했다. 이어 곧바로 북진했다. 이날이 10월 1일이었다. 이를 기념해 국군의 날이 10월 1일이 되었다.

그런데 이런 생각이 든다. 만약 최초에 북위 38도가 분계선이 아니었더라면? 그랬다면 우리의 전략도 조금은 달라졌을까? 아마 국군의 날도 다른 날로 바뀌었을 것이다. 실제로 그럴 뻔했다. 미국이 최초로 염두에 두었던 군사 분계선은 북위 38도가 아니라 39도였다는 증언이 나왔다. 아무래도 38선을 정한 과정부터 살펴야 할 듯하다.

맥아더 장군의 참모가 밝힌 증언

1945년 8월 일제가 패망했다. 미군과 소련은 일본군을 무장 해제한다는 명분으로 한반도에 주둔했다. 38도 선을 기준으로 북쪽은 소련, 남쪽은 미국이 맡자고 미국이 제안했다. 소련이 이 제안을 받아들였다. 연합국 최고 사령부는 1945년 9월 2일 이를 정식 문서로 남겼다.

2013년 이 결정과 관련한 비사와 후일담을 담은 책이 출간되었다. 당시 미국 맥아더 장군의 참모였던 에드워드 로우니란 인물이 쓴 회고록 『운명의 1도』다. 로우니는 2014년 한국을 방문했다. 덕분에 그의

회고록 내용이 국내에도 널리 알
려졌다. 로우니는 이 회고록에서
'미국은 원래 북위 39도 선을 기
준으로 한반도를 분할하려 했
다.'라고 주장했다. 그는 당시 군
사 분계선을 확정하는 미국 전
략 회의를 목격했다고 한다. 그
회의에서 무슨 이야기가 오갔던
것일까?

『운명의 1도』라는 책을 통해 휴전선에 얽힌 비사
를 증언한 에드워드 L. 로우니

　이 회의에서 참모들은 모두 북
위 39도 선을 군사 분계선으로
삼자고 주장했다. 이유는 이렇다. 첫째, 평양의 바로 밑이다. 둘째, 한반
도에서 폭이 가장 좁은 지점이다. 이런 점 때문에 방어하기가 가장 수
월하다. 그렇다면 39도 선이 최선이 아니겠는가.

　참모들이 아무리 합리적 대안을 내놓아도 리더가 무시하면 끝이다.
당시 회의를 주재한 에이브 링컨 장군은 고개를 저었다. 그는 38도 선
을 주장했다. 이유가 다소 엉뚱하다. "예일대 교수 니콜라스 스파이크
만이 『평화의 지리학』이란 책을 썼어요. 그 책을 보면 세계적인 문학
작품과 발명품의 90%가 38도 선을 경계로 생겨났습니다. 그러니 38
도 선이 좋지 않겠어요?"

　쉽게 말해서 39도 선이라 하면 사람들이 잘 모를 터이니 널리 알려
져 있는 38도 선을 기준으로 분단선을 정하자는 것이다. 이 이야기가
사실인지는 확실하지 않다. 다만 미국 고위 장교들이 한반도의 분단선

주목해야 할 사건들

을 결정하는 데 신중하지 않았던 것만큼은 사실인 듯하다. 어쨌거나 이렇게 해서 38선이 결정이 되었다. 39선이 아니고!

러시아와 일제의 밀약으로 39도 선이 생길 뻔하다

사실 북위 39도 선을 기준으로 남과 북이 분단될 뻔했던 적이 과거에도 있었다. 을미사변 이후 고종이 러시아 공사관으로 피신한 사건, 즉 아관 파천 직후의 일이다. 1896년 5월 14일 서울에서 러시아 공사 카를 베베르와 일본 공사 고무라 주타로가 비밀리에 만났다. 두 나라는 싸우기보다 한반도 이권을 나눠 갖는 쪽을 선택했다.

두 사람이 비밀리에 체결한 베베르-고무라 각서의 내용을 보면 허탈한 웃음이 나온다. 고종의 환궁은 고종의 판단에 맡긴다면서도 두 나라가 환궁을 지속적으로 충고하기로 했다. 일본은 한반도에 설치한 전신선을 보호한다는 구실로 200명의 헌병을 배치하고, 이와 별도로 서울과 부산에 800명의 군대를 주둔하기로 했다. 물론 러시아도 병력을 배치하기로 했다.

얼마 후 러시아 니콜라이 2세의 황제 대관식이 모스크바에서 열렸다. 일본은 특사 야마가타 아리토모를 급파했다. 러시아 외무대신 로바노프 로스토프스키가 그를 만났다. 두 사람은 밀담 끝에 6월 9일 로바노프-야마가타 협정을 체결했다.

이 협정은 베베르-고무라 각서의 내용을 보다 구체화한 것이었다. 물론 베베르-고무라 각서에 들어 있지 않은 새로운 내용도 추가했다. 그 조항이 상당히 충격적이었다. 한반도를 두 나라의 중립 지대로 삼자는 계획이었다. 사실 야마가타의 맨 처음 구상은 이보다 더 충격적

비무장 지대(DMZ)에 놓인 휴전선 철책

이었다. 그는 북위 39도 선을 기준으로 한반도를 분할하자고 제안했다. 39도 선 이북은 러시아, 이남은 일본이 가지자는 것이다.

러시아는 이 제안이 그리 솔깃하지 않았다. 당시 러시아는 한반도 남쪽의 항구를 이용하려는 속셈을 가지고 있었다. 그러니 한반도 분할이 성에 차지 않았을 터다. 러시아는 한반도 분할 제안을 거절했다. 지금 생각해도 아찔해진다. 만약 당시 두 제국주의 국가가 한반도 분할을 결정했다면? 아마 이후의 역사는 더 참담했을지도 모른다.

38도에 그어진 선은 아니지만 여전히 그 언저리에 휴전선이 떡 버티고 있는 나라, 같은 동포이면서 서로를 적대시하는 나라, 전쟁의 공포가 무의식에 똬리를 틀고 있는 나라……. 이런 나라를 후손들에게 물려줄 수는 없다. 동해에서 서해까지 250여 킬로미터에 이르는 삭막한 철조망을 싹 걷어버릴 날을 손꼽아 기다린다.

주목해야 할 사건들

한 걸음 더 들어간 한국사
한층 깊은 시각으로 들여다본 우리의 역사

초판 1쇄 찍은 날   2022년 11월 15일
초판 1쇄 펴낸 날   2022년 12월 7일

지은이   김상훈
발행인   조금희
발행처   행복한작업실
등 록   2018년 3월 7일 (제2018-000056호)
주 소   서울시 서초구 서초대로 65길 13-10, 103-2605
전 화   02-6466-9898
팩 스   02-6020-9895
이메일   happying0415@naver.com

편 집   이양훈
디자인   정연화
마케팅   임동건
ISBN   979-11-91867-04-6 (03910)